그래서 지금
사야 하나요?

부동산, 3년 내 특이점이 온다

그래서 지금 사야 하나요?

우용표 지음

한국경제신문

그래서 지금
사야 하나요?
| 차 | 례 |

PART 1

어서 와, 부동산 공부는 처음이지?

PART 2

이 흐름, 나만 몰랐던 거야?

PART 3

부동산 투자를 한다면 아파트

PART 4

월급 받을래, 월세 받을래 수익형 부동산

PART 5

5년, 10년 후 집값은 얼마일까? 서울 · 수도권 아파트

부동산, 3년 내 특이점이 온다

대한민국의 부동산에 대해서라면 온 국민이 전문가라 할 수 있다. 시세는 '네이버 부동산'에서 매일 실시간으로 확인할 수 있고, 아파트에 어떤 호재라도 생기면 입구에 현수막이 걸린다. 심지어 엘리베이터 교체 공사까지 현수막으로 친절히 알려주고, 국회의원들은 "제가 이 지역 숙원사업인 OO을 확정시켰습니다"라고 자랑한다. 한 동네에서 2년 정도 살면 자연스럽게 그 지역의 전문가로 성장한다.

책을 쓰는 게 조심스러운 이유가 여기 있다. 어느 지역 집값이 오른다는 의견을 제시하면 그 지역 독자들은 "그 양반, 진짜 전문가네"라는 반응을 보일 테고 반대로 떨어진다는 의견을 제시하면 그 지역 독자들은 "저거, 잘 알지도 못하면서 함부로 말하네"라고 하실 테니까.

"당신이 잘 몰라서 그래."

부동산 관련 세미나, 강연회를 할 때 많이 듣는 말 중 하나다. 내가

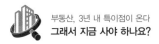

너무나도 솔직하게 이야기하기 때문이다. 가령 일산을 보자. 위로는 파주가 있고 아래로는 서울 은평구가 있는데 고양 창릉지구에 3기 신도시 건설이 발표되어 집값 하락세가 예측되고 있다. 그래서 "일산은 어떤가요?"라는 질문을 받으면 주저 없이 이야기한다.

"일산은 지어진 지 30년이 돼 낡았고 추가적인 호재 없이 인근에 신도시 건설이라는 악재만 있습니다. 팔고 나가시는 게 답입니다."

그러면 심각한 얼굴로 반론을 제기한다. 심지어 반말을 하는 경우도 많다.

"당신이 잘 몰라서 그래. 일산이 서울 접근성이 얼마나 좋은데. 어쩌고저쩌고."

그저 솔직하게 의견을 제시했을 뿐인데 참으로 과민 반응이 많다. 하지만 그러한 반응 자체가 하락 가능성을 이미 알고 있다는 뜻 아니겠는가. 듣고 싶은 말을 해줄 부동산 전문가는 매우 많으니 솔직한 의견이 싫으면 그분들을 찾아가시면 된다. 그분들은 참으로 아름다운 표현으로 비난을 피한다.

"실거주하면서 가격 상승을 기다리시면 됩니다."

나도 이렇게 착하게 말해볼까 고민을 해봤다. 그렇게는 못하겠다는 것이 결론이다. 좋은 지역은 좋습니다, 나쁜 지역은 나쁩니다, 이렇게 이야기하기로 했다.

이 책은 나의 매우 솔직한 분석과 의견으로 구성되어 있다. 과학적인 근거나 구체적인 통계수치를 통해 주장하는 부분도 있지만 지금까지 10년 이상 1,000회 넘게 부동산 상담을 하면서 체득한 경험도 담겨 있다. 책을 읽어나가면서 불편하실 수도 있는데 미리 사과드린다. 마음에 안 드신다면 다른 부동산 전문가 찾아가시면 된다.

🏢⬇ 특이점이 왔다

'특이점'은 과학계에서 시작된 말인데, 인공지능이 발달해 2040년쯤 되면 인간의 모든 지능을 합친 것보다 인공지능이 더 뛰어날 것이라는 예측에서 비롯된 단어다.

> "특이점(singularity)이란 인간의 사고 능력으로 예상하기 힘들 만큼 획기적으로 발달한 기술이 구현돼 인간을 초월하는 순간을 의미한다."
>
> — 레이 커즈와일(Ray Kurzweil)

특이점이라는 용어가 많이 쓰이면서 최근엔 약간 의미가 변형되어 기존과 다른 행동양식을 보이거나 혁신적인 업그레이드가 된 경우 "특이점이 왔다"라고 표현한다. 부동산에서 특이점이라는 표현을 쓰는 건 내가 처음이 아닌가 싶은데, 앞으로 3년 내에 부동산 시장은 현재까지 누적된 정부 규제의 결과와 시장의 수요가 뒤엉켜 전혀 예측할 수 없는 모습으로 변화할 것이다.

부동산 시장의 특이점은 이미 시작됐으며 3년 내에 가시화된다. 근거는 다음과 같다. 우선 해외를 보자. 미국 트럼프 대통령 임기가 (재선에 실패한다면) 2021년 1월에 만기된다. 국내에서는 문재인 대통령이

2022년 3월, 박원순 서울시장은 2022년 6월까지다. 정치인의 행보는 워낙 알 수 없으니 함부로 단언하기 어려운 점이 있지만, 적어도 국내에서 가장 영향력 강한 대통령과 서울시장의 임기가 끝나는 시점이 되면 이미 진행 중인 부동산 시장의 움직임이 급격한 변화를 겪으리라 예상할 수 있다.

잘 알고 계시듯, 중앙 정부와 서울시는 주로 규제를 통해 부동산 시장을 안정화시키려는 노력을 하고 있다. 이 노력이 후임자들에 의해 어떻게 변경될지 알 수 없으나 분명한 것은 그 시점을 전후로 부동산 시장은 또 다른 움직임을 보일 것이라는 점이다.

2022년은 국내와 해외의 정치인들 임기가 만료되는 시점이다. 정치와 경제의 급격한 변화가 있을 것이라는 뜻이다. 지금 상황은 자율학습 시간과 비슷하다. 담당 선생님이 무서운 눈빛으로 학생들을 조용히 시키면서 겨우겨우 학습 분위기를 유지하지만, 선생님이 잠시 밖에 나가기라도 하면 아이들은 시끄럽게 떠들기 시작한다. 2022년은 무서운 선생님 같은 정치인들이 잠시 자리를 비우는 상황을 만들게 된다. 부동산, 앞으로 3년 내에 특이점이 온다.

그 변화는 일시적인 현상으로 끝나지 않을 것이다. 현재까지 축적된 각종 부동산 정책과 규제 속에서도 변화가 시작됐기 때문이다. 현 정부가 재집권한다 해도 마찬가지다. 강력한 규제를 통해 수요와 투자(투기)심리를 억제해야 하는데 더 이상 규제할 수 있는 카드가 남아 있지 않기 때문이다. 대출 제한, 세금 강화 등의 규제가 무용지물이 되자 정부는 특정 지역이나 수요자를 집중 규제하는 핀셋 규제를 도입했는데,

실효성은 의문이다.

특히 재건축 초과이익 환수제, 분양가 상한제가 원래 의도한 착한 결과를 가져오리라 보이지 않는다. 재건축 초과이익 환수제를 통해 세금을 많이 내게 하고 분양가 상한제를 통해 억지로 분양가를 조절하려는 정부의 움직임에 대응해서, 재건축 시기를 늦춰 재건축 초과이익 환수제가 백지화될 때까지 기다리겠다는 곳도 있고 임대주택을 통으로 임대사업자에게 넘기는 식으로 분양가 상한제를 피하려는 곳도 있다. 혼돈은 2022년 이후 정리되리라 보인다.

2019년 10월 30일, 김상조 청와대 정책실장은 언론 인터뷰를 통해 더 강력한 부동산 대책을 내놓겠다고 밝혔다.

—— 정부의 대입 정시 확대 방침이 서울 강남 집값을 올리는 부분에 대해 종합적인 시장 안정책을 내놓겠다고 밝혔다. 또 고가 아파트 매매 과정에서 자금 출처가 명확한지 전수 조사에 나서겠다고 강조했다.

― 〈한국경제신문〉 2019. 10. 30.

이 기사가 상징적인 면이 있으니 바로 남아 있는 정부의 카드가 거의 소진됐다는 것이다. 부동산 시장 자체에 손을 댈 수 있는 만큼 댄 상황이라 이젠 부동산 시장 참여자인 매수자에 손을 대겠다는 의미이다. 그런데 부동산 자금 출처 조사가 잘 진행되면 부동산 시장이 과연 안정화될까? 집값이 올라서 문제인 것이지 집을 높은 가격에 사는 사람이 문제가 아닌데 말이다. 정부가 자금 출처 조사로 얻을 수 있는 것은

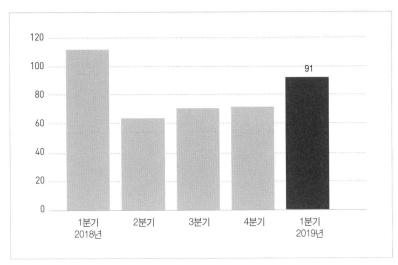

분기별 외화증권 결제 금액　　　　　　　　　　　(단위 : 억 달러)

자료 : 한국예탁결제원

증여세를 많이 걷는 것 외엔 없을 것이다.

　더 이상 억제할 수 있는 수단이 없는 상황에선 부동산 기대심리를 막기 힘들다. 한국예탁결제원에 의하면, 2019년 1분기 결산 결과 해외 직접 투자에만 91억 달러(약 10조 원) 넘게 들어갔다. 가격 상승의 가능성이 조금이라도 보이면 언제든 부동산 시장으로 다시 유입될 수 있는 돈으로 해석할 수 있다. 참고로 10조 원이면, 대치동 은마아파트 1채를 15억 원으로 잡았을 때 6,600채를 살 수 있다. 은마아파트가 5,000세대 규모이니 아파트 단지를 통째로 사고도 남는 금액이다.

🏢 가속되는 부동산 양극화

2022년을 기점으로 부동산은 특이점이 온다고 설명드렸다. 그렇다면 그 모습은 과연 어떠할까? 요약하면, 극단적인 양극화가 핵심이다. 잘 사는 동네와 못사는 동네가 확연히 구분될 것이고 잘사는 동네는 집값 이라는 보이지 않는 장벽을 통해 못사는 사람이 와서 물 흐리는 걸 막 으려 할 것이다. 앞으로 부동산 시장이 어떤 모습을 보일지 예상한 내 용은 다음과 같다.

대형 아파트 수요의 폭발적 증가

2008년 시작된 미국의 금융위기는 대한민국의 부동산 시장에까지 영 향을 미쳐 2015년까지 7년 정도 정체된 모습을 보였다. 그림을 보자. 2017년 11월의 가격 수준을 100으로 놓고, 2003년부터 2019년 7월까 지의 매매가격지수를 나타낸 그림이다. 서울 강남구, 강북구 모두 2008년 직전까지 높은 상승세를 보이다가 2015년까지 안정된 모습을 보이고 있다.

또 다른 그림을 보자. 평형별로 구분해서 매매가격지수를 나타낸 그 림이다. 맨 위의 점선이 40평형대 이상 대형 아파트의 매매가격지수 흐름이다. 가장 높은 가격에서 시작했으나 마지막에는 가장 낮다. 다 른 평형들에 비해 상승세가 약했다는 의미다.

2008년 당시를 회상해보면, 미국이 망하는 것 아니냐는 공포감이 컸고 부동산 역시 이런 공포감의 영향을 받았다. 가격이 높아 부담스

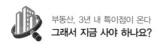

서울시 강남구 · 강북구 매매가지수 추이

(기준 : 2017년 11월 = 100)

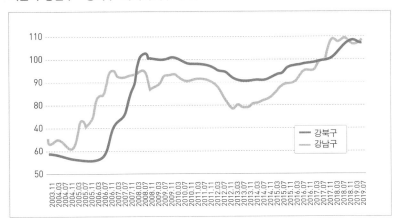

강북구
강남구

자료 : KB국민은행

2012~2019년 서울시 규모별 매매가지수 추이

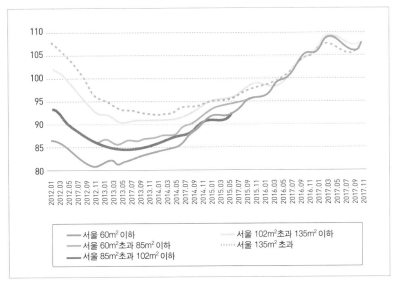

서울 60m² 이하
서울 60m²초과 85m² 이하
서울 85m²초과 102m² 이하
서울 102m²초과 135m² 이하
서울 135m² 초과

자료 : KB국민은행

러운 대형 아파트보다는 소형 아파트를 다들 선호했다. 투자자들은 혹시 팔게 될 때 금방 거래할 수 있는 소형을 선호했고 건설사들 역시 이러한 흐름에 맞춰 30평형 미만 아파트 공급 비중을 늘렸다. 특히 2010년은 베이비붐 세대가 본격적으로 은퇴를 시작하는 시기였다. 그들이 노후 자금 확보를 위해 큰 아파트를 처분하고 중소형을 선택할 것이라는 예상이 지배적이었기 때문에 이런 흐름은 가속도가 붙었다. 중소형 아파트의 인기가 계속되자 건설사는 25평형 미만 공급 비중을 계속 늘리고 대형은 최소화시켰다. 대형 아파트 수요는 일정한데 공급은 적어진 상황이 된 것이다.

2020년까지는 중소형 위주로 가격 상승이 계속 이뤄지다 2022년을 전후해서 대형이 본격적으로 상승할 것이다. 수요는 일정하게 유지되는데 공급이 부족하니 당연한 수순이다. 서울 반포지역의 25평형 아파트가 평당 1억 원에 거래되고 강북의 성수동에서 한화갤러리아포레 100평형이 50억 원에 거래되는 것을 보면 가능성은 충분히 보인다. 투자자들, 수요자들의 자금력은 충분하다. 낮아진 금리가 이러한 상황을 더욱 뒷받침할 것이다. 금리가 낮은 만큼 대출이자에 대한 부담도 적을 테니 말이다. 충분한 자금력과 낮은 금리, 이 둘의 조합은 대형 평형 아파트의 상승으로 연결될 것으로 보인다.

과거엔 대형일수록 더 많이 오른다는 인식이 많았다. 실제로도 그러했다. 앞으로 대형 평형이 귀하고 가격이 오른다는 점을 시장이 받아들인다면 강남의 경우 중소형은 평당 1억 원, 대형은 평당 2억 원까지 오를 것이다.

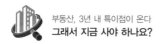

서울과 지방의 극단적 차이

서울과 지방의 아파트 가격은 전혀 다른 모습을 보일 것이다. 서울은 지속적인 상승으로 '비싸도 너무 비싼 곳'이 될 테고 지방은 지속적인 하락으로 고통받을 것으로 예상된다. 인구 구성 변화, 기업 이전 등 수치로 따질 수 있는 이유가 많지만, 직관적으로 보자면 서울은 비싸니까 계속 비싸지고 지방은 그 반대라고 정리할 수 있다.

즉 부동산은 가격이 오르면 오히려 수요가 증가한다. 서울은 정부의 지속적인 규제에도 불구하고 계속 가격이 오르니 더욱 수요가 몰리는 구조다. 반대로 지방은 가격이 내려갈수록 '사두면 값이 더 떨어질 것이다'라고 예상하게 되므로 값이 하락한다. 서울은 계속 오르고 지방은 계속 내리는 상황에서 지방의 자산가나 여유 있는 투자자들은 비싸도 역시 서울이라는 확신을 갖고 서울로 투자처를 정하게 된다.

다음의 그림을 보자. 대기업 대비 중소기업의 평균 임금 비율을 나타

대기업 대비 중소기업 평균임금 비율　　　　　　　　　(단위 : %)

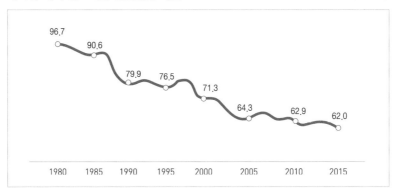

자료 : KBS1 〈명견만리〉

낸 것이다. 대기업과 중소기업의 임금 차이는 1980년대에는 대기업과 중소기업의 임금 차이는 약 4% 이내였다. 큰 차이가 없었다. 시간이 지나면서 격차는 점점 벌어졌다. 2015년 기준으로 대기업 직원이 100을 받으면 중소기업 직원은 62만 받을 수 있다는 뜻이니 약 40%나 차이가 난다. 서울과 지방의 격차를 이런 측면에서 이해하면 된다. 지방이 생활환경이 나쁘거나 불편해서 가격이 낮아지는 것이 아니다. 수요가 서울로 몰리는 것뿐이다. 대기업에 고급 인재들이 몰리는 것과 같다.

이러한 현상이 옳은 것일까? 당연히 아니다. 불평등을 심화시키고 위화감을 조성하는 이런 현상은 개선돼야 한다. 그 '옳은 일'을 하기 위해 정치인들이 있지 않은가. 나는 다만 현상을 설명하고 앞으로의 모습을 예측할 따름이다(그렇다. 투기 조장한다고 비난받을까봐 미리 변명하는 것이다).

같은 서울에서도 극심한 차이가

지방과 서울 간의 차이가 심화되리라는 점을 이해했다면, 서울 내에서도 차이가 계속 커지리라고 쉽게 짐작할 수 있다. 어느 동네에 사느냐가 일종의 명함인 우리 사회에서 무리해서라도 가고 싶은 지역은 앞으로도 계속 오를 것이고 반대라면 가격이 정체될 수밖에 없다.

구로구·금천구·영등포구, 가리봉동·대림동과 같이 중국 동포와 외국인 노동자가 많은 지역은 서울 내에서도 기피지역이 되리라 본다. 외국인 노동자에 관대한 정부의 정책 방향을 감안하면 앞으로 외국인 노동자는 더욱 유입이 많아질 것이다.

⬆🏢⬇ 인간이 합리적이라고?

부동산 가격은 경제학적 요인으로 설명하기 힘든 부분이 많다. 같은 위치, 같은 평형이라도 1,000세대 이상의 대단지 아파트가 300세대 이하의 소규모 단지에 비해 가격이 더 높다. 경제학적으로 보면 동일한 상품으로 취급돼 동일한 시세를 형성해야 하는데 그렇지 않다. 물론 거래의 편리성이라든지 투자 가치와 같은 다른 요인이 작용하기 때문이라는 설명이 가능하지만, 경제학적으로 모든 것을 설명하기는 힘들다.

우선 경제학에서 정의하는 인간이란 어떤 존재인지 알아보자. 학교에서 경제학을 공부하거나 경제학 관련 책을 볼 때 가장 먼저 배우는 것이 바로 "인간은 합리적인 선택을 하는 동물"이라는 문장이다. 인간은 합리적이기 때문에 최선의 것을 선택하고, 각자 자기 일만 열심히 하면 보이지 않는 손이 작용해 물건의 가격을 수요와 공급의 원리에 따라 결정해준다.

──── 선택의 주체들은 나름대로 기회비용을 계산하여 가장 유리한 선택을 한다. 선택 가능한 여러 대안들 중에서 최선의 것을 선택한다는 것이다. 물론 최선을 따지는 기준이 선택하는 주체에 따라서 달라질 수는 있다. 그러나 사람들이 합리적이라면 스스로 가지고 있는 기준에 따라 최선의 대안을 선택할 것임을 기대할 수 있다. 선택 행위를 연구하는 데 있어서 사람들이 합리적으로 행동할 것이라는 전제는 매우 중요하다.

– 《경제학 원론》, 조성환 · 곽태원 · 김준원 공저, 경문사, 2001.

우리나라 대부분의 경제학 원론 첫 시간에 배우는 문장이다. 인간은 자신에게 최선의 선택을 합리적으로 한다. 물론 맞는 말이다. 하지만 필요하지도 않은 물건을 사고 후회하는 사람들을 보면 인간이 그다지 합리적이라는 생각이 들지 않는다.

> ━━ "현재 집값이 안 오르거나 떨어지고 있다. 대부분 엄청난 대출을 끼고 있는 데 버티는 것도 하루 이틀이지 합리적인 사고를 하는 사람이라면 오히려 집을 파는 게 정상이다."
>
> – 〈오마이뉴스〉 2008. 10. 8. 《부동산 대폭락 시대가 온다》의 저자 선대인 인터뷰

이 인터뷰 이후 5개월이 지난 2009년 3월부터 강남 재건축 시장이 급격하게 오르면서 전체 부동산의 가격 상승이 있었다. 2009년 5월부터는 전세가도 상승해 언론에서 '전세 대란'이라는 말을 자주 들을 수 있었다.

인간은 경제학에서 이야기하는 것처럼 합리적인 소비를 하는 경제 주체는 아니다. 특히 부동산에 관해서는 더욱 그렇다. 5억 원에 아파트 매도 의뢰를 했던 사람이 막상 매수 문의를 받으면 더 비싸게 팔아도 될 것 같다고 판단해 슬그머니 매물을 거둬들인다. 특별한 이유는 없다. '더 비싸게 팔아도 될 것 같다'가 이유다.

2018년 여름, 상계주공 5단지 재건축 이슈로 노원지역이 반짝 급등한 적이 있다. 2016년 2억 원대에 거래되던 아파트였는데 5억 원에도 사겠다는 사람이 줄을 섰다. 그 전에 4억 원을 받아달라고 의뢰했던

사람들이 "5억 원엔 안 팔아요. 5억 5,000만 원 받아주세요"라고 했다. 그렇게 반짝 급등한 이후 소강 상태가 지속되던 2019년 10월 실거래가는 4억 2,000만 원이었다.

요는, 부동산 가격은 경제학적으로만 분석할 수는 없다는 것. 그럼에도 많은 전문가들이 오로지 경제학적인 변수만 놓고 가격을 예측하는 오류를 범한다.

🏢 오르면 더 잘 팔리는 이상한 상품

부동산, 특히 아파트에서 볼 수 있는 특이한 현상 중의 하나는 값이 오르는 상황에서 더 잘 팔리고 값이 내려간다 싶으면 매수세가 실종된다는 점이다. 물건은 가격이 내려가면 더 잘 팔리고 올라가면 잘 안 팔리는 게 보통인데, 부동산은 반대다.

사람들은 금리가 어떻고 대한민국 경제 상황이 어떻고를 분석하는 게 아니라 '더 오를 것 같으니 더 늦기 전에 사두자'는 심리로 부동산을 매수한다. 이런 심리에 대해 옳다 혹은 그르다의 판단을 할 필요는 없다. 이러한 특성이 있다는 점을 참고하면 된다.

부동산 상승기의 매도자와 매수자의 심리 상태를 보면, 매도자는 '조금 기다리면 더 오를 것 같으니 천천히 팔자'이고 매수자는 '더 오르기 전에 사두자'는 입장이다. 당연하다. 부동산 시장이 한창 불붙는 시기엔 하루만 지나도 매도자가 1,000만 원을 더 올리는 경우가 많다. 부동산 하락기엔 정반대다. 매도자는 '더 떨어지기 전에 팔자', 매수자는 '더 깎을 수 있을 때까지 기다려보자' 는 입장이다.

부동산은 심리 게임이다. 가격이 너무 높아져 지금 사면 손해 보는 것 같은 마음을 이겨내고, 가격이 낮아지는 상황이라 더 늦게 팔면 손해가 커질 것 같은 공포심을 극복할 수 있어야 한다.

매수를 검토하고 있다면 좋은 부동산이 없어 못 사는 게 아니라 돈이 없어 못 사는 것이라고 바꿔 생각하시기 바란다. 비싼 부동산이 좋은 부동산이다. 오늘 사는 게 가장 싸게 사는 것이다. 농담이면서 진담이기도 하다.

⬆🏢⬇ 문제는 실행력이다

주식과 부동산은 재테크와 재산 증식의 가장 대표적인 수단이다(최근 비트코인으로 재산 증식을 시도하다 망하고 이혼당하는 사례가 많기에 비트코인은 재산 증식 수단으로 치지 않겠다). 그런데 주식 투자를 하려면 똑똑해야 한다. 경제 지식도 있어야 하고, 거시경제와 미시경제를 함께 돌아볼 수 있어야 한다. 여기에 더해 개별 회사의 대차대조표와 손익계산서를 보면서 영업이익을 판단할 수 있어야 한다. 주식으로 돈 벌었다는 사람들을 만나면, 운이 좋았다고 겸손하게 말하지만 깊은 대화를 나눠보면 해박한 경제 지식과 날카로운 분석력을 발견하게 된다(주식으로 돈 번 사람이 부동산 투자는 하지 않을까? 둘 다 잘한다).

주식은 똑똑해야 이긴다. 분석력도 있어야 하고 승부사 기질도 필요하다. 미국이 기준금리를 올린다는 소식에 국내 코스피지수가 하락할 때 오히려 매입의 기회로 삼기도 하고 4차 산업 발달의 수혜지를 찾아 보기도 한다. 그런데 부동산은? 그렇게 똑똑할 필요 없다.

어느 지역에 지하철이 개통된다거나 재건축·재개발이 된다는 소식은 옛날처럼 소수만 아는 고급 정보가 아니다. 인터넷에 공개되고 경제신문에서 친절하게 그림까지 그려가면서 설명해준다. 다음의 그림을 보자. 2015년에 반포 재건축 아파트 단지가 유망함을 알려줬던 신문 기사다. 이 기사 하나만 봐도 개발 호재가 있는 아파트들을 알 수 있다. 굳이 똑똑할 필요가 없다. 똑똑한 사람이라면 재건축 추진 단지별로 대지 지분과 용적률 등을 따져 '가성비'가 가장 좋은 아파트를 고르는 일 정도일 것이다.

반포지구 재건축 추진 현황 (단위 : 가구)

단지명	재건축 전	재건축 후	현황	입주 시기
신반포5차 (아크로리버뷰)	555	581	10월 착공 예정	2018년 상반기
신반포6차	560	757	사업시행변경인가 준비 중	2019년 말
신반포15차	180	672	9월 사업시행인가 신청 예정	–
신반포18·24차 (래미안)	258	475	이달 관리처분인가 신청 예정	2019년 초
신반포3·23차, 반포경남 (통합 재건축)	2,396	3,000 (추정)	9월 조합설립변경인가 신청 예정	2019년 초 2021년 3월
반포주공1단지 1·2·4주구 반포주공1단지 3주구	2120 1490	5640 2400	서울시 경관 심의 예정 서울시 경관 심의 예정	2020년 초 2020년 초
반포함양(자이)	381	606	연내 일반분양 예정	2018년 5월
반포우성	408	610	서울시 건축 심의 예정	–

자료 : 〈이데일리〉 2015. 7. 29.

반포지구는 이미 개발 호재가 잘 알려져 있고 값도 오를 대로 올라 투자에 부적합하다고 생각하시는가? 아니, 아직 멀었다. 재건축이 본격적으로 진행되면 더 오른다. 자금 여력이 되면 고민할 필요 없다. 재건축 추진해서 값이 떨어진 사례가 있나? 없다. 안심하고 매입해도 된다.

이번에는 교통 호재를 보자. GTX와 경전철이 많이 거론되는데 이 역시 뉴스에서 상세하게 알려준다. 이런 뉴스를 보면 "에잇, 우리 동네는 없네"라며 아쉬워할 게 아니라 투자를 생각해야 한다. 나라에서 "이곳들은 안심하고 투자해도 됩니다"라고 광고해주는 것이나 마찬가지기 때문이다.

정부의 발표는 보물지도와 같다. 이 지점에 금덩이가 묻혀 있다고 알려준다. 하지만 "저기 보물이 묻혀 있군" 하면서 정보를 활용하는 사람이 있고 그냥 지나치는 사람도 있다. 같은 뉴스를 봐도 내 재산을 늘리는 데 활용하는 건 똑똑함의 문제가 아니다. 실행력의 문제다.

부동산 상담을 하면서 느끼는 점 가운데 하나가, 여성들이 더 적극적이고 실행력이 있다는 것이다. 남성들은 "잘 들었습니다"로 끝이다. 컨설턴트의 의견은 참고만 하고 나머지는 자신이 판단하겠다는 식이다. 이런 남성들의 가장 큰 문제점이 아무것도 안 한다는 것이다. 좋은 정보를 제공받으면 그에 따른 실행을 해야 하는데 단지 좋은 정보 잘 들었다는 것으로 만족한다.

자료 : 〈연합뉴스〉 2012. 11. 19.

부동산은 아는 것으로 만족감을 느끼는 학문의 영역이 아니다. 직접 가보고, 사고, 팔아야 하는 실천의 영역이다. 여성들은 그런 점에서 실행력이 높다. 좋다 싶으면 혼자서 또는 친구들과 함께 가본다. 부디 남성들도 여성들처럼 실행력을 발휘해 좋은 결과를 많이 얻기 바란다.

⬆️🏢⬇️ 가끔은 무모해야 한다

좋다 싶으면 과감하게 투자해야 한다. 남들이 무모하다고 해도 투자해야 할 때가 있다. 한번 돌아보자. 부동산, 특히 아파트 가격이 '와, 싸다! 지금 사면 무조건 이익이다'라고 생각될 만큼 낮아진 적이 있던가? 아니다. 대한민국 부동산은 한 번도 싼 적이 없었다.

가격이 낮아지면 '더 떨어질 것이다, 지금도 높다'라고 생각하고, 조금씩 오르면 '부동산 가격에 거품이 끼고 있다. 이제 꺼질 것이다'

라고 생각한다. 단언컨대 대한민국 아파트는 언제나 비쌌다. 집값은 항상 미쳤었고 전세 역시 '미친 전세가' 소리를 들어왔다.

앞으로도 한동안은 집값이 하락하지 않을 것이다. 사람들이 부동산 가격이 하락할 것이라고 말할 때 드는 가장 큰 근거는 인구 감소인데, 인구가 줄어드는 시점은 2029년부터다. 다시 말하면, 적어도 2028년까지는 인구가 계속 늘어난다. 여기에 더해 중국 동포와 외국인 노동자의 유입은 계속될 것이다. 국내 체류 외국인이 200만 명을 넘어 5년 내에 300만 명까지 증가할 것으로 전망된다. 통계에 잡힌 수치가 이러하니 실제로는 더 많다고 짐작할 수 있다. 인구가 줄면 부동산 값이 떨어진다는데, 실은 인구가 줄지 않는 것이다.

정리하자. 무식해서도 안 되지만 (헛)똑똑할 필요도 없다. 좋다 싶으면 과감하게 접근하기. 부동산 특이점에 대비하는 바람직한 자세다.

좋다 싶으면 과감하게 투자해야 한다.
남들이 무모하다고 해도 투자해야 할 때가 있다.
한번 돌아보자.
부동산, 특히 아파트 가격이 '와, 싸다!
지금 사면 무조건 이익이다' 라고 생각될 만큼 낮아진 적이 있던가?
아니다. 대한민국 부동산은 한 번도 싼 적이 없었다.

서울 집값이 미쳤다.
정부는 집값을 잡겠다며 끊임없이 대책을 내놓지만
그럴수록 가격은 더 오르고
강남 아파트는 평당 1억 원을 기록했다.
대한민국 아파트 가격은 왜 이렇게 비싼 것일까.
고령 사회, 인구 감소로 집값은 떨어질 일만 남았고
집은 사는 것이 아니라 사는 곳이라는데
집, 과연 사야 할까, 말아야 할까.

PART

1
—

어서 와,
부동산 공부는
처음이지?

가치와 가격은
정비례하지 않는다

아파트 가격을 판단할 때 가격과 가치의 관계를 알아둘 필요가 있다. 가치를 제대로 판단하지 못하면 낡은 아파트가 왜 이렇게 비싸냐는 식으로 잘못 생각할 수 있기 때문이다.

주택의 가격에 영향을 미치는 가치들은 다음과 같다.

- **현재 가치 : 현재의 특성**

  아파트가 갖고 있는 현재의 모습이다. 지하철이 가까워 교통은 편리한지, 근처에 진학률이 높은 학교가 있어 학군이 좋은지 등 외부 환경이 있고 세대 수, 브랜드, 마감재 등 아파트 자체의 특성이 있다.

- **미래 가치 : 미래의 기대**

  현재 가치에 아직 반영되지 않은 미래의 호재를 가리킨다. 지하철역이 새로 생기는 것이 대표적이다. 재건축 대상 아파트가 비싸게 거

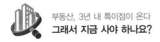

래되는 것은 현재가 아닌 미래에 가치가 더해질 것으로 기대되기 때문이다.

- **시장 가치 : 거래 가격**

  시장 가치는 현재 거래되는 정상 가격을 가리킨다. 여기에는 금리나 경제 상황 같은 경제적 측면과 재건축 초과이익 환수제, LTV 규제 같은 정부 정책이 함께 영향을 미친다.

- **내재 가치 : 최소한의 가치**

  내재 가치는 주택이 갖는 최소한의 가치를 가리킨다. 가령 매매 가격은 최소한 전세보증금 이상은 된다. 물론 매매가가 전세가보다 낮게 거래되는 '깡통주택'도 있지만 일반적인 경우가 아니므로 논외로 하자.

아파트 가격을 결정하는 가치 역시 절대적이지는 않다. 어떻게 판단하느냐에 따라 가치를 다르게 매길 수 있기 때문이다.

부동산 강의나 상담을 하다 보면 "두 아파트 중 어떤 게 나을까요?"라는 질문을 많이 받는다. 유튜브에도 'A아파트 vs B아파트, 둘 중 선택은?' 같은 제목의 영상이 많은 걸 보면 우리는 양자택일에 많은 흥미를 느끼는 듯하다.

사실 답은 간단하다. 더 비싼 곳에 투자하면 된다. 능력이 되는 범위 안에서 최대한 비싼 곳을 고르면 된다. 대학교 입시를 생각해보자. "제 점수로 어느 학교, 어느 학과를 가야 할까요?"라는 질문에 대한 답은 "갈 수 있는 최대한 좋은 학교" 아니던가. 서울대 갈 수 있는데 일부러 연세대나 고려대를 가진 않는다. 부동산도 이와 같다. 서울 강남에 갈 수 있는데 경기도 용인이나 분당에 가지 않는다.

"제 자금으로 어느 곳을 사야 할까요?"에 대한 답은 "귀하의 자금으로 살 수 있는 최대한 비싼 아파트입니다"가 답이다. 점수가 된다면 무조건 커트라인 높은 곳이고, 자금이 된다면 무조건 더 비싼 곳이다.

집값은
누가 결정하는가

효율적 시장 가설이라는 게 있다. 주식 시장에서 주식 가격이 어떻게 결정되는지를 규명하고자 만들어진 이론인데, 대한민국 부동산 시장에도 시사점이 많다. 간단히 설명하면, 현재의 상품 가격은 얻을 수 있는 모든 정보를 반영한다는 것이다. 주식 시장을 예로 들어보자. 한 기업의 주가는 현재까지 알려진 모든 관련 정보들이 반영된 결과다.

학군은 좋으나 지하철이 멀고 등등 아파트의 장단점은 이미 시세에 다 반영돼 있다. 즉 부동산중개업소나 네이버 부동산, 직방, 다방이 시세라고 알려주는 가격에는 현재까지 해당 아파트에 적용되는 모든 호재와 악재가 다 반영돼 있다고 보면 된다. 오늘의 아파트 시세는 가장 정직하고 정확한 오늘의 가격이다.

여기서 가격이 오르거나 내려가는 것은 그동안 알려지지 않은 새로운 소식에 의해 가격이 변동하는 것이다. 가령 은마아파트가 50층 재건축을 추진하다가 서울시가 35층만 가능하다고 하니 2~3억 원씩 가격이 하락했다. 그러다가 강남에 아파트 공급이 부족할 것으로 예상되자 가격이 회복되고 더 상승했다. 이는 새로운 정보에 의해 가격이 변동한 것이다.

호재가 발표되면 집주인들이 매물을 거둬들이거나 시세를 올려 내놓는 것은 모두 정상적인 경제 활동이다. 특별히 욕심이 많거나 사려는 사람을 골탕 먹이려는 게 아니다.

🏢 미래에 대한 판단

이러한 효율적 시장 가설에 의하면, 주어진 정보만으로는 남들보다 더 많은 수익을 얻을 수 없다. 내가 알고 있는 정보를 남들도 똑같이 알고 있는 상황에서는 남들보다 많은 수익을 얻기 힘들다. 남들이 모르는 미공개 정보를 이용하면 큰 수익을 얻을 순 있겠지만 현실적으로 거의 불가능하다.

다른 방법은 없을까? 있다. 바로 미래에 대한 판단을 해서 수익을 얻는 방법이다. 예를 들어보자. 재건축 초과이익 환수제와 분양가 상한제로 재건축 아파트들의 수익성이 약화되어 재건축 사업이 취소되거나 부진해질 것으로 예상된다. 여기까지는 공개된 정보로 누구나 아는 사실이다.

중요한 것은 '3년 또는 5년 후에도 지금처럼 규제가 심할 것인가'에 대한 스스로의 답이다. 현재와 같은 강한 규제가 지속된다고 판단한다면 재건축 아파트 투자는 연기하고 상황을 지켜보는 것이 맞고, 규제가 완화되거나 백지화될 것으로 판단하면 자금을 준비해서 매입하는 것이 맞다.

아파트 가격이 어떻게 될지는 정확히 예측할 수 없다. 정부가 지속적으로 대책을 발표하며 수요를 억제하려 하지만 오히려 집값이 계속 상승하기도 한다.

다만 기억할 것은 오늘의 가격은 정말 오늘의 가격이라는 것이다. 너무 오르거나 내렸다고 분노할 필요 없다. 다 이유 있다고 생각하면 된다.

🏢 30년만 기다리면 반값 된다

부동산 관련 뉴스를 보면, "지금 집값은 미쳤다. 반으로 떨어져야 한다"는 댓글이 많고 공감도 많이 얻는다. 상승세가 워낙 가파르기에 반발심이 생기는 것은 당연하다. 그런 분들께 좋은 소식이 있다. 30년 후에는 집값이 지금의 반, 아니 1/3로 떨어질 것이다.

2050년이 되면 은마아파트를 비롯해 잠실주공 5단지, 여의도, 목동 등은 재건축이 완료됐을 것이고, 지금의 신축 아파트 역시 30년 된 아파트가 돼 있을 것이다. 그러니 아파트 가격이 낮아질 수밖에 없다. 아파트 가격이 상승하는 주요 이유가 재건축 기대감에 더해 공급 부족으로 인한 상승 기대감인데 이러한 기대감은 모두 사라질 것이다.

그때 다시 재건축 이야기가 나오지 않겠냐고? 그럴 가능성은 적다. 가장 큰 이유는 비용이다. 1세대 재건축은 5층 이하의 저층 단지를 30층으로 지었고, 현재는 15~20층 내외의 중층 단지를 35~50층 사이로 다시 짓는다. 이렇게 지어진 아파트를 다시 재건축하려면 적어도 100층은 돼야 한다. 30층 아파트 하나를 짓는 비용이 15층 아파트 2개를 짓는 비용보다 50% 이상 비싸다. 따라서 100층으로 지으려면 엄청난 비용이 든다.

기대감이 없으면 가격 상승도 없다. 집값은 전세가에 기대감이 더해진 가격이기 때문이다. 남은 호재는 교육, 학군 정도가 될 텐데 30년 뒤에도 과연 '학군'이라는 게 남아 있을지 의문이다.

부동산은 투자 가치가 아니라 거주 가치로만 가격이 정해지는 시점이 올 것이다. 그 시점은 30년 후인 2050년이 되리라 예상한다.

그러니 지금 집값이 미쳤고 절반으로 내려가야 한다고 생각한다면, 30년 후에 사는 것이 어떨까?

인구와 집값의
수상한 관계

부동산 가격에서 인구는 가장 중요하고 영향력이 큰 변수 중의 하나다. 답이 빤하기도 하다. 인구가 늘면 집이 더 필요해지니 집값이 오르고, 인구가 줄면 집에 대한 수요도 줄어드니 당연히 집값이 떨어진다. 교과서적으로는 맞는 말씀이다. 그래서인지 인구 감소로 부동산은 하락세로 돌아설 것이라는 주장이 벌써 10년도 넘게 제기되고 있다.

🏢 인구는 늘어나고 있다

통계청이 2019년 3월에 발표한 '장래 인구 특별 추계'를 보면 2028년까지는 인구가 계속 증가한다. 인구가 줄어 부동산 가격이 하락한다는 주장은 10년쯤 후에나 쓸모 있어진다는 뜻이기도 하다.

총인구 및 인구성장률 1960~2067년

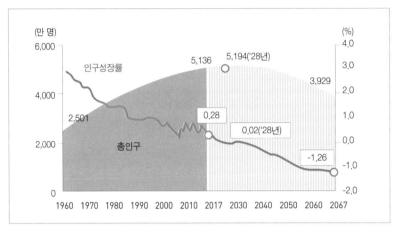

자료 : 통계청 '장래 인구 특별 추계' 2019. 3.

인구가 줄어들면 집값이 떨어진다. 이 얼마나 단순하면서 명쾌한 주장인가. 심지어 설득력이 강하기까지 하다. 이 주장에 따른다면 정부는 머리 복잡하게 집값 안정화 대책을 위해 노력할 필요도 없다. 그냥 인구가 줄어들기만 기다리면 된다. 기억하자. 인구가 줄어들어 부동산 가격이 하락하는 시점은 적어도 2029년 이후의 이야기다.

혹시 이런 의문을 가질 수는 있다. '총인구는 증가해도 구매력을 지닌 인구가 줄어들고 고령화된 사회를 고려해 집값을 예측해야 하지 않을까?' 옳으신 말씀이다. 고려해야 한다. 이제부터 고려 시작한다.

늘어나는 중국 동포와 외국인 노동자

영화 〈황해〉(2010년), 〈신세계〉(2013년), 〈차이나타운〉(2014년), 〈청년경

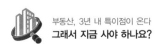

	2013년	2014년	2015년	2016년	2017년
체류 외국인	1,576,034	1,797,618	1,899,519	2,049,441	2,180,498
인구 대비	3.08%	3.50%	3.69%	3.96%	4.21%

자료 : 2017년 출입국 · 외국인 정책 통계 연보

찰〉(2017년), 〈범죄도시〉(2017년). 이들의 공통점은 바로 중국 동포를 다루는다는 것이다. 감성 멜로영화 〈파이란〉이 개봉한 2001년만 해도 중국 동포는 '멀리서 고생하는 우리 동포'였는데 20년쯤 지난 지금은 '중국 동포=범죄자'라는 인식이 강해졌다.

그렇다면 그들의 수는 얼마나 될까? 2018년 12월 말의 KBS 보도에 따르면, 2017년 말 기준으로 약 200만 명의 외국인 합법 체류자 중 34%인 68만 명 정도가 한국계 중국인이다. 불법 체류자들까지 포함하면 100만 명 정도 되지 않을까 짐작하게 된다.

중국 동포 한 사람이 집 1채를 쓴다면 총 100만 채의 주택 수요가 있고, 말도 안 되게 10명이 한 집에 거주한다고 가정해도 10만 채의 주택이 필요하다. 참고로 2019년 5월 정부에서 발표한 3기 신도시 규모는 총 17만 3,000가구다. 중국 동포 10명당 집 1채가 필요하다고 계산해도 최소 3기 신도시 하나 정도는 더 지어져야 한다.

이혼하면 집이 하나 더 필요하다

부부가 이혼하면 집이 하나 더 필요하다. 한 집에서 같이 살 수 없어

2018년 혼인 · 이혼 통계

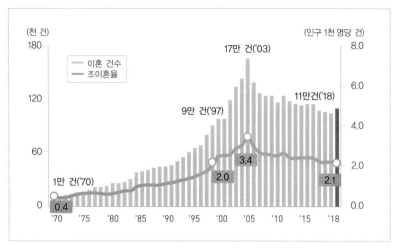

자료 : 통계청 2019. 3. 20.

그렇게들 이혼 서류에 도장들을 찍으시는 게 아니겠는가.

그림을 보면 2018년에 11만 건의 이혼이 있었는데 인구 1,000명당 2.1건 꼴이다. 2018년에만 11만 채의 주택 수요가 창출된 것이다. 과거에는 이혼하면 결혼에 실패한 패배자 취급을 받았다면 요즘은 자랑은 아니지만 흠결도 아니게 됐다. 이혼 건수는 앞으로 계속 증가한다고 보는 게 맞을 것이다.

⬆🏢⬇ 인구 감소와 가격 상승이 동시에

서울은 꾸준히 인구가 감소하고 있다. 서울시 통계 자료를 보면 2010년 말에 약 1,060만 명이던 서울시 인구가 2019년 상반기에는 1,004만

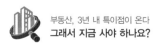

서울시 인구 추이

(단위 : 명)

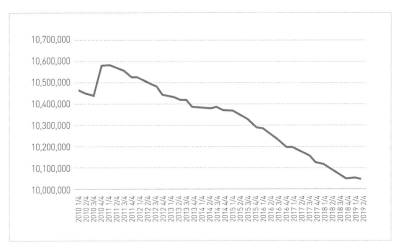

자료 : 서울시 통계, 서울연구데이터서비스

서울 아파트 매매가지수 추이

(2017년 11월 = 100)

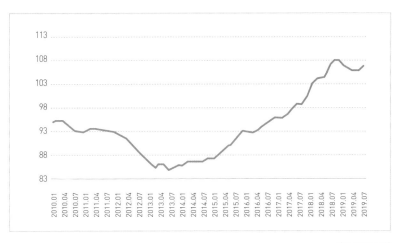

자료 : KB부동산

명으로 줄었다. 56만 명쯤 감소했으니 5%가 줄어든 셈이다. 이 기간 서울의 아파트 가격은 어떻게 변했는지 보자.

인구는 줄어들고 있는데 가격은 2013년부터 꾸준히 상승하고 있다. 요약하면 이렇다. 인구는 부동산 가격에 영향을 미치는 요인임에는 분명하다. 다만 부동산 가격의 등락이 전적으로 인구의 증감에 달려 있는 게 아니라는 점을 참고해야 한다. 인구가 줄어도 부동산 가격은 오를 수 있다. 앞으로 인구가 줄어드니 부동산 가격이 떨어질 수밖에 없다는 주장을 듣게 되면 이 사실을 떠올리자. 여기에 더해 대한민국의 인구 감소는 2030년부터라는 점도 함께 기억하자.

또한 보이지 않는 주택 수요도 있으니, 합법이든 불법이든 국내 체류 외국인과 이혼 가정이다. 투자를 피해야 할 지역으로 불법 체류 외국인이 많은 지역은 이후 따로 안내해드리도록 하겠다(그 지역 분들께는 미리 사과드린다).

차이나 머니가
몰려온다

중국인들이 몇 년 전부터 제주도 부동산을 사들여 제주도가 크게 올랐다는 사실은 잘 알고 계실 것이다. 투자이민제도를 통해 5억 원 이상의 콘도미니엄, 별장 등을 사면 제주도 영주권을 주기 때문이었는데 이제 중국인들의 투자는 서울까지 그 범위를 넓히고 있다.

중국인은 은평구를 좋아한다

중국의 재벌이나 고위 관리가 수조 원의 재산을 은닉하다 적발돼 처벌받았다는 뉴스를 종종 접한다. 심하면 사형을 당하기도 하는데, 공산주의 국가답게 엄격한 법 집행을 하는 모습이다. 언제 적발돼 처형당할지 모른다는 불안감에 시달리는 중국의 부정축재자들은 미국을 비롯해 전 세계 부동산을 사들인다. 만일의 경우 해외로 도피했을 때 생활의 근거지를 마련해야 하고, 외국에 사놓은 부동산은 감시망에 잘 안 걸리기 때문이기도 하다.

제주도의 경우 중국인들과 이해관계가 잘 맞아떨어졌다. 만약의 경우 해외로 탈출해야 하는데 5억 원이라는 매우 저렴한 값에 영주권까지 주니 말이다. 그런데 중국인들의 부동산 투자가 제주도에서 서울로 옮겨오고 있다.

— 중국 거주민이 많은 것으로 알려진 서울 구로구·금천구 외에도 은평구와 중구, 중랑구에서 중국인의 주택 매입이 늘었다. 5년 전에 비해 주택 거래량과 금액이 평균 3배 이상, 많은 곳은 8배까지 증가했다. 정부의 투기 과열 억제 정책이 중국 '왕서방'의 배를 채워주는 것 아니냐는 비판도 나온다.

왕서방의 '은평구 사랑'이 특히 두드러진다. 지난해 은평구에서 '왕서방'이 사들인 주택은 59채, 거래 금액은 189억 7,700만 원이다. 2017년에도 중국인은 144억 3,900만 원을 들여 은평구 주택 55채를 사들였다. 불과 2015년 매수 기록이 26건이었던 점과 비교하면 두 배 이상이다. 1채당 평균 매수 단가도 2015년 기준 2억 1,000만 원에서 2018년 기준 3억 5,600만 원으로 70%가량 급증했다.

명동과 중국대사관 등이 있는 중구의 경우 중국인은 2017년 주택 32채를 총 151억 5,200만 원에 매수했다. 8·2 종합부동산대책이 나온 시기다. 이듬해인 2018년에는 17채(총 매수액 70억 원)으로 주춤했지만 올 상반기에만 13채(68억 원)를 사들여 적극적 매수 패턴을 나타냈다.

중랑구의 경우 2015년 중국인 매수 주택 건수는 6건, 누적 거래액 13억

8,800만 원에 불과했지만 지난해 48건, 매수 금액 125억 8,700만 원으로 급등했다.

-〈머니투데이〉 2019. 11. 4.

🏢 중국인은 아파트, 중국 동포는 상가

대한민국 부동산에서 차이나 머니는 크게 두 가지 흐름을 보인다. 중국인의 아파트 구매와 중국 동포의 대림동 상가 구매다. 중국 동포들이 상가 투자에 성공해서 서울의 아파트를 사는 경우는 점점 많아질 테지만, 아직 중국 동포의 부동산 구매는 구로구와 영등포구 대림동에 머물러 있다.

중국인들은 영국, 호주 등에서 도심지역과 고급 주택지를 집중적으로 매입한 사례가 있다. 대한민국에서도 마찬가지 현상이 나타날 것이다. 그러나 아직은 가시적이지 않기에 일부 전문가들은 시장에 큰 영향이 없으리라고 전망한다. 다만 급매 물건들이 처리되면 나머지 물량이 정상가나 또는 상승된 가격에 거래된다는 점을 생각해야 한다. 중국인들이 급매 물량을 저항 없이 매입하는 것 자체가 가격 상승 요인이다.

중국인의 부동산 투자, 강남지역은 진행 중이고 은평구도 마무리되면 그다음은 어디가 될까? 이 방향을 예상해보는 것도 부동산 시장을 예측하는 좋은 방법이다.

인생은 실전,
금리는 예측

금리는 부동산 시장을 예측하는 데 가장 기본적이며 대표적인 변수다. 인구는 실시간으로 변경되지도 않고 정부 당국자들의 의지만으로 쉽게 바뀌지 않는다. 이에 비해 금리는 "자, 이제 올립니다. 땅땅땅!" 하면 된다. 물론 금리는 경제 전반에 영향을 끼치기 때문에 신중하게 결정되기는 한다.

이번 금리 부분은 좀 더 꼼꼼하게 읽으시기 바란다.

🏢 금리와 부동산의 관계

교과서는 공부할 때 가장 기본이 되는 책이다. 물론 인생은 교과서가 아니라 실전이지만, 교과서적으로는 어떠한지 살펴본 다음 실생활에서 어떻게 응용되는지 알아볼 필요가 있다. 먼저 교과서스럽게 접근해보자.

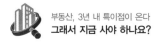

> 금리 상승 : 부동산 투자 수요 감소 → 부동산 가격 하락
> 금리 하락 : 부동산 투자 수요 증가 → 부동산 가격 상승

금리의 영향, 아주 쉽다. 금리가 인하되면 돈을 빌리는 부담이 줄어들고 그만큼 부담 없이 빌린 돈들이 수익을 찾아 주식과 부동산 시장으로 흘러들어가게 된다. 부동산으로 흘러든다. 돈이 충분하니 사고자 하는 수요가 많아지고 이에 따라 부동산 가격도 올라간다. 반대로 금리가 인상되면 수요가 줄어들어 부동산 가격이 낮아진다.

각 나라는 경기가 침체되어 활성화가 필요하다 판단되면 금리를 낮춘다. 낮아진 금리로 돈이 잘 돌아야 경기가 살아나기 때문이다. 따라서 정부의 기준금리 인하는 '현재 경기가 침체 상태입니다. 좀 활성화시키도록 하겠습니다' 라는 신호이고, 기준금리 인상은 반대로 '지금 경기가 과열 상태입니다. 좀 진정시키겠습니다. 돈 빌리는 부담을 늘려보겠습니다' 라는 신호로 해석된다.

그런데 세상 일이 이렇게 쉬우면 얼마나 좋을까. 인생은 뭐다? 그렇다, 실전이다.

🏢 미국이 기준금리를 내린다면

교과서스럽게 풀어본 금리와 부동산의 관계는 매우 단순하다. 금리가 상승하면 부동산 가격이 하락한다. 실전 포인트는 앞으로 금리가 어떻게 될지 예상하는 것에 있다. 그런데 금리가 무조건 오르거나 내린다

고 단정할 수 없다. 마치 낚시꾼이 낚싯대 줄을 풀었다 조였다 하듯, 금리 역시 올렸다 내렸다 하면서 경제를 조정하는 수단이기 때문이다. 따라서 금리는 '예언'이 아니라 '예측'을 할 수 밖에 없다. 누가 자신 있게 금리의 향방을 이야기한다면 그는 사기꾼이다. 환율도 마찬가지. 환율도 자신 있게 예언하는 사람은 무조건 사기꾼이다.

본론으로 돌아와서, 앞으로 대한민국의 금리가 어떻게 될지 예측해 보도록 하자. 금리 예측에서 가장 중요한 요인은 미국의 기준금리다. 세계 경제가 미국의 영향을 크게 받는 것처럼 금리 역시 미국의 기준 금리가 중요한 판단 기준이 된다.

2019년 11월 말 미국의 기준금리는 1.50~1.75%이고 한국은 1.25%다. 2019년에 미국은 3회나 금리 인하를 단행했다. 중국과의 무역분쟁으로 경제의 불확실성이 커졌고 경기 활성화 대책이 필요하다는 신호다.

한미 기준금리 추이 (단위 : %)

자료 : 〈뉴시스〉 2019. 10. 31.

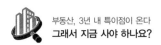

부동산, 3년 내 특이점이 온다
그래서 지금 사야 하나요?

앞으로 미국의 기준금리가 어떻게 될지는 누구도 모른다. 다만 미중 무역분쟁이 극적으로 해결되지 않는 이상 경제의 불확실성은 계속 남아 있을 테고, 트럼프 대통령이 기업가 스타일로 '강한 아메리카'를 만들고자 한다면 미국의 기준금리는 최소한 동결 또는 추가 인하할 것으로 예상할 수 있다.

미국의 기준금리가 동결 또는 인하된다는 가정 아래 한국의 기준금리는 어떻게 될지 예측해보자. 다른 나라들이 기준금리를 낮추는 상황에서 한국만 갑자기 기준금리를 올리지는 못할 것이다. 한국 경제가 모든 부문에서 경고등이 켜 있는 상황이기 때문에 더욱 그러하다.

정부의 고민이 여기 있다. 부동산 시장 안정을 위해서는 기준금리를 올려 부동산 시장에 찬물을 끼얹으면 된다. 가장 쉬우면서도 강력한 방법이다. 문제는 부동산 시장 잡으려다 한국 경제를 잡을 수도 있다는 것. 부동산 투기로 돈을 버는 사람들이 밉기는 하겠지만 정부는 어쩔 수 없이 현재의 저금리 기조를 이어갈 것으로 예상한다.

반드시 한 번은
폭락한다

부동산 10년 주기설이 있다. 1998년 IMF 사태로 인한 충격이 있었고 그로부터 10년이 지난 2008년 미국발 금융위기로 또 한 번의 충격이 있었다. 한 번은 우연인데 두 번부터는 더 이상 우연이 아니게 된다. 그런데 2018년에는 폭락하지 않았다. 그렇다면 10년 주기설은 순전히 우연에 근거한 것인지 모른다. 다만 그 우연 속에는 미국의 기준금리라는 아주 중요한 요인이 자리하고 있었다.

미국이 기준금리를 올리면 벌어지는 일

다음은 미국의 금리 추이를 나타낸 그래프다. 선은 미국의 기준금리, 기둥은 대한민국 부동산에 있었던 두 번의 대폭락 시기를 나타낸다. 첫 번째 대폭락 시기를 보면, 1994년 1월에 3%였던 미국 기준금리가

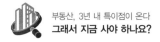

미국 기준금리 추이

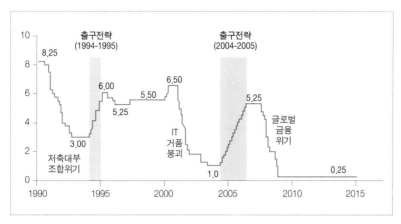

자료 : 한국은행

같은 해 12월에는 6%까지 치솟았다. 1년 만에 3% 포인트라는 급격한 금리 인상의 결과는 그로부터 4년 후인 1998년 IMF 사태로 우리에게 다가왔다(4년을 기억해두자).

두 번째 폭락 시기는 10년 후다. 대한민국 전체가 고생고생해서 2년 남짓한 동안 IMF 사태를 극복하고 부동산 가격도 점차 상승하다가 2004년에 미국 금리 인상이라는 악재를 다시 만난다. 2004년 1월에 1% 내외였다가 2006년 6월에는 약 5%까지 금리가 서서히 올랐다. 역시 그로부터 4년 후인 2008년에는 미국발 금융위기로 한국 부동산 시장은 불황을 겪었다(다시 4년 나왔다).

두 번에 걸친 우연일까? 정리해보자. 미국은 1994년과 2004년, 이렇게 끝자리가 4로 끝나는 해에 금리를 올리기 시작한다. 그 후 4년이 지나면 대한민국 부동산 침체로 이어진다. 4로 끝나는 해의 4년 후.

그래서 '44 효과'라고 이름까지 붙어 있다.

대한민국의 부동산은 상승할 것인가, 하락할 것인가? 어느 날 미국이 기준금리를 올린다면 과거의 경험으로 봤을 때 4년 후 대한민국 부동산은 폭락기를 맞이할 수 있다. 미국의 기준금리는 그만큼 강력한 힘을 갖고 있다. 1994년에 시작된 금리 인상은 1년에 3% 포인트 상승이라는 급격한 인상이었고, 그 결과 동아시아 국가들이 IMF 사태를 겪었다. 10년 후 2004년의 금리 인상은 미국 내 부동산 거품 현상을 만들어 전 세계로 불황이 파급됐다. 2008년 미국발 금융위기로부터 벌써 10년이 넘게 지났다.

2017년 6월, 미국은 기준금리를 지속적으로 인상하겠다는 무서운 발표를 했다. 이 발표대로 미국의 기준금리가 지속적으로 상승했다면 2021년쯤 한국은 대폭락을 겪을 것이다. 그런 일은 일어나지 않았지

미국 기준금리 향후 인상 전망

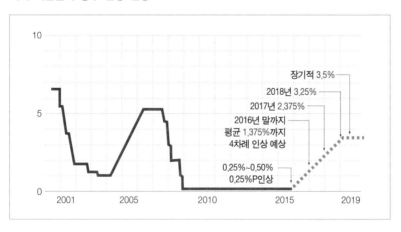

자료 : 미연방준비제도(연준)

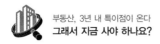

만 금리 인상의 불씨는 아직 남아 있다는 점을 잊으면 안 된다. 한국 경제나 부동산 시장 지켜주자고 미국이 저금리를 계속 유지할 리는 없으니 말이다.

어느 날 미국이 본격적으로 기준금리를 올리겠다는 발표를 한다면 부동산 폭락기를 맞이할 마음의 준비를 해야 한다. 물론 예외는 있다. 인기지역은 폭락하지 않는다. 타격은 있겠지만 다른 지역에 비해 미미할 것이라는 점도 미리 참고해두자. 인기지역이란 서울에서 살기 좋은 곳으로, 단순하게 나열하면 다음과 같다.

- 강남구 : 압구정동, 삼성동, 청담동, 개포동
- 서초구 : 반포동, 잠원동, 서초동
- 용산구 : 동부이촌동, 한남동
- 기타 : 여의도, 잠실, 중계동

수도권과 지방에도 좋은 지역이 분명 있겠지만, 이 지역들은 부동산 침체기에도 특별한 타격 없이 버텨낼 수 있을 것이다.

착한 정부,
사악한 집값

정부의 개입을 정당화하는 경제학 용어로 '시장의 실패(market failure)'
가 있다. 수요와 공급이 만나 거래되는 시장의 원리가 올바르게 작동
되지 않는 경우 정부가 시장에 개입해야 한다는 것이다. 정부가 부동
산 시장에 개입하는 가장 큰 근거가 바로 시장의 실패다.

서울 일부 지역 아파트값이 비정상적으로 상승하고 투기의 위험이
있기 때문에 정부에서 (원하지는 않지만 어쩔 수 없이) 몇 가지 규제 방안을
마련해서 부동산 시장이 정상적으로 작동되도록 하겠다는 논리다. 현
정부뿐만 아니라 지금까지 정부는 경제 목표를 달성하고 시장을 안정
화시키기 위해 규제와 완화를 반복해왔다.

하지만 불행히도 정부의 착한 의도는 효과를 발휘하지 못한다. 뛰는
정부 위에 나는 부동산 투자자(혹은 부동산 투기 세력)가 있기 때문이다.
모두가 행복하게 잘살기를 바라는 정부의 선한 의도는 의심할 여지가

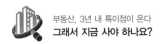

없다. 하지만 결과는 의도와는 상관이 없다. 정부의 규제에도 불구하고 집값은 잡기 어려울 것으로 보인다.

🏢⬇ 학습 효과

2017년 대선 결과를 나타낸 그림이다. 강남 3구(서초·강남·송파)의 문재인 대통령 득표율을 보면 약간 의외다. 강남에서는 무조건 보수 정권 편을 들 것으로 생각하기 쉬운데 35~40% 내외의 득표율을 기록했기 때문이다. 진보 성향의 정권이라면 강남 집값을 규제하는 정책을 펼칠 것으로 쉽게 예상할 수 있기에 더욱 의아할 수밖에 없다. 이념과 가치관에 따라 투표를 한 경우도 많겠지만 학습 효과 역시 영향을 미

자치구별 문재인 대통령 득표율　　　　　　　　　　(단위 : %)

정권별 부동산 가격 등락 폭

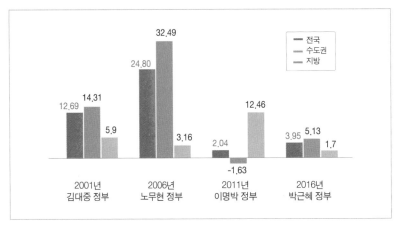

자료 : 부동산114, 2016. 11.

쳤다고 판단된다. 어떤 학습 효과일까?

그림은 지난 정부들의 집권 4년차 부동산 가격 등락 폭을 나타낸 것이다. 집권 1년~3년차는 논외로 하고, 김대중 정부 집권 4년차인 2001년과 노무현 정부 집권 4년차인 2006년의 아파트값은 상당히 상승했다. 특히 2006년은 '집'이기만 하면 다 오른다던 시기였다. 특이하게도 보수 정권인 이명박과 박근혜 정부 시절엔 오히려 집값 상승이 주춤했다.

강남 3구 주민들이 과연 이를 확인하고 투표에 임했는지는 알 수 없지만, 전혀 상관없다고 할 수 있을까.

풍선 효과

풍선의 한 곳을 누르면 풍선이 작아지는 게 아니라 다른 쪽이 부풀어 오

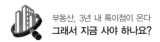

른다. 부동산 시장에서 한쪽을 규제하면 다른 쪽에서 역효과가 나타나는 것을 부동산의 풍선 효과라 한다. 예를 들어 은행을 통해 대출 관련한 DTI·LTV 규제를 할 때 정부의 의도는 투기에 필요한 자금을 공급받기 어렵게 하겠다는 것이다.

이에 시장은 어떻게 반응할까? 은행 대신 화재보험이나 캐피탈 같은 제2금융권이 대출을 시작한다. 물론 제2금융권, 제3금융권에도 강력한 규제를 하지만 큰 효과는 없어 보인다. 집값의 80%까지 대출 가능하다는 전단지가 여전히 문에 붙어 있으니 말이다.

풍선 효과는 대출에만 한정되지 않는다. 투자심리에도 적용된다. 서울과 인접한 경기도 분당을 보자. 2017년 말 정부의 강력한 부동산 대책에도 불구하고 강남 3구가 오르자 분당 역시 가격이 눈에 띄게 상승하기 시작했다. 분당은 편리한 생활환경과 강남과의 접근성에도 불구하고 아파트 노후화로 부동산 가격이 하향 안정화되던 상황이었다. 이 흐름을 강남발 부동산 열기가 바꾼 것이다. 과천도 비슷한 상황이다. 2010년 이후 정부 청사와 각 공기업의 이전으로 투자 수요가 줄어들던 상황에서 강남발 부동산 열풍이 과천까지 불어왔다.

과거의 패턴을 보면 강남 상승은 분당과 과천의 상승으로 연결된다. 서울 남부지역에 대한 투자가 일정 부분 마무리되면 그다음은 서울 중부인 마포·용산으로 상승세가 연결된다. 그러다가 서울 북부인 노도강(노원·도봉·강북)으로 이어진다.

이것으로 끝나는 게 아니다. 노도강이 오르는 동안 강남이 다시 오르며 부동산 투자 열기가 계속된다. 정부 입장에서는 악순환이고, 서민 입장에서는 삶의 질 하락으로 불만이 쌓일 수밖에 없다. 서민을 위해 부동산 규제를 한다 해도 제대로 효과가 있을지 미지수다. 정부의 딜레마와 두통이 시작되는 것이다.

수요가 늘어나는데 공급이 따라가지 못한다. 그래서 정부는 부동산 대책을 발표할 때마다 각종 주택 건설 계획을 발표한다. 참고로 문재인 정부는 '주거복지 로드맵'을 통해 2022년까지 주택 100만 호(공적임대주택 85만 호+공공분양주택 15만 호)를 공급하겠다고 했다. 2019년 5월에는 제3기 신도시 건설로 17만 3,000호의 주택을 공급하겠다고 발표하기도 했다.

수요 차단이 아닌 공급 확대를 통해 집값 안정화를 유도하겠다는 정책 방향은 대단히 바람직하다고 생각한다. 아쉽게도 집값 안정화가 가장 필요한 지역은 공급이 충분치 않고, 집값 하락을 이미 겪고 있는 지역의 인근에 신도시가 가장 크게 지어지긴 하지만 말이다.

정부의 현 정책 기조는 계속 유지될 것이다. 언제까지일까? 그렇다, 2022년까지다. 집값을 잡으려 하지만 오히려 부동산 가격만 올리는 정책이 그때까지는 계속될 것이다.

2019년 11월 19일 문재인 대통령이 '국민과의 대화'에서 발언한 부동산 관련 내용을 요약하자면 이렇다.

"현재 방법으로 집값을 못 잡으면 강력한 방안을 계속 강구해서라도 반드시 잡겠다."

이를 보고 부동산에 특이점이 올 시점이 머지않았다는 확신이 들었다.

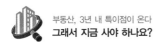

🏢 규제할수록 가격은 상승한다

2019년 12월 현재 문재인 정부는 17차례에 걸쳐 각종 부동산 대책을 발표하고 시행했다. 2년 반 동안 17회이니 2개월마다 한 번씩 부동산 대책이 발표된 셈이다. 그리고 결과는 항상 같았다. 대책 발표 직후 1~2주 동안 잠깐 주춤하다 다시 가격이 올랐다. 그러면 또 다른 대책이 발표됐고 같은 현상이 반복됐다. 강력한 방안을 계속 강구해서라도 반드시 집값을 잡겠다고 하니, 앞으로도 2개월에 한 번씩 정부는 대책을 내놓고 시장은 상승하는 패턴이 계속되리라는 신호다.

정부의 간섭이 없다면 보이지 않는 손을 통해 집값이 안정된다는 걸 높으신 분들이 모를까? 아니, 잘 알고 계실 것이다. 문제는 가격 조정 기능을 시장에 맡기겠다고 말하는 순간 "아무것도 안 할 거면 정부가 왜 있는 거냐" "강남 부자를 위해 존재하는 정부냐"라는 비난이 거세진다는 점이다.

정부는 알면서도 부동산 규제 대책을 내놓을 수밖에 없다. 변명거리를 만들고 비난의 화살을 돌릴 수 있기 때문이다.

"열심히 대책을 만들어 내놓았지만 강남 부자들과 악덕 부동산중개업자들 때문에 가격이 더 올랐습니다. 더 강력한 대책을 준비하겠습니다."

이 얼마나 노력하는 정부의 모습이고 탐욕으로 가득한 다주택자들의 모습인가.

부동산 규제는 지금보다 더 강력해지고 더 자주 발표될 것이다. 이에 따라 집값은 지금보다 더 자주 상승할 것이다.

떨어지는 상가,
올라가는 아파트

기업들의 해외 이전은 해당 지역의 주택 가격에 악영향을 미친다. 2018년의 GM대우 철수로 인해 부동산 시장이 침체된 전북 군산이 대표적이다. 이 상황을 타개하고자 군산은 여러 시도를 하고 있으나 쉽지 않아 보인다. 2019년 4월에는 LG가 스마트폰 생산 공장을 평택에서 베트남으로 이전한다는 계획을 발표했다.

기존의 제조업이 해외로 이전한다 해도 새로운 산업이 그 자리를 채워준다면 큰 문제는 없을 텐데, 신사업 도입 과정에서 많은 갈등을 겪어 사업을 접는 사례가 많다. '타다'를 보라.

제조업은 떠나고 신사업은 막히고

그림을 보면 해외 직접 투자가 해마다 증가하고 있다. 2018년 말 대기

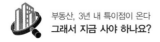

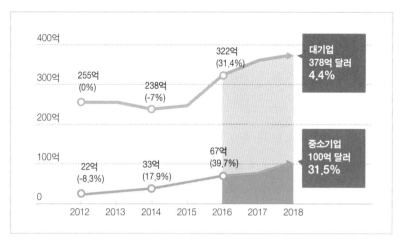

대기업과 중소기업 해외 직접 투자(FDI) (괄호 안은 전년 대비 증감률 / 단위 : 달러)

자료 : 한국수출입은행 2019. 4.

업과 중소기업의 해외 직접 투자액은 총 478억 달러(약 55조 5,000억 원)로 통계가 작성된 이후 최고치를 기록했다. 이 화살표가 언제쯤 내려올까? 예상컨대 2022년까지는 매년 최고치를 기록하지 않을까 싶다.

만일 내가 회사 사장이라면 고민이 될 것이다. 아예 본사를 해외로 이전하면 어떨까? 법인세 감면은 기본이고 이런저런 혜택을 주겠다고 하고, 감옥 갈 걱정까지 안 해도 된다면 많이 흔들리지 않을까 싶다.

해외 직접 투자는 점점 증가하는 데다 신사업도 시작하기가 어렵다. 최근 예로, 차량 공유 사업인 카카오카풀, 우버 같은 새로운 산업이 기존 택시업계의 반발로 시장에서 철수한 상황에서 70대의 택시기사가 분신자살하는 사건이 일어났다. 이유는 타다 서비스를 중지하라는 것. 새로운 산업의 출현으로 위협을 받는 기존 산업이 격렬하게 저항하는 것은 어찌 보면 당연하다. 문제는 이러한 갈등을 해결하는 방식이다. 분신 자살 등으로 사회적 문제가 되니 신산업은 당분간 보류하는 식이다.

물론 정부는 신산업 발전을 위한 장치들을 마련해놓았다. 대표적인 것이 규제 샌드박스로, 신제품·신기술 출시에 걸림돌이 되는 규제를 일시 면제해주거나 임시 허가해주고 있다. 아쉬운 점은 네거티브 규제 라서 '안 되는 것 빼고 다 해도 됩니다'인 해외와 달리 한국은 '된다고 한 것만 해야 됩니다'라는 포지티브 규제라는 것이다. 약간이라도 애매하면 금지시키는 것이 한국 관료제의 특징이다.

🏢 그래도 아파트는 오른다

결론이다. 제조업도 신산업도 조금만 버티면 잘될 것이라는 희망을 갖기엔 어려운 상황이다. 대기업들은 사업 분야를 재편하면서 기존의 굵직한 부동산을 매각해 현금을 확보하고 있다. 중소기업 사장들은 공장을 베트남 등 동남아로 이전하고 있다. 개인 자영업자들은 폐업이 늘어나면서 상가 공실률이 높아지고 있다. 이런 상황을 보면 오피스·상가 하락을 쉽게 예상할 수 있다. 사무실을 쓸 사람이 없고 장사할 사람이 없으니 공실이 생기고 가격이 하락하는 것은 당연한 일이다.

의문점은 주택에 대해서인데, 상업용 부동산이 하락하는 상황에서 주택은 왜 계속 오르는 것일까? 가장 쉽게 추론할 수 있는 것은 불안 심리다. 다른 물건은 사두면 손해 볼 것 같은데 주택은 그래도 계속 올랐으니 안심하고 투자하는 심리가 있다. 마치 엔화와 달러가 투자용이

2018년 주요 대기업 부동산 매각 내역

(단위 : 억 원)

기업	매각 대상	거래 금액	매각 시점
삼성물산	서초사옥	7,484	9월
	가산물류센터	2,300	2월
삼성생명	에이스타워	1,998	5월
	대치2빌딩	1,905	6월
	대구덕산빌딩	1,130	4월
삼성메디슨	대지동사옥	1,461	5월
현대라이프생명	여의도 현대카드 캐피탈 사옥1관	1,775	5월
금호사옥	금호아시아나 본관 사옥	4,180	5월
신세계&C	구로구 데이터센터	500	8월
GS에너지	성내동 연구개발센터 등	매각 중	미정
부영	을지빌딩	매각 중	미정

자료 : 금융감독원

아니라 만일의 사태에 대비하는 안전 자산이듯이 주택 역시 안전 자산으로 인식되는 것으로 보인다. 씁쓸한 상승이라 할 수 있다.

서울이 몇 년째 상승하는 것이 '거품' 혹은 '폭탄 돌리기'라며 조만간 하락할 것이라는 주장도 있다. 결론부터 말씀드리면, 부동산 거품은 꺼질 것이다. 다만 다음의 세 가지 조건이 동시에 충족된다면 말이다.

- **붕괴 요건 1. 금리 급상승**

  금리가 올라가면 대출 부담이 증가해 부동산 가격이 하락한다. 금리가 크게 상승하는 순간 수요는 급감하고 부동산 거품은 꺼질 것이다.

- **붕괴 요건 2. 대량 해고**

  경제가 악화되어 기업 부도 사태가 이어지고 대량 해고가 발생하면 수요는 급감을 넘어 소멸한다. 소득이 끊겨 대출이자를 감당하지 못하는 실직자들이 집을 내놓지만 그 집을 살 근로소득자들도 없기 때문이다.

- **붕괴 요건 3. 전세가율 하락**

매매가 대비 전세가의 비중, 즉 전세가율은 부동산 시장에서 중요한 지표로 활용된다. 전세가율이 높다는 것은 전세가가 매매가와 비슷하다는 뜻이니 "차라리 집을 사자"는 수요가 많아진다. 반대로 전세가율이 낮아진다면 집을 사겠다는 수요도 감소해 집값이 떨어진다.

이런 일들은 국가 경제가 붕괴되는 수준에서나 가능하리라 보인다. 다시 말하면 거품은 꺼지지 않을 것이다. 먼 미래에나 일어날 일이다. 이를테면 남북 통일 같은 것이다. 필자의 집안은 DMZ 위아래에 걸쳐 문중의 땅이 꽤 많은데, 어릴 때부터 친척들이 모이면 늘 이런 말을 들었다.

"통일이 되면 너는 군대도 안 가고 우리 집안은 부자 집안이 될 거다."

하지만 나는 이미 오래전에 군대를 다녀왔고 우리 집안은 아직도 부자가 안 됐다. 통일은 생각보다 가깝지 않다. 언젠가는 거품이 꺼지겠지만 오랜 시간이 지난 후의 일이 될 것이다.

아파트의
주식화

아파트는 부동산의 영역이고 주식은 금융의 영역이다. 투자에서 각 영역의 전문가들은 상대 영역을 폄하하는 경향이 있다. 금융 전문가들은 대한민국의 가계부채 문제가 심각하고 부동산은 이제 거품이 꺼질 때가 됐다고 한다. 여기에 더해 미국 같은 선진국의 사례를 들며 부동산이 자산의 80% 이상을 차지하는 대한민국은 구조적으로 문제가 있다고 주장한다.

이에 반해 부동산 전문가들은 금융의 변동성과 주식의 위험성을 강조하면서 그래도 안정적인 투자처는 부동산에 있다고 강조한다. 해묵은 논쟁이고 불필요한 시간 낭비다. 흑묘백묘. 쥐를 잡기 위해서는 고양이의 색깔이 중요하지 않다.

🏢 부동산이 금융 상품으로

다음의 기사를 보자. 대표적인 금융회사인 미래에셋대우가 부동산에 대규모 투자를 했다.

> ── 미래에셋그룹 주력 계열사인 미래에셋대우가 경기도 판교의 핵심 입지에 위치한 알파돔시티 부동산 사업에 5,000억 원 규모의 자금을 투자한다. 현재 7조 3,000억 원 규모인 자기자본의 7% 수준에 달하는 규모다.
>
> – 〈머니투데이〉 2017. 12. 21.

적립식 펀드를 통해 발전한 미래에셋대우의 이러한 행보는 금융과 부동산이 적절하게 어우러질 수 있음을 보여준다.

부동산이 금융상품이 되기도 한다. MBS(Mortgage Backed Securities)는 저당대출담보부증권으로, 주택저당채권 또는 증권이라고도 한다. 주택담보대출 시 주택에 대한 근저당권을 설정하는데, 은행의 입장에서는 그 주택을 담보로 대출금을 회수할 권리가 생긴다. 이를 대출채권이라고 하고, 이를 기초로 발행하는 증권이 MBS다. 즉 홍길동에게 주택담보대출 2억 원을 해줬을 때 은행에서는 마냥 기다리는 게 아니라 홍길동에게서 받을 원금과 이자를 기초로 다시 채권을 발행하는 것이다. 주택이라는 부동산이 은행을 통해 채권이라는 금융상품으로 변화하는 것이다.

재테크에서 금융과 부동산은 물과 기름처럼 섞이지 않는 존재가 아

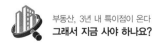

니라, 서로의 특성을 이용해 금융은 금융대로 부동산은 부동산대로 각자의 영역을 발전시키고 있는 것이다.

🏢 부동산중개업소의 종말

요새 아파트 시세를 보면 주식 시세표를 보는 것과 별반 다르지 않다. 주식이 상한가와 하한가가 있듯 아파트도 그러하고, 기업의 발전 가능성과 재무제표를 기초로 주식 가격이 결정되듯 아파트 역시 개발 호재에 따라 가격이 결정된다. 또 부동산도 각종 스마트폰 앱을 통해 주식처럼 편리하게 거래할 수 있다. 과거 같으면 부동산중개업소를 방문해 시세를 파악하고 매물이 나와 있는지 알아봐야 했는데 세상 편리해졌다. 인터넷 포털 사이트와 '직방' '호갱노노' 같은 앱으로 아파트 시세며 매물 정보, 개발 동향까지 정확하게 파악할 수 있게 됐다.

즉 아파트 역시 주식처럼 표준화되고 비교적 투명하게 거래되고 있다. 상가나 토지처럼 표준화되지 않은 부동산은 아직까지 기존의 방식대로 거래되고 있지만, 아파트는 주식처럼 쉽게 사고팔 수 있는 상품으로 진화했다. 복덕방 사장님들께는 죄송하지만(나도 공인중개사 자격증을 갖고 있다) 근시일 내에 부동산 중개 앱이 나오지 않을까 싶다. 시세 소개를 넘어 실제로 거래까지 가능해질 것이다. 주식도 몇 억 원짜리 거래가 스마트폰 앱으로 가능한데 부동산이 그러지 못할 이유가 없다.

좋은 집은 늘
부족하다

출산율이 낮아져 옛날보다 학생 수가 적어진 데다 학교도 많아져서 대학교 가기는 쉬워졌지만, 서울대 들어가기는 여전히 힘들다. 1975년 생인 내가 고등학교를 다니던 90년대 초반에는 한 반에 학생이 60명 정도였는데 지금은 30여 명에 불과하다. 단순하게 수치로 따지면 그때보다 서울대 가기가 2배로 쉬워야 한다. 아니면 공부하는 양이 절반으로 줄거나. 그런데 서울대랑 부동산이랑 무슨 상관이냐고?

대한민국에는 399개의 4년제 대학교가 있다. 서울과 경기도에만 100개가 넘는다. 대학 진학률도 70% 가까이 된다. 전국에 대학교가 많아졌으니 서울대 가기도 쉬워졌을까? 전국에 집이 많아 주택보급률이 100%가 넘는 것이 현재의 대한민국이다. 좀 더 깊이 들어가 자가 점유율도 따져봐야겠지만, 수치로만 보면 집이 남아돈다.

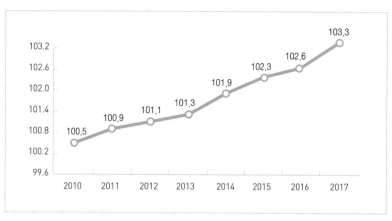

전국 주택보급률 현황   (단위 : %)

자료 : 국토교통부

🏢 서울대 쉽게 가는 방법은 없다

전국에 집이 많아졌으니 강남에 내 집 하나 갖는 것도 그만큼 쉬워졌
을까? 대답은 당연히 아니다. 가장 큰 이유는 수요와 공급의 불일치
때문이다. 서울대가 누구나 입학하기를 원하는 최고의 대학교(나는 서
울대를 나오지 않은 관계로 이렇게 낯간지럽게 이야기해도 된다)인 것처럼 강남
아파트 역시 누구나 소유하기를 바란다. 누구나 원한다는 것, 수요가
많다는 것은 경쟁률을 높이고 가격을 유지시켜주는 힘으로 작용한다.

　인구가 줄어드니 집값이 떨어진다. 대학교가 많아지니 대학 가기 쉬
워진다. 맞는 말씀들이다. 다만 수요가 계속 뒷받침되는 곳은 예외다.

　서울대 가기 쉬워지게 하려면 방법이 없지는 않다. 서울대 입학 정원
을 늘리면 된다. 마찬가지로 강남 집값을 안정화시키겠다면 강남에 집

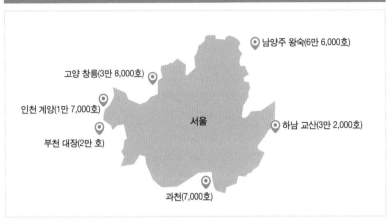

3기 신도시

남양주 왕숙(6만 6,000호)

고양 창릉(3만 8,000호)

인천 계양(1만 7,000호)

서울

하남 교산(3만 2,000호)

부천 대장(2만 호)

과천(7,000호)

자료 : 국토교통부

을 많이 지으면 된다. 서울시 강남구에 한 200만 채 지으면 강남 집값은 많이 하락하지 않을까?

그렇다. 말도 안 되는 헛소리다. 아무리 노력해도 정부는 강남에 추가로 주택을 공급할 방법이 없다는 점을 3기 신도시 발표를 통해 간접적으로 시인했다. 잡아야 할 것은 서울 집값인데 서울에 집을 안 짓고 서울 인근에 17만 3,000호를 짓겠다는 게 3시 신도시 발표의 핵심이다.

정부에서 강조하는 것은 웬만하면 집 하나만 남겨두고 나머지는 모두 정리하라는 것인데, 이 정책이 오히려 서울 인기지역의 집값을 올려놓는 요인이 되고 말았다. 하나만 갖고 있어야 한다면 강남과 강북 중에서 남겨두어야 할 집은 명확하기 때문이다. 팔겠다는(공급) 사람은 더 줄고 사겠다는(수요) 사람은 더 늘었으니 다주택자 규제는 신의 한 수가 아니라 최악의 한 수가 돼버렸다.

대학은 일생에 한 번만 갈 수 있는데 어느 대학에 가고 싶은가? 집을 하나만 남겨둘 수 있다면 어떤 집을 남겨둘까? 크게 다르지 않은 질문이다. 규제의 결론은 상승이었다.

부동산 투자자는 주식 투자자처럼 똑똑할 필요가 없다.
부동산 시장이 어떤 흐름을 타고 움직이는지만 알면 된다.
중요한 것은 과감하고 빠른 실행이다.
부자란 타이밍을 놓치지 않은 사람이다.

PART

2

이 흐름,
나만 몰랐던 거야?

전문가는 눈치를
보지 않는다

연말연시가 되면 금융 전문가, 부동산 전문가들이 올해를 결산하고 내년을 전망한다. 금융 전문가들은 "내년 코스피 상승 요인이 이러저러하니 현재의 2,200을 지나 3,000도 가능합니다"라는 희망적인 멘트를 많이 한다. 반면 부동산 전문가들은 "내년엔 상저하고, 즉 상반기엔 하락세가 유지되다 하반기에 소폭 상승하는 모습으로 마무리할 것으로 보입니다"라고 많이 말한다. 이유가 있다. 그렇게 해야 사람들이 욕을 안 하기 때문이다.

투기조장범 vs 양심적인 전문가

"집값 오릅니다. 무조건 사야 합니다"라고 이야기하는 전문가가 있다면? 전문가라 불리지도 못한다. 투기조장범이 돼버린다. 반면 집값 내

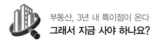

린다고 하면 양심적인 전문가가 된다. '부동산 전문가니 무조건 오른다고 할 줄 알았는데, 저 사람은 좀 다른 것 같다'는 좋은 인상마저 준다.

오른다고 하면 욕먹고 내린다고 하면 칭찬받는 상황이기에 '상저하고'가 나올 수밖에 없다. "내리다가 조금 올라갈 겁니다"라고 하면 아무도 비난하지 않는다.

🏢 규범경제학 vs 실증경제학

규범경제학이라는 것이 있다. 경제는 이래야 한다는 식으로 옳고 그름을 따지는 접근법이다. 이에 비해 실증경제학은 지금 경제 상황은 어떠하다는 식으로 수치만 분석하는 접근법이다. 사실관계를 따져 원인과 결과를 분석한다. 옳고 그름을 따지면 규범경제학, 원인과 결과를 따지면 실증경제학, 정리하자면 이렇다.

부동산 가격 예측은 실증경제학의 영역인데 규범경제학적으로 따지니 문제가 생긴다. 즉 내년에 오를 가능성이 높다는 건 사실에 근거한 예상인데, 이것이 옳으냐 그르냐로 접근하니 오른다는 의견을 내면 투기조장범이 된다.

떨어질 거라는 예상도 마찬가지다. 경제 상황과 정책 방향에 따라 하락세를 예상하는 것인데, 믿을 만한 사람이 된다. 물론 소유자들에겐 미운 사람이 된다. 나 역시 여러 지역에서 죽일 놈이 돼본 경험이 많다. 수도권 일부에 대해 대단히 부정적인 의견을 내놓았기 때문이다.

결론이다. 매년 부동산 전망은 상저하고다. 올해도 그렇고 내년도 그러할 것이다. 10년 후도 같다. 전문가들의 예측을 너무 믿을 필요 없다. 결론은 늘 상저하고니까. 비슷한 표현으로는 "실거주하면서 기다리면 가격 상승 기대 가능합니다"가 있다. 이미 사서 살고 있는 사람에게 "거기 떨어져요"라고 하면 안 되니까. '상저하고' '실거주하면서 대기' 듣기는 좋지만 실질적인 도움은 안 되는 말들이다.

🏢 전문가는 누구인가

자, 이제까지 이야기하고 싶었으나 이야기하지 못했던 작은 비밀 하나 공개해보고자 한다. 각종 경제뉴스 채널(특히 'OO경제' 붙은 TV 채널들)에 출연하는 부동산 전문가분들이 많은데 진품과 가품을 가리는 간단한 방법이 있다. 진품은 당신이 앞으로 신뢰할 만한 진짜 전문가, 가품은 잘못 걸리면 엉뚱한 부동산 투자를 하게 되는 부동산 업자다.

진품 전문가는 공중파 뉴스에 나오는 사람이다. 뉴스는 사실관계 전달과 객관적 의견을 필요로 하기에 방송사 입장에서도 옥석을 잘 가려 출연시킨다. 뉴스에 나오는 전문가들은 진품으로, 그들의 말은 믿을 만하다. 더 자세한 이야기를 하고 싶으나 줄이도록 하겠다.

집은 사는 게
아니라고?

집은 사는 것이 아니라 사는 곳이라고 한다. 맞는 말이다. 정의가 살아 있는 올바른 국가에서는 그렇다. 하지만 대한민국이 그런 나라인가? 장관들도 강남에 집이 있고 정부에서 다주택자는 집을 처분하라는 정책을 발표해도 고위 공직자들은 꿈쩍도 안 하는 게 대한민국이다.

정부 말을 들어서 제대로 된 적이 있는가 생각해보자. 한국전쟁 당시 서울은 안전하다고 라디오 틀어놓곤 정부는 한강 철교를 폭파해가면서까지 피난길에 올랐고, 덮어놓고 낳다 보면 거지꼴을 못 면한다며 산아제한 정책을 펴더니 고령 사회라는 결과로 이어지고 말았다.

집은 사는 것이 아니라 사는 곳이라는 허울 좋은 구호 역시 마찬가지다. 대한민국은 땅덩어리가 좁다. 게다가 산지가 70% 이상이라 사람이 살 수 있는 곳은 전체 면적의 30%를 넘지 못한다. 서울에 1,000만 명이 사는 데는 다 이유가 있다.

생각을 바꾸자. 집은 사는 곳이 아니라 사는 것이다. 내 재테크를 위해, 노후를 위해 그렇다. 정부 정책만 믿고, 또 일부 전문가의 "이제 부동산은 끝났습니다"라는 소리에 집 사면 큰일 나겠다고 생각했던 사람들은 현재 어떻게 생활하고 있는가. 알고 계시리라 본다. 집은 재테크의 수단으로 봐야 한다. 그 이유를 설명드리자면 다음과 같다.

화폐 가치는 계속 떨어진다

소비자물가지수란 전월 또는 전년 동월 대비해서 물가가 어느 정도 오르고 내렸는지 수치로 나타낸 것이다. 2009년부터 2018년 1월까지의 소비자물가지수 등락률 추이를 보자. 그림에서 파란 실선은 전년 동월 대비 물가를 나타내는데 한 번도 기준선 밑으로 내려가지 않았다. 즉 매년 물가가 올랐다는 뜻이다. 물가상승률이 하락하는 'D(deflation)의

소비자물가지수 등락률 추이

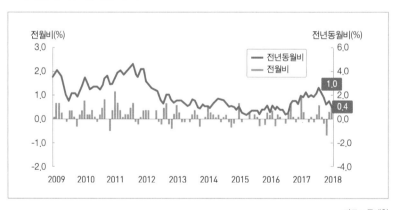

자료 : 통계청

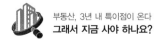

공포'라는 말이 뉴스에 가끔 나오긴 하지만 체감하는 물가는 계속 오르고 있다.

물가 2% 정도 오르고 내리는 게 무슨 대수냐고 생각할 수 있다. 맞다. 큰일은 아니다. 정작 큰일은 이러한 물가 상승이 복리로 진행된다는 것이다. 원금에 이자가 붙고 이 금액에 다시 이자가 붙는 복리가 물가 상승에도 적용된다. 일종의 역복리 효과인 셈이다.

예를 들어 작년에 물가가 3% 올랐고 올해도 3% 오르고 내년에도 3% 오른다면 모두 9%(3%+3%+3%)가 오르는 것이 아니다. 이자로 치면 3% 오른 것이 다시 원금이 돼서 여기에 3%가 붙는데, 계산해보면 9.27%가 나온다.

재테크와 재무 설계에는 '72 법칙'이라는 게 있다. 72를 수익률로 나누면 원금과 이자가 언제 2배로 늘어나는지 대략 감을 잡을 수 있다. 예를 들어보자. 연수익률이 12%라면 자산이 2배가 되는 시점은 72÷12=6이므로 6년이면 자산이 2배로 성장한다고 짐작할 수 있다. 좀 더 현실적으로, 연 6%의 수익을 얻는다면 72÷6=12이므로 12년 정도면 2배의 자산을 갖게 된다는 걸 알 수 있다.

이제 역복리 차례다. 역복리도 마찬가지로 72 법칙을 이용하는데, 물가 상승으로 내 재산이 반 토막 나는 시점을 확인해볼 수 있다. 만약 매년 3%씩 물가가 상승한다면 72÷3=24이므로 24년 후엔 내 재산의 가치가 절반으로 떨어진다.

다음의 그림을 보자. 지금까지 물가 상승으로 인해 돈의 가치가 얼마나 떨어졌는지 바로 확인할 수 있다.

신라면 가격 변화 추이

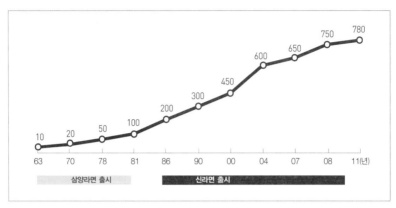

자료 : 라면업계

1990년에 300원이던 신라면이 20년 후엔 700원을 넘어선다. 참고로 신라면은 소비자물가지수에 포함되어 정부에서 가격을 예의주시하는 품목이다. 그런 상황에서 저렇게 올랐다. 화폐 가치가 떨어지니 돈이 돈값을 못하게 된다. 흔한 말로 요새 1만 원 들고 마트에 가면 살게 없다. 적어도 5만 원은 들고 가야 한다.

대한민국의 중앙은행인 한국은행의 설립 목적은 다음과 같다.

── 설립 목적

한국은행은 중기 물가 안정 목표를 정하여 국민에게 공표하고 이를 달성하기 위하여 최선을 다하고 있습니다.

− 한국은행 홈페이지

한국은행에서 생각하는 '물가 안정'이란 연간 2~3%의 물가 상승이지

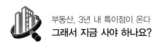

물가가 전혀 상승하지 않는 것이 아니다. 화폐의 가치는 매년 2~3%씩 역복리로 줄어들고 있다. 화폐 가치가 왜 떨어지는지, 물가는 왜 계속 오르는지 궁금해할 것 없다. 그게 나라의 목표이기 때문이다. 그래야 경제가 성장하면서 발전할 수 있다.

2000년 7월에 LG전자 해외수출팀에 입사할 당시 내 계약연봉이 1,760만 원이었는데 최근 대졸 신입사원 평균 연봉은 3,500만 원쯤 된다. 20년 만에 2배가 오른 것이다. 나보다 최근 대졸자의 능력이 2배로 높아진 것일까, 아니면 화폐 가치가 반값이 된 것일까.

🏢⬇ 집값이 떨어지면 서민부터 타격을 입는다

부동산 가격이 오를 수밖에 없는 이유는 매우 간단하다. 화폐 가치가 점점 떨어지기 때문이다. 부동산의 가치가 올라가기 때문이 아니다. 부동산은 가치가 아니라 가격이 올라가는 것이다. 돈의 가치가 떨어지니 5억 원이던 부동산이 1년 후에는 5억 5,000만 원이나 6억 원이 된다.

이쯤에서 돈이 얼마나 풀리는지에 따라 돈의 가치가 얼마나 낮아지는지를 살펴보고 다음 설명을 이어나가는 것이 좋겠다.

다음 그림에서 파란 선은 통화량, 즉 시중에 돈이 얼마나 풀렸는가를 나타내고 빨간 선은 서울 아파트 가격 지수를 나타낸다. 2001년부터 2007년까지 서울 아파트 가격은 말 그대로 춤을 췄다. IMF 사태 극복과 함께 2006년의 부동산 광풍이 잘 드러나 있다.

이후 2007년부터는 통화량 증가와 아파트 가격의 흐름이 궤를 같이

통화량 증가율과 서울 아파트 가격 지수

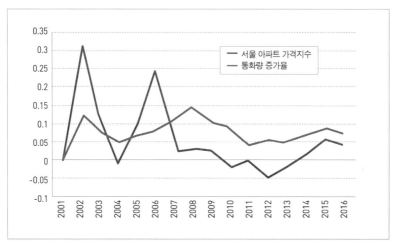

자료 : 한국은행(통화량), 국민은행(가격지수)

하고 있다. 통화량 때문에 서울 집값이 오르고 내린다는 결론을 내리기에는 성급하지만 전혀 무관하다고 할 수도 없다. 정식으로 표현하면 "통화량 증가와 서울 아파트 가격 간에 인과관계는 발견하기 어렵지만 상관관계는 유추해볼 수 있다" 정도가 될 것이다.

어렵게 이야기를 한 것 같다. 쉽게 다시 풀어보겠다. 아파트를 가치가 아닌 가격으로 접근해보자. 아파트는 그 자리에 있기 때문에 아파트 자체의 상품성이 좋아진다거나 제품이 업그레이드된다거나 하지 않는다. 32평형 남향 아파트는 계속 32평형 남향 아파트로 존재한다. 상품의 가치는 그대로인데 가격이 변한다. '가격=가치'가 아니라 '가격=가치+기대치'인 것이다. 만일 모든 사람이 아파트 가격이 내릴 것으로 판단하면 가격은 내려갈 수도 있다. 물론 그럴 일은 없다.

좀 더 극단적으로, '아파트=집'이 아니라 '아파트=금고'로 생각해보자. 현금을 금고에 보관하면 이자도 안 붙고 도난의 위험도 있지만, 아파트라는 금고는 누가 훔쳐갈 걱정을 할 필요도 없는 데다 시간이 지나면 값을 더 쳐준다. 금고에 돈이 자꾸 늘어나는 모양새다.

부동산 가격이 오르는 것에 대해 부정적인 입장인 사람들은 서민의 주거 안정이 위협받는다거나 상대적 박탈감이 심해진다는 논리를 펼친다. 집값이 폭락해야 좋은 세상이고 지금의 집값은 거품이 너무 심한 상태라고 이야기한다. 옳으신 말씀이다. 옳기는 한데 맞지가 않아서 문제다.

집값이 내려가면 가장 타격을 받는 계층이 바로 서민이다. 대출받아 집을 샀는데 집값이 떨어진다면 정신적인 고통과 이자에 대한 부담이 클 수밖에 없다. 다주택자들은 손해를 보더라도 하나씩 팔면서 오를 때까지 버티면 된다.

돈의 가치는 계속 떨어지고 있다. 20년 전에 300원이던 신라면이 지금은 700원이 넘는다. 이렇게 라면 가격이 오르는 건 당연하게 여기면서 아파트 가격이 오르는 건 왜 자연스럽게 받아들이지 못할까? 돈의 가치가 떨어지니 값이 오르는 건 당연한 일이다.

집값 안 오르고 전세값 안 오르면 당연히 집은 사는 곳이다. 집값은 계속 오르는데 집은 사는 곳이라고만 하니 답답할 따름이다.

🏢 명함은 15억 원부터?

2019년 12월 16일 정부는 또다시 강력한 부동산 안정화 대책을 발표했다. 핵심은 15억 원이 넘는 아파트에 대해 무조건 대출금지를 한다는 것이다. 이제 아파트는 적어도 15억 원은 되어야 명함을 내밀 수 있게 된 듯하다. 기존에는 '고가주택'을 정의할 때 9억 원을 기준으로 했는데, 이제 15억 원은 넘어야 나라에서 고가주택으로 취급해주게 되었으니 말이다.

정부에서 공식 인증해주는 고가주택이 9억 원에서 15억 원으로 바뀌었다는 것. 시사하는 바가 여러 가지 있겠지만, 우선 알 수 있는 것은 화폐가치가 낮아져서 나라에서도 9억 원 대신에 15억 원을 선택했다는 점이다.

고가주택의 기준점이 6억 원 올라갔다는 것은, 비율로만 따지면 기존 대비 67% 상승한 금액이다. 그만큼 화폐가치 역시 낮아졌다는 뜻으로 이해할 수 있다. 이렇게 돈이 돈값을 못한다. 그러니 사람들은 계속 부동산에 몰리게 되고 규제는 반복되며 다시 집값이 오른다.

■

서울시가 50층을
못 짓게 하는 까닭은

재건축 사업에서 가장 중요한 판단 기준은 '몇 층까지 지을 수 있는 가'라고 할 수 있다. 즉 용적률과 건폐율의 문제인데, 높게 지을수록 주택 수가 많고 더 비싸게 받을 수 있으니 층수에 민감할 수밖에 없다.

강남에서 벌어지고 있는 35층 vs 50층 논란 역시 이러한 관점에서 볼 수 있다. 35층이면 충분하다는 서울시 입장과 50층이 돼야 한다는 재건축조합의 입장이 계속 충돌하고 있는 상황이다.

🔼🏢🔽 서울에서 2022년까지는 50층 재건축 없다

당분간 서울시에서는 50층 재건축을 허가할 일이 없을 것이다. 2019년 2월 서울시는 '도시관리 차원의 지상공간 정책 가이드라인 연구용역'을 발주했다. 서울 각 지역별로 건축물 높이에 대한 가이드라인을 위한 보고서를 준비한다는 것인데 용역 기간이 2020년 10월까지다. 재건축 아파트들을 35층 넘게 짓도록 허가해준다고 가정했을 때 조망권이나 도시 디자인이 어떻게 변할지가 주요 내용이라고 한다.

긍정적인 사람들은 '서울시가 35층 이상으로 재건축할 수 있도록 허가해줄 계획인가보다'라고 생각할 수 있다. 부정적인 사람들은 '2020년 10월 말까지는 어떤 재건축 계획도 승인해줄 생각이 없나보다'라고 해석한다. 재건축 허가 지연의 명분이 새로 생겼으니 말이다. 서울시에서는 "아직 용역 작업이 끝나지 않았습니다"라며 2020년 10월 말까지는 버틸 수 있다.

그 이후에는 바로 허가 진행이 가능할까? 아마도 아닐 것이다. "새로운 가이드라인에 맞춰 재건축 계획을 세워야 합니다"라고 하지 않을까 싶다. 1년 정도 걸려서 새로 재건축 조감도를 그리면 2021년 말이 되고, 여기에 다시 심의하고 불가 판정 내리고 다시 조감도 그리라 하면 2022년이 된다.

🏢 정치적 입지와 지지층을 위하여

박원순 서울시장은 인권변호사로 활동한 전력이 있고 서민을 위한 행정가 이미지가 굳건하다. 그런데 난데없이 강남 재건축을 허가해준다면? 지지층에 대한 배신으로 보일 수 있다. 재건축 허가 소식으로 가격이 오른다면 그만큼 지지율이 하락할 테니 박원순 시장은 이런저런 이유를 들며 재건축 허가를 계속 미룰 것이다. 쉽게 예상 가능하다. 나

같아도 그럴 것 같으니 말이다.

아파트 35층이면 높이가 120m 정도 되어 종로구의 낙산(125m)과 비슷해지기 때문에 더 높은 층수는 허가할 수 없다는 것이 서울시의 입장이다. 시내 어느 지역에서든 주요 산과 구릉을 조망할 수 있어야 한다는 원칙 때문이라는데, 농담 같지만 아니다. 허가를 해줄 수 없는 이유는 이렇게 창의적으로도 만들어낼 수 있다.

2017년 9월, 서울시는 잠실주공 5단지에 대해 국제 공모를 거쳐 설계안을 만드는 조건으로 50층 높이의 재건축을 허용했다. 국제 공모 당선작이 나오고 50층 진행이 가능할 것으로 예상되었으나, 교육환경 영향평가 등을 이유로 서울시 도시계획위원회 심의가 지연되고 있다. 그런데 만일 재건축조합이 항복하듯 35층을 추진한다면 서울시에서는 허가를 해줄 것이다. 명분이 있기 때문이다. "서울시 경관도 살릴 수 있고, 투기심리가 작용하지 않도록 35층으로 제한해 허가해줬습니다." 이렇게 보도자료를 작성할 수 있다. 지지층에게도 "50층 달라는 거 35층으로 막았습니다"라고 홍보할 수 있다.

서울 시장 입장에선 정치적 입지도 유지할 수 있고 지지층도 계속 붙잡을 수 있으니 2022년까지는 허가받을 일이 없다고 생각하면 된다.

──— "저를 상대로 얼마나 많은 사람이 층고를 높여달라, 용적률을 높여달라. (……) 여러분은 제가 피 흘리고 서 있는 게 보이지 않느냐."

― 박원순 시장, 2019년 4월 8일 '골목길 재생 시민 정책 대화'에서

도시는 재생,
희망은 사색

재건축·재개발 사업은 노후화된 주거지를 개선하는 사업이기에 새로 아파트가 지어지면 해당 아파트는 물론 주변의 기존 아파트까지 가격이 상승하는 경우가 많다. 주민 구성에도 변화가 생긴다. 기존의 허름한 주택에 거주하던 서민층은 사라지고 새 아파트엔 중산층이 유입된다. 정치적인 면에서 보자면 정부의 고민이기도 하다. 진보 정권 입장에서 재개발은 할 수도 안 할 수도 없다. 진행하자니 서민 위주인 주요 지지층이 이탈하고 안 하자니 지역의 노후화가 너무 심해지는 사면초가의 상황이다. 기발하게도 서울시에서 이러한 상황을 해결하는 묘책을 내놓았다. 바로 도시재생사업이다.

　도시재생사업은 산업 공동화, 노령화 등으로 쇠퇴한 구도심을 되살리자는 취지다. 지역을 완전히 새로 짓는 뉴타운 사업과 달리 기존의 동네 원형은 되도록 유지하면서 주거환경 정비, 협동조합 설립 등 다

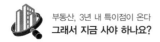

양한 사업을 통해 지역을 활성화하는 것이 목적이다. 시작은 서울시에서 했고, 문재인 정부도 이를 참고했다. 2018년 3월 국토교통부는 5년간 50조 원을 투입해 전국 250곳에서 도시재생사업을 추진하겠다고 발표하기도 했다. 정리하자면 도시재생사업은 재건축 · 재개발처럼 싹 다 갈아엎고 새로 집을 짓는 게 아니라 현재의 동네 모습을 유지하면서 주거환경을 개선하는 사업이다.

🏢 서울이라도 절대 안 오르는 지역

가장 먼저 시행되었던 서울 창신 · 숭인 지구를 보자. 예산은 1,000억 원 넘게 들었다. 백남준기념관 등 관광시설과 주민 사랑방 역할을 염두에 둔 카페 및 도서관을 짓는 데 100억 원 넘게 들었고, 거리 정비와 CCTV 설치에도 70억 원 가까이 투입됐다. 백남준기념관과 3층 건물 하나 짓고 CCTV 좀 설치하니 170억 원이 들었다. 누가 얼마나 나랏돈을 해먹었는지는 생각하지 말자. 대한민국 공무원들은 눈먼 돈이라고 함부로 다루

자료 : 〈연합뉴스〉 2016. 7. 20.

고 리베이트 받고 그러실 분들 아니니까.

냉정하게 말하면, 도시재생사업은 동네에 벽화 그리고 CCTV 몇 대 설치하는 사업이다. 주거환경 개선으로 집값이 올라가도록 하는 사업이 아니라 현 상태를 유지하고 보수하는 사업이다. 이 사업이 진행되는 지역은 시세차익을 기대하면 안 된다는 뜻이다. 아무리 서울이라도 그렇다. 서울은 웬만하면 가격 상승이 어렵지 않으나 도시재생사업이 시행되는 곳은 웬만하지가 않다. 나라의 예산이 들어간 곳이라 지역이 낙후됐으니 재개발·재건축 사업 진행하자고 할 수 없다는 점도 염두에 둬야 한다.

다음은 서울을 비롯한 도시재생사업 지역을 정리한 표다. 2022년까지 가격 상승의 희망을 접어야 하는 지역들 되시겠다.

서울시 도시재생사업 추진지역 – 활성화지역 1단계(2019년 5월 말 현재)

사업명	서울시 유형	사업 유형	사업 기간	추진 단계
서울역 일대 도시재생활성화	일자리 거점 육성형	도시경제기반형	2015~2019	사업실행 단계
장안평 일대 도시재생활성화	일자리 거점 육성형	도시경제기반형	2015~2020	사업실행 단계
창동·상계 일대 도시재생활성화	일자리 거점 육성형	도시경제기반형	2016~2021	사업실행 단계
세운상가 일대 도시재생활성화	중심지 특화형	근린재생 중심시가지형	2014~2019	사업실행 단계
창덕궁 앞 도성 한복판 중심 시가지 도시재생활성화	중심지 특화형	근린재생 중심시가지형	2014~2019	사업실행 단계
창신·숭인 선도	근린재생형	근린재생 일반형	2014~2017	자력재생단계
가리봉 일대 도시재생활성화	근린재생형	근린재생 일반형	2016~2020	사업실행 단계
해방촌 일대 도시재생활성화	근린재생형	근린재생 일반형	2016~2020	사업실행 단계
성수동 시범사업 도시재생활성화	근린재생형	근린재생 일반형	2015~2018	사업실행 단계
신촌동 시범사업 도시재생활성화	근린재생형	근린재생 일반형	2015~2018	사업실행 단계
암사동 시범사업 도시재생활성화	근린재생형	근린재생 일반형	2015~2018	사업실행 단계
장위 시범사업 도시재생활성화	근린재생형	근린재생 일반형	2015~2018	사업실행 단계
상도4동 시범사업 도시재생활성화	근린재생형	근린재생 일반형	2015~2018	사업실행 단계

서울시 도시재생사업 추진지역 – 활성화지역 2단계(2019년 5월 말 현재)

		선정지역	면적	자치구	선정 사유
중심지재생지역	경제기반형	1. 영등포 경인로 지역	78만㎡	영등포	서남권의 성장을 견인하기 위한 광역 차원의 새로운 경제 거점
	중심시가지형	2. 정동 일대	60만㎡	중구	대한제국의 길 조성을 통해 정동의 역사적·장소적 가치 회복
		3. 용산전자상가 일대	21만㎡	용산구	쇠퇴하고 있는 상권을 전자산업 기반의 복합문화교류 공간으로 변화
		4. 마장동 일대	55만㎡	성동구	축산물 시장의 고질적인 문제인 악취와 청결도를 해결
		5. 독산동 우시장	49만㎡	금천구	우시장 환경을 개선하고 부산물 가공공장 유치, 쾌적한 보행공간 조성
		6. 청량리·제기동	49만㎡	동대문	한방·농수산물·청과물 등의 자원을 활용한 특화산업을 육성
		7. 4.19사거리 일대	63만㎡	강북구	풍부한 자연·역사·문화 자원을 활용한 역사문화 특화 중심지로 육성
주거지재생지역	근린재생일반형	1. 수유1동	60만㎡	강북구	주민모임 핵심 리더 그룹 형성과 다양한 주민 참여 등 확장성 우수
		2. 창3동	22만㎡	도봉구	주민들의 참여 의지가 강하고 도시재생에대한 비전과 계획이 구성
		3. 불광2동	47만㎡	은평구	주민모임 운영조직이 안정적으로 구축
		4. 천연·충현동	23만㎡	서대문구	주민 제안 공모사업 등을 통해 다양한 계층의 주민들이 참여
		5. 묵2동	53만㎡	중랑구	헌신적인 주민 리더 그룹 형성과 주민 간 신뢰관계 우수
		6. 난곡·난향동	26만㎡	관악구	구릉지, 노후주택 밀집 등 지역적 환경 측면에서 도시재생 필요성이 큼
		7. 안암동	17만㎡	성북구	캠퍼스타운 연계를 통해 학교의 도시재생에 대한 추진 의지가 높음
	주거환경관리사업	8. 신영동	5만㎡	종로구	주민들의 추진 의지가 강하고 체계적인 도시재생 교육 진행
		9. 수색동	3만㎡	은평구	주민이 체감할 수있는 프로그램 실행으로 사업에 대한 공감대 확산
		10. 목2동	6만㎡	양천구	주민 참여 활성화를 위한 다양한 프로그램 진행이 긍정적

대형 아파트가
뜬다

부동산 시장에 다가올 특이점 중의 하나는 대형 평형의 귀환이다. 아파트가 클수록 값이 오를 때 더 오르던 시절이 있었다. 2006년까지 그러했다. 같은 아파트 단지라도 더 큰 평형이 더 인기 있고 거래가 활발했다. 그런데 2008년 미국에서 시작된 금융위기가 시장의 판도를 바꿨다. 비싼 대형 평형보다는 실속 있는 중소형 평형을 선호하기 시작한 것이다. 베이비붐 세대가 은퇴하면서 큰 아파트를 팔고 작은 아파트로 옮겨가는 시기와 겹쳐 대형 평형의 인기는 시들해졌다. 하지만 이제 대형 평형이 다시 인기를 얻을 시기가 다가오고 있다.

대형 아파트가 부족하다

다음의 표를 보면 2015년 전용 면적 60㎡ 이하가 26%, 60~85㎡ 이하

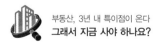

가 65.3%, 85㎡ 초과 아파트는 8.7%만 공급됐다. 이 시기는 금융위기의 영향으로 아파트 가격 상승 기대감이 거의 없던 때이기도 하다. 이때 전세로 수요가 몰려 '미친 전세가' '갭 투자' 같은 표현이 나오기 시작했다. 그 이야기는 나중에 다시 하기로 하고, 계속해서 평형별 공급을 살펴보도록 하자.

2019년에 입주를 시작한 약 1만 세대의 대규모 단지가 있다. 바로 송파 헬리오시티인데, 25평형까지의 소형 비중은 30%이고, 절반이 넘는 54%가 33평형(전용 85㎡가 안 되지만 33평형이라 주장하는 평형이기도

수도권 새 아파트 평형별 비중 (단위 : 전용면적, %)

구분	2013년	2014년	2015년
60㎡ 이하	30.8	29.4	26.0
60~85㎡ 이하	51.1	57.7	65.3
85㎡ 초과	18.1	12.9	8.7

자료 : 부동산114

송파 헬리오시티 평형 구성

구분	세대 수	비중	비고
18평형	1,552	16%	
21평형	536	6%	30%
25평형	766	8%	
33평형	5,132	54%	54%
38평형	596	6%	
42평형	768	8%	16%
50평형	136	1%	
60평형	24	0%	
합계	9,510	100%	100%

자료 : 네이버 부동산

하다)이다. 대형 평형의 비중은 16%인데 그 가운데 50평형과 60평형은 160세대로 비율을 따져보면 1.68%에 불과하다.

근 10년 이상 대형 평형의 공급이 부족했다는 것은 어느 시점이 되면 가격 상승이 이뤄질 수 있다는 뜻이다. 앞으로 대형 평형 공급이 크게 늘면 희소성이 줄어들지 않을까 싶지만, 그럴 가능성은 낮아 보인다.

2019년 3월에 발표된 재개발 임대주택 의무 비율 개선안에 따르면, 각 지자체장은 재량권을 갖고 10% 포인트까지 임대주택 비중을 늘리도록 할 수 있다. 서울과 경기, 인천의 경우 임대주택 기본 비율 20%에서 10% 포인트가 추가되면 재개발 사업 시 총 세대 수의 30%를 임대주택으로 공급하게 된다는 뜻이다. 총 세대 수에서 30%가 임대주택이면 나머지 70%는 어떻게 나뉘게 될까? 30%는 25평형 이하 소형, 30%는 32평형, 나머지 10%만 대형이 공급되지 않을까 예상할 수 있다. 다시 말해 대형 평형은 앞으로도 공급이 부족하다고 보면 된다.

돈 벌면 넓은 집에 살고 싶은 것이 인지상정 아니던가. 실수요와 잠재적 수요까지 합치면 대형 평형에 대한 수요는 일정하게 유지될 것이다.

재개발 임대주택 의무 비율 개선안

구분	현행	개선
서울	10~15%	10~20%
경기·인천	5~15%	5~20%
지방	5~12%	현행 유지
추가 부과	세입자 과다 시 5% 포인트 범위	주택 수급 안정 등 구역 특성에 따라 10% 포인트 범위

자료 : 〈한국경제신문〉 2019. 4. 23.

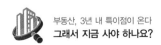

어려운 수능,
집값을 키운다

수능이 너무 어려우면 '불수능', 그 반대는 '물수능'이라고들 한다. 대표적인 물수능은 66명의 만점자를 배출한 2001년 수능이었다. 바로 다음 해에는 역대 최고의 불수능이었다. 심지어 당시 대통령이 국무회의에서 시험이 너무 어려워 국민들께 송구하다는 사과까지 했다.

아파트 가격을 결정하는 데 보이지 않게 영향을 미치는 요소가 수능 난이도다. 불수능 다음 해엔 사교육이 발달한 동네의 매매가와 전세가가 오르고, 반대로 물수능이면 집값은 큰 변동이 없다. '수능이 어려웠다 → 사교육이 더 필요하다 → 사교육 잘하는 동네로 가야 한다' 이렇게 흘러가기 때문이다.

🏢 더 어려워지는 수능

2001년의 불수능 다음 해인 2002년, 교육 특구라 일컬어지는 서울 3개 지역의 아파트 가격이 많이 올랐다. 어려운 수능을 사교육으로 준비하려는 수요가 많아졌기 때문인데, 정부는 이후 EBS 출제 비중을 높임으로써 사교육 비용 절감과 집값 안정을 동시에 꾀하기도 했다.

이러한 흐름이 바뀌었는지, 2019년 8월 중순에 정부는 2022년 수능 기본 계획을 발표했다. 핵심 내용은 다음과 같다.

- 2015 교육 과정 취지(문·이과 구분 폐지)에 따라 국어·수학·직업탐구에 공통 + 선택 구조, 사회탐구·과학탐구는 계열 구분 없이 최대 2과목 선택
- 수학 및 과학 선택 과목에 기하 및 과학Ⅱ 포함
- 국어·수학·탐구는 상대평가, 영어·한국사·제2외국어·한문은 절대평가
- 수능 EBS 연계율은 기존 70%에서 50%로 축소하고 과목 특성에 따라 간접연계로 전환

공통 과목과 선택 과목으로 수능시험의 조합이 다양해졌다. 이론적으로는 810개의 수능 조합 레시피를 만들 수 있다고 한다. 다시 말하면 대학교에 입학하려면 800개가 넘는 조합 중에서 하나를 선택해야 한다는 뜻이다.

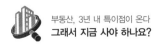

EBS 연계율은 50%로 축소된다. 사교육을 줄이기 위해 EBS 교재 연계율을 70%로 높였더니 학교나 학원에서 EBS만 달달 외게 하는 폐단이 있었기에 축소한다는 설명이다. 수능이 어려워지는 소리가 여기까지 들리는 듯하다. EBS만 성실히 준비하면 적어도 70점은 맞을 수 있었는데 앞으로는 50점만 가능해진다. 나머지 50점에 대한 준비는? 그렇다. 어쩔 수 없이 사교육이다. 학교에서 선생님들이 열심히 준비시켜주시겠지만 불안한 마음은 어쩔 수가 없다.

요약하면, 수능은 더 복잡해지고 더 어려워진다. 사교육이 발달한 지역에 대한 선호도가 더 높아지리라고 쉽게 예측할 수 있다.

🏢 정시 확대, 집값 상승

정부의 정시 모집 비율 확대 발표와 동시에 강남 집값이 상승했다. 김상조 청와대 정책실장은 이에 대한 강력한 대책을 내놓겠다고 밝혔는데, 어떤 대책이 나와서 학부모들의 불안감을 해결해줄 수 있을지 의문이다.

2016년에서 2018년까지 3개년 동안 일반고에서 평균 10명 이상을 서울대에 보낸 자치구는 모두 6개로 강남구, 양천구, 송파구, 노원구, 서초구, 강서구다. 이들 지역에 대한 선호도는 더욱 높아질 것으로 보인다. 이외에도 각 지역별로 사교육이 발달한 동네가 분명히 있다. 이 지역들에 대한 수요는 향후에도 계속 유지되리라 예측할 수 있다.

최근 3년간 서울 25개구 일반고 서울대 정시 합격자 분석

소재지	2016학년도		2017학년도		2018학년도		차이(2018 vs 2016)	
	인원	차지 비율	인원	차지 비율	인원	차지 비율	인원	차지 비율
강남구	77	42.5%	70	36.5%	58	30.1%	−19	−12.5%
양천구	21	11.6%	27	14.1%	36	18.7%	15	7.1%
송파구	18	9.9%	17	8.9%	23	11.9%	5	2.0%
노원구	14	7.7%	16	8.3%	21	10.9%	7	3.1%
서초구	13	7.2%	21	10.9%	16	8.3%	3	1.1%
강서구	11	6.1%	9	4.7%	11	5.7%	0	−0.4%

자료 : 종로학원 하늘교육 '2018 · 2017 서울대 고고별 합격자 수 분석 자료'

↑🏢↓ 절대 떨어지지 않을 세 곳

서울에서 사교육이 특히 발달된 지역은 강남구 대치동, 양천구 목동, 노원구 중계동이다. 이 지역들의 공통점은 유흥시설이 거의 없고 학원과 독서실 위주의 업종 구성이라는 점이다. 한국에서 사교육이 없어지지 않는 이상 이 세 곳의 가격은 크게 떨어질 일이 없다고 보면 된다. 이들 지역의 특성을 잠깐 살펴보자.

- **강남구 대치동** : 대기업 임원을 비롯해 고소득층이 몰려 있는 지역이다. 자녀 교육 목적 외에도 지역 자체에 대한 선호로 거주하는 경우가 많아 자녀가 대학에 입학한 후에도 다른 곳으로 이동하지 않는다. 굳이 옮긴다면 옆 동네인 도곡동이나 개포동 정도다. 결국 강남구 안에 계속 거주하기에 수요가 꾸준하다.

  강남 하면 '잘사는 동네'로 인식되고 교육 여건까지 좋으니 대치동

은 좋은 대학에 가야 한다는 생각이 없어지지 않는 이상 계속 인기 지역으로 유지되리라 본다. 대치동 은마아파트는 교육 여건과 재건축이라는 이슈가 동시에 적용되는 아파트이기도 하다.

- **양천구 목동** : 여의도에 근무하는 증권회사 간부들, 영등포구와 그 인근의 의사, 변호사 등이 본인의 근무지와 자녀의 교육을 위해 선택하는 지역이다. 자녀의 대학 입시가 끝나면 계속 거주하거나 강남으로 이주하는 경우가 많다. 대치동과 마찬가지로 목동 역시 재건축이 예정돼 있어 투자 수요와 실제 교육 수요가 맞물려 있다.

- **노원구 중계동** : '은사' 라 불리는 은행사거리 인근의 학원가 위주의 동네다. 강북과 의정부에서 돈 좀 번다고 하는 사람들이 산다. 지하철역과 2㎞나 떨어진 불편한 교통 여건에도 불구하고 오로지 교육 하나를 위해 거주하는 경우가 많다. 재건축 호재? 없다. 교통 호재? 없다. 그러나 가격은 노원구에서 가장 높게 형성돼 있다.

수능이 EBS에서 100% 출제되거나 수능 없이 생활기록부와 입학사정관에 의해 대학 입시가 결정돼 부모들이 시험장 앞에서 엿을 붙이고 두 손 모아 기도하는 모습이 사라지기 전까지는 이들 세 곳의 집값은 크게 하락하는 일 없이 유지되리라 예상된다.

사족을 달아본다. 경기도에 평촌이라는 곳이 있다. 1기 신도시로서 2006년 부동산 급상승기에 집값 상승의 대표적인 지역이었다. 특히 사교육을 위한 환경이 잘 조성돼 있어 더욱 각광을 받았으나 최근 매매가와 전세가가 동시에 하락하면서 역전세난의 경고등이 켜진 지역이기도 하다.

사교육 수요가 많아지면 평촌이 다시 상승할 수 있을까? 그렇게 되기에는 넘어야 할 장애물이 매우 많다. 아파트들은 지어진 지 30년이 넘었지만 재건축을 진행하자니 현재의 시세로는 수익성이 나지 않고, 평균 200% 내외의 용적율을 적용받았기 때문에 추가로 지을 수 있는 물량도 한정돼 있다. 특별히 상승할 여력이 보이지 않는다. 혹시 평촌의 일반 고등학교에서 놀라운 서울대 진학률을 보인다면 달라지겠지만 말이다.

재개발,
잔치는 끝나간다

재개발은 부동산 투자에 새로운 접근 방법을 제시했다. 재개발·뉴타운 이전의 부동산 투자는 무조건 아파트였으나 '빌라'의 가능성을 제시했기 때문이다. 빌라는 돈이 안 된다는 게 일반적인 생각이었는데 황금 알을 낳는 거위로 업그레이드된 것이다.

　아쉽게도 재개발은 이제 끝나가는 잔치판이다. 음식은 식어가고 사람들이 하나둘 떠나고 있다. 먹을 것은 아직 남아 있지만 잔치가 시작될 때처럼 따끈하고 맛있지는 않다. 재개발 투자, 왜 잔치는 끝나간다고 하는지 알아보고 그럼에도 남아 있는 잔치판은 어디인지 알아보도록 하자.

🏢 사람들이 매우 똑똑해졌다

대지 지분이니 입주권이니 하는 용어들이 생소하던 초창기엔 재개발 지역에서 빌라 거래가 이뤄지면 인근 부동산중개업소 사장님들조차 "저렇게 낡은 집이 왜 그리 비싸?"라는 반응이었다. 매도자들도 비슷했다. 팔면서도 의아해했다. '이 집을 왜 사지?'라는 표정으로 매도계약서에 서명을 했다.

지금은 많이 달라져서 사는 사람이나 파는 사람이나 재개발 사업의 계산법으로 거래한다. 지분당 가격은 얼마고 나중에 몇 평형을 받으니 추가로 부담해야 할 금액은 얼마고 등등의 정보를 기초로 가격이 정해진다. 누군가 사정이 있어 급하게 처분하는 경우를 빼고는 원래의 가치보다 낮은 가격에 재개발지역에 투자하기 어려워졌다. 사고팔 때 모두 제값을 치러야 한다. 과거에는 다운계약서나 업계약서를 작성해 세금을 줄이는 방법도 사용됐지만 이제는 그렇게 할 수도 없다.

🏢 오래 걸린다

재개발은 최소 10년을 보는 사업이다. 가령 길음뉴타운은 2002년 말 뉴타운 지정 후 2012년까지 아파트가 다 지어졌다. 은평뉴타운 역시 2002년 말에 구역이 지정되어 2012년에 대부분의 아파트가 완공됐다. 두 지역 보두 10년이 걸린 셈이다. 왕십리뉴타운은 2017년 1월에 아파트 입주까지 마무리됐으니 15년이라는 긴 시간이 필요했다. '뉴타운'이라는 정체불명의 이름을 붙여 추진한 서울시의 의욕적인 사업조차 최소 10년이 걸린다.

지금 어떤 곳이 재개발지역으로 지정된다면, 제값을 주고 산 다음 적어도 10년은 기다려야 하는 것이다. 사업 진행에 따라 시세차익을 얻을 수도 있지만, 입주까지 10년 이상 인내해서 얻는 이익은 두 가지다. 첫째, 조합원 자격으로 청약통장 없이도 아파트를 받을 수 있다. 둘째, 일반분양에 비해 20~30% 낮은 가격으로 아파트를 살 수 있다.

🏢 취소될 수 있다

재개발 사업은 과거 황금 알을 낳는 거위로 귀하게 대접받았으나, 최근에는 재개발해도 남는 게 없다는 이유로 구역 지정 취소를 희망하는 경우가 많다. 서울시에서도 '재개발=집값 상승'으로 보고 가능한 한 많은 재개발구역을 취소하려는 움직임을 보이고 있다. 참고로 박원순 시장은 취임 이후 직권 해제 170곳을 포함해 '뉴타운 출구 전략'으로 700여 곳의 재개발구역을 취소하기도 했다.

부동산 투자를 하려면, 재개발이 진행될 지역이면서 동시에 구역 취소가 되지 않을 지역을 선택해야 한다는 점을 명심하시기 바란다.

재개발의 불확실성이 싫다면 현재 진행 중인 뉴타운 구역에 투자하는 것이 바람직하다. 적어도 사업 취소로 인한 폭락은 없을 테니 말이다.

아직 1차~3차에 걸친 뉴타운 지역에는 잔치판이 남아 있다. 본격적으로 시작되지 않은 일부 구역이 있는 것이다. 잘 잡으면 아파트 안 부러운 수익이 가능하다.

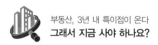 그럼에도 아직 남아 있는 잔치판

재개발과 뉴타운은 끝나가는 잔치판이다. 그렇다 해서 완전히 끝난 것은 아니다. 음식은 식어가고 흥도 줄고 있지만, 아직 먹을 것(?)은 남아 있으니 말이다. 그 잔치판, 어디서 찾을 수 있을까? 결론부터 말하자면, 서울시에서 정보를 제공하고 있다.

바로 서울열린데이터광장(https://data.seoul.go.kr/)이 보물 같은 정보 창고다. 이곳에 들어가면 서울시의 재개발과 재건축에 대한 진행 상황을 한눈에 볼 수 있다.

간단하게 확인하고자 한다면, 검색창에 '서울시 재개발 재건축 정비 사업 현황'이라고 입력하고 클릭하면 된다. 해당 페이지에 바로 접근할 수 있다. 엑셀로 다운받을 수도 있다.

재개발 투자에 관심을 가지고 있다면 적극 활용을 추천한다. 노후주택을 매입하는 것이니 아파트에 비해 투자자금이 적게 들어갈 수 있기 때문이다. 아직 잔치를 시작도 하지 않고 조합을 결성 중인 곳도 많다. 금맥을 캘 수 있는 좋은 기회가 될 것이다.

서울 강북구 미아뉴타운의 예를 들어보자. 총 6개의 사업이 계획되어 있고 진행 단계도 각각 다르다. 표를 보면 하단부 2개 사업은 아직 조합설립추진위원회의 승인 단계이니 투자 목적으로 접근이 가능하

재개발 임대주택 의무 비율 개선안

사업구분	운영구분	추진위원회/조합명	대표지번	진행단계	상태
재개발	조합	미아제3구역 주택개발정비사업조합	미아동 791-364	관리처분인가	운영
재개발	조합	미아제10-1구역 주택재개발정비사업조합	미아동 476	이전고시	일시중단
재개발	조합	미아2재정비촉진구역 주택개발정비사업 조합	미아동 403	조합설립인가	운영
재개발	조합	미아3재정비촉진구역 주택재개발정비사업조합	미아동 439	조합설립인가	운영
재개발	추진위원회	미아제11구역 주택재개발정비 사업조합설립추진위원회	미아동 791-108	조합설립 추진위원회 승인	일시 중단
재개발	추진위원회	미아제16구역 주택재개발사업 조합설립추진위원회	미아동 6	조합설립 추진위원회 승인	일시중단

자료 : 서울시

다. 다만 상태가 일시 중단되어 기약이 없기는 하지만 말이다. 이런 식으로 각 지역별·사업단계별로 남아 있는 잔치판을 찾을 수 있다.

참고로 해당 데이터에 따르면 서울 전 지역은 대략 600개의 재개발·재건축 사업이 진행 중이다. 600개의 사업 중 집에서 가깝거나 관심 지역의 사업을 살펴보면서 투자 기회를 찾아볼 수 있다. 이런 내용은 전문가들이 일반 세미나에서는 잘 가르쳐주지 않고 개인 상담 때만 살짝 알려준다.

집, 오늘 사는 게
가장 싸게 사는 것?

많은 부동산 관련 서적에서 집은 싸게 사서 비싸게 팔아야 한다고 조언한다. 맞는 말이기도 하고 틀린 말이기도 하다. 집은 싸게 살 수 없기 때문이다. 집은 비싸다. 비싸게 사서 더 비싸지면 파는 것이 집이다.

집값이 폭락 수준으로 하락한 시기가 두 번 있었다. 1997년 말의 IMF 사태와 2008년의 금융위기인데, 이때도 '집값이 싸졌으니 사야겠다'는 경우는 없었다. '지금 사면 바보' 혹은 '앞으로 집값은 폭락할 일만 남았다'는 경우만 있었다.

집값이 폭락하면 더 하락할 것이라고 생각하다가, 다시 오르면 너무 올랐다고 불평하고 결국은 '우리나라 부동산은 미쳤다'로 귀결된다. 인터넷에 울분 가득한 댓글을 남기기도 하고.

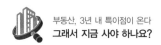

🏢 집은 비싸게 사서 더 비싸게 파는 것

집은 지금도 비싸고 앞으로도 비싸다. 지방은 대기업 이전, 수요 감소 등의 요인으로 집값이 하락할 수 있지만 그때도 '앞으로 더 떨어질 테니 지금도 비싸다'라고 생각하게 될 것이다. 서울과 수도권은 정체기를 지나 특이점에 도달하여 집값이 상승하면 "옛날엔 7억 원에 살 수 있었는데, 9억 원이라니!" 하게 될 것이다.

집은 매도자 입장에서는 늘 싸게 판다고 생각할 수밖에 없고, 사는 사람 입장에서는 항상 비싸게 느껴진다. 집을 싸게 사서 가격 상승을 기다리는 것도 좋은 부동산 투자 방법이다. 하지만 가격이 내려가기를 기다리다 보면 집을 살 기회는 영영 오지 않는다. 간단하게 생각하자. 집은 오늘 사는 게 가장 싸게 사는 거다.

그렇게 집을 산 다음 가격이 오르면 처분해서 시세차익을 얻는 것, 부동산 투자의 간단한 방법이다. 방법은 간단한데 그 여정이 힘들다. 우선 집을 사는 것 자체가 힘들다. 비싸기 때문이다. 여기에 부동산중개업소 방문해 계약하고 잔금 치르고 등기하는 과정도 있다. 그나마 여기까지는 비교적 쉽다. 그다음 과정이 어려운데, 바로 기다리기다. 시세가 오르기를 기다리는 과정이 참으로 길게 느껴진다.

재개발·재건축에 투자했다면 언제 조합이 결성되고 언제 공사가 시작하는지 등 사업 진행을 기다리기가 힘들다. 기억하시는가? 최소 10년은 봐야 한다. 길고 긴 시간을 거쳐 시세가 오르면 마지막 관문이 있으니 바로 매도 처분이다. 그런데 파는 게 가장 어렵다. 지금 팔았다가 나중에 더 오를까봐 팔 수가 없다.

간단한 해결책이 있다. 다음에 살 물건을 미리 정해놓으면 된다. 적절한 시기에 매도 처분하지 못하는 이유가 바로 다음에 뭘 해야 할지 몰라서다. 무엇을 살지 결정해놓으면 처분이 쉽다.

부동산 규제,
얼마나 더 강력해질까?

"우리 이니, 하고 싶은 거 다 해"라는 지지를 업고 문재인 대통령께서는 한 번도 경험해보지 못한 나라를 만들겠다는 공약을 충실하게 이행 중이시다. 부동산 정책도 유례가 없는 초고강도다. 정책 방향의 핵심은 간단하다. 전방위적 압박으로 수요를 억제한다.

이 책이 발간된 이후에도 부동산 관련 정책은 계속 발표될 것이고 관련 세법과 규제사항들은 꾸준히 개정되거나 신설될 테지만 '수요 억제'라는 핵심을 파악하고 있다면 정부의 정책 방향을 이해하는 데 큰 어려움이 없을 것이다.

노무현 정부와 문재인 정부의 차이점과 공통점

노무현 정부와 문재인 정부의 부동산 정책 차이를 보면, 노무현 정부

노무현 정부와 문재인 정부의 부동산 정책 차이

	구분	노무현 정부	문재인 정부
부동산 정책	방향성	단기적 수시 규제를 통한 투기 억제 정책	일괄적 종합적 규제를 통한 투기 억제 정책
	주택 공급	주택 공급 축소 정책 (수요 억제)	주택 공급 확대 정책 (주택 공급 대안 존재)
경제 상황	경제 회복 속도	빠름	느림
	가계 소득	증가	둔화
	입주 물량	감소	급증

자료 : NH투자증권 리서치 본부, NH 부동산 집피지기

노무현 정부와 문재인 정부의 부동산 정책 비교

	구분		노무현 정부	문재인 정부
공통점	부동산 정책 방향		지속적인 투기 억제 정책 남발	투기 억제 정책
	주택 공급		주택 공급 축소 (2002년 주택보급률 100% 달성)	전체 주택 공급 확대 (서울 충분한 공급 미비)
	부동산 시장	주택 가격	주택 가격 하락 / 미분양 일부 해소	전체 주택 공급 확대 (서울 충분한 공급 미비)
		전세 가격	전세 및 월세 지속적 상승	관망
	현상		강남 재건축 아파트 사상 최대 폭등	일시적으로 강남 재건축 아파트 급매물 등장
	부동산 및 금융 정책		주택거래신고제, 분양가 상한제 투기과열/투기지역 지정제도	주택거래신고제, 대출 규제 투기과열/투기지역 지정
	세제 강화/혜택		재건축개발 환수금	재건축 환수금 부활
차이점	LTV · DTI 규제 적용 시점		단계적	일괄적
	종부세(2003.10.29.)		종합부동산세 도입	일괄적
	보유세(2005.8.31.)		보유세 취등록세 강화 (공시가 6억 원 이상 부동산 보유자 종부세 부과)	강화 검토 (추가 가능성 존재)

자료 : NH투자증권 리서치 본부, NH 부동산 집피지기

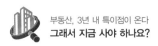

부동산, 3년 내 특이점이 온다
그래서 지금 사야 하나요?

는 단기적인 처방 위주로 접근했던 것에 비해 문재인 정부는 종합적인 규제를 통해 투기 억제 정책을 펴고 있다. 노무현 대통령 시절 수많은 부동산 대책에도 부동산 가격의 폭등이 이어지는 일을 경험했기 때문이지 않을까 판단된다.

LTV와 DTI 등의 금융 규제와 종합부동산세, 재산세 등 세금을 통한 투기 수요 억제는 큰 틀에서 두 정부가 방향을 같이하고 있다. 그러나 경제 상황은 상반된다. 노무현 정부 시절은 IMF 사태 극복 이후 경제 회복이 본격화되던 시기였던 데 비해 문재인 정부는 악조건의 경제 상황에서 부동산 정책을 펼치고 있다.

🏢 6·19 대책

2017년 6월 19일에 발표한 '주택 시장의 안정적 관리를 위한 선별적·맞춤형 대응 방안'은 문재인 정부의 첫 부동산 대책이라 할 수 있다. 서울 전 지역을 포함한 수도권, 지방의 일부 지역을 투기지역으로 지정하고, 이에 더해 투기과열지구와 조정대상지역을 선정해 집중관리할 것임을 발표했다. 자세한 규제 내용을 살펴보면 다음과 같다.

소유권이전등기 시까지 전매 제한 기간 강화

서울 전역의 민간택지에 대해 전매 제한 기간을 강화했다. 전매 제한이란 신규 분양주택을 일정 기간 동안 거래하지 못하도록 하는 제도다. 서울에선 사실상 분양권을 거래할 수 없게 했다. 새 아파트 입주권

구분	조정대상지역		택지유형
서울	25개 구(전 지역)	강남 4개구 등	공공+민간
경기	28개 시 / 군 중 7개	과천, 성남 + 광명(추가)	공공+민간
		하남, 고양, 화성(동탄2), 남양주	공공
부산	16개 구 중 7개	해운대, 연제, 수영, 동래, 남+부산진(추가)	민간
		기장(추가)	공공+민간
기타	1개 지역	세종특별자치시	공공

에 P(프리미엄)를 붙여 거래하는 것을 막아 신규 아파트 가격 상승과 투기심리를 막고자 하는 정부의 의지를 엿볼 수 있다.

조정대상지역 확대

경기도 광명시와 부산시 기장구, 진구를 조정대상지역으로 추가해 중도금 대출 요건 강화 및 재당첨 금지를 통해 해당 지역의 투기심리를 막고자 했다.

LTV · DTI 규제 강화

조정대상지역은 대출 금액을 기존보다 10% 포인트씩 낮춰 적용되도록 했다. 기존에는 집값의 70%까지 대출을 받을 수 있었는데 이를 60%로 낮춘 것이다. 동시에 상환 능력을 보는 DTI 기준도 강화하여 실질적으로 서울에서는 신혼부부나 서민이 아닌 이상 집값의 50%만 대출받을 수 있도록 했다.

참고로 2017년 8월에 한층 강화된 LTV와 DTI 기준이 발표됐는데, 그 내용은 다음과 같다.

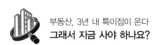

부동산, 3년 내 특이점이 온다
그래서 지금 사야 하나요?

구분	투기과열지구 및 투기지역		투기과열지구, 투기지역 외 조정대상지역		조정대상지역 외 수도권	
	LTV	DTI	LTV	DTI	LTV	DTI
서민 실수요자(완화)	50%	50%	70%	60%	70%	60%
주담 대미보유(기본)	40%	40%	60%	50%	70%	60%
주담대 1건 이상 보유(강화)	30%	30%	50%	40%	60%	50%

* 질병치료 등 불가피성이 인정되는 주택 구입 목적 외 주택담보대출에 대해서는 투기과열지구 및 투기지역의 강화된 LTV · DTI 적용 예외를 인정(LTV 50%, DTI 50%)
* 이주비, 중도금대출에는 DTI 적용 배제

서울에서 집을 1채 이상 갖고 있다면 총 대출 가능 금액은 집값의 30% 정도라고 보면 된다.

🏢 8 · 2 대책

2017년 8월 2일 발표된 '실수요 보호와 단기 투기 수요 억제를 통한 주택 시장 안정화 방안'의 내용은 다음과 같다.

재건축 초과이익 환수제

8 · 2 대책은 대단히 강력하고 종합적인 대책들의 신호탄이었다. 가장 눈에 띄는 것은 재건축 · 재개발에 대한 강력한 규제 대책이다. 재건축 초과이익 환수제를 비롯해 조합원 지위 양도 제한을 강화했다. 특히 재건축 초과이익 환수제는 3,000만 원 이상의 이익을 얻으면 10~50% 까지 세금을 부과하겠다는 내용이다.

조합원 1인당 평균이익	부과율 및 부담금 산식
3천만 원 초과~5천만 원 이하	3천만 원 초과 금액의 10%×조합원 수
5천만 원 초과~7천만 원 이하	(200만 원+5천만 원 초과 금액의 20%)×조합원 수
7천만 원 초과~9천만 원 이하	(600만 원+7천만 원 초과 금액의 30%)×조합원 수
9천만 원 초과~1억 1천만 원 이하	(1,200만 원 +9천 만 원 초과 금액의 40%)×조합원 수
1억 1천만 원 초과	(2,000만 원+1억 1천만 원 초과 금액의 50%)×조합원 수

이 세금은 새로 지어지는 아파트의 준공 인가부터 6개월 이내에 납부해야 한다. 재건축 아파트에 입주하는 경우 시세차익이 통장으로 들어오는 것도 아닌데 세금 내듯 해야 하는 상황이라 반발이 예상된다.

양도소득세 강화

양도소득세 강화는 크게 두 부분으로 구성된다. 첫 번째는 1세대 1주택 비과세 요건 강화, 두 번째는 양도소득세 중과세 적용이다. 1세대 1주택 비과세 요건은 다음과 같이 강화됐다.

구분	2017년 8월 2일 이전 취득	2017년 8월 3일 이후 취득
조정대상지역 내	2년 보유	2년 보유 + 2년 거주
조정대상지역 외		2년 보유

2017년 8월 3일 이후 취득하는 주택은 비과세되려면 9억 원 이하에 2년 거주 요건이 더해져야 한다. 1세대 1주택은 대부분 2년 거주 요건을 충족할 수 있으므로 크게 영향은 없을 것이다. 문제는 중과세 부분으로, 1세대 2주택인 경우 10%, 3주택인 경우 20%가 추가된다.

과표	기본세율	2주택	3주택 이상	누진공제
1,200만 원 이하	6%	16%	26%	–
4,600만 원 이하	15%	25%	35%	108만 원
8,800만 원 이하	24%	34%	44%	522만 원
1.5억 원 이하	35%	45%	55%	1,490만 원
3억 원 이하	38%	48%	58%	1,940만 원
5억 원 이하	40%	50%	60%	2,540만 원
5억 원 초과	42%	52%	62%	3,540만 원

다주택자 임대 등록 유도

다주택자가 주택임대 사업자 등록을 하면 중과세 면제 등의 혜택을 제공한다. 8·2 대책을 표로 요약하면 다음과 같다.

투기 수요 차단 및 실수요 중심의 시장 유도		실수요 서민을 위한 공급 확대	
과열지역에 투기 수요 유입 차단	실수요 중심 수요관리 및 투기 수요 조사 강화	서민을 위한 주택 공급 확대	실수요자를 위한 청약제도 등 정비

*투기과열지구 지정
 • 서울 전역, 경기, 과천, 세종
*투기지역 지정
 • 서울 11개구, 세종
*분양가 상한제 적용 요건 개선
*재건축·재개발 규제 정비
 • 재건축 초과이익 환수제
 • 재개발 분양권 전매 제한
 • 재개발 임대주택 의무 비율
  상향
 • 재건축 등 재당첨 제한 강화
	*양도소득세 강화
	 • 다주택자 중과 및 장특 배제
	 • 비과제 실거주 요건 강화
	 • 분양권 양도세율 인상
	*다주택자 금융 규제 강화
	 • 투기지역 내 주담대 제한 강화
	 • LTV·DTI 강화(다주택자)
	 • 중도금 대출 요건 강화
	  (인별→세대)
	*다주택자 임대 등록 유도
	*자금 조달 계획 등 신고 의무화,
	 특별사법경찰제도 도입 등
		*수도권 내 다양한
		 유형의 주택 공급
		 확대를 위한
		 공공택지 확보
		*공적임대주택
		 연간 17만 호 공급
		 • 수도권 연간
		  10만 호 공급
		*신혼희망타운
		 공급
		 • 5만 호
		  (수도권 3만 호)
			*청약제도 개편
			 • 1순위 요건 강화,
			  가점제 확대 등
			*지방 전매 제한 도입
			 • 광역시 6개월,
			  조정대상지역 1년
			  6개월~소유권이전
			  등기 시
			*오피스텔
			 공급·관리 개선

🏢 기타 가계부채 종합대책 및 주거복지 로드맵

이외에도 2017년 10월 24 가계부채 종합대책이 발표됐다. 은행 대출의 기준인 DTI를 변경하여 소득 증빙 요건을 보다 까다롭게 변화시킨 것이다.

11 · 26 금융회사 여신심사 선진화 방안은 10 · 24 대책을 보완해 개인사업자 대출 여신심사 가이드라인을 새로 도입했다.

마지막으로 11 · 29 주거복지 로드맵은 100만 호의 주택을 공급하겠다는 내용이 핵심이다.

여기까지는 문재인 정부가 출범한 지 1년 이내에 발표한 부동산 정책들이다. 이외에도 많은데 세금 부분에서는 보유세(종합부동산세, 재산세) 강화가 있다.

우선 현재의 과세표준 금액(아파트 공시가격)을 현실화해 1세대 1주택

10.24	가계부채 종합대책	*신DTI 도입 : DTI 기적용지역 시행(2018년 1월~) *DSR(Debt Service Ratio, 총체적상환능력심사제) 단계적 정착 : 도입 로드맵 및 DSR 표준산정방식 마련(1~12월), 금융권 시범운용(2018년 1월~), 금융권 여신관리지표로 활용(2018년 하반기~)
11.26	금융회사 여신심사 선진화 방안	*신DTI 시행 *DSR *개인사업자대출 여신심사 가이드라인 도입
11.29	주거복지 로드맵	*생애단계별 · 소득수준별 수요자 맞춤형 지원 *무주택 서민 · 실수요자를 위한 공적 주택 100만 호 공급 *임대차 시장의 투명성 · 안정성 강화 *협력적 주거복지 거버넌스 구축 및 지원 역량 강화

자를 포함해 모든 소유자에게 추가적인 세금을 내도록 했다.

다주택자들의 세금 부담이 증가한 것은 물론이다. 아마도 정부는 다주택자에게 추가적인 세금을 내도록 하는 것이 국민 감정을 건드리지 않으면서 세수도 확보하고 투기심리를 줄일 수 있는 방법이라 판단하지 않을까 예상된다.

2019년 12월 10일 정부는 취득세 개정안을 공개했다. 2019년 말까지는 취득세가 집값에 따라 1%, 2%, 3%로 비교적 낮게 책정되어 있었는데, 이제 4주택자부터는 4%부터 시작하도록 한다는 것이다. 집의 가격에 따라 세금이 달라진다거나 지역에 따라 양도세를 달리 매기는 것까지는 이해할 수 있다. 하지만 주택 수에 따라 세율 자체가 달라지는 것은 너무 창의적인 발상이다. 앞으로 2022년까지 정부의 창의성은 계속 발휘될 것이고 말이다.

아파트는 한 번도 싼 적이 없다.
어제도 비쌌고 오늘도 비싸다.
내일은 더더욱 비쌀 것이다.
그렇더라도 기회가 오지 말란 법 없다.
그때 정말로 이 물건이 좋은지,
과연 투자해도 괜찮은지 알려면 미리 준비를 해둬야 한다.
남이 서둘러 기회를 가져가기 전에 말이다.

PART

3

부동산 투자를
한다면
아파트

평당 1억 원 시대

아파트 1평에 1억 원. 대기업 차장 정도의 연봉으로 고작 1평을 살 수 있다니, 말도 안 되는 가격이다. 그런데 현실이 되고 말았다(이 책을 기획하고 집필하던 시기에는 제목이 '평당 1억 원 시대가 온다!' 였는데 벌써 와버리는 바람에 수정을 했다. 역시 인생은 타이밍이다).

🏢 1억 원도 싸다

강남은 아직 전용 면적 기준으로 1억 원이지만, 앞으로는 공급 면적 기준으로도 1억 원을 넘을 것으로 보인다. 참고로 전용 면적이란 현관문 안쪽의 진짜 우리 집이고 공급 면적이란 계단, 엘리베이터, 주차장까지 포함한 면적이다. 따라서 전용 85㎡란, 우리 집은 25.75평인데 계단 등을 포함하면 32평(105㎡)이라는 뜻이다.

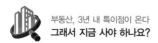

서초구 아파트 거래 사례

동명	단지명	전용 면적(㎡)	거래 금액(만 원)	평당가(만 원)	건축년도	계약년월
반포동	래미안퍼스티지	84.93	247,000	9,597	2009	2019.04
반포동	아크로리버파크	84.99	250,000	9,707	2016	2019.04
잠원동	아크로리버뷰신반포	78.5	253,000	10,636	2018	2019.05

자료 : 직방

서초구 반포동 래미안퍼스티지는 전용 면적 85㎡가 24억 7,000만 원이니 전용 면적을 기준으로 하면 평당 9,597만 원이고 공급 면적 105㎡를 기준으로 하면 평당 7,718만 원이다.

서울 아파트의 평균 가격은 강남구는 평당 5,300만 원, 서초구는 4,700만 원이다. 여기까지 보면 평당 1억 원은 아직 멀지 않았나 싶지만 개포동은 평당 8,400만 원, 반포동과 압구정동은 6,600만 원을 넘는다. 반포동과 압구정동은 재건축을 추진하고 있으니 사업이 진행되면 가격이 오를 텐데 살짝만 올라도 개포동 이상의 가격이 되지 않을까 싶다.

2022년을 기점으로 강남구 압구정동, 서초구 반포동 재건축이 확정되면 평당 1억 원에 거래되는 사례가 생길 것이다. 현재도 대한민국 최고의 부촌인데 재건축까지 시행된다면 그 영향이 적지 않아 옆 동네인 잠원동, 삼성동도 영향을 받아 가격이 상승하지 않을까 싶다. 강남에서 시작된 '평당 1억 원'은 서울 각 지역의 아파트 시세에 영향을 미치고 이에 따라 재개발 사업도 활발하게 추진될 것으로 예상해본다. 머지않아 서울 아파트 중위 가격이 10억 원이 되는 시점이 도래할 것임은 물론이다.

중위 가격이란 높은 가격 순으로 아파트를 한 줄로 세웠을 때 정가운데 놓인 가격을 가리킨다. 평균 가격과는 전혀 다르다. 평균 가격은 너무 비싸거나 너무 낮은 가격으로 수치의 왜곡이 발생할 수 있지만 중위 가격은 이러한 영향을 덜 받기에 부동산 가격의 흐름을 파악하기 좋은 지표다.

다음은 서울과 6대 광역시(광주, 대구, 대전, 부산, 울산, 인천) 부동산의 중위 가격을 정리한 표다. 2019년 3월의 중위 가격을 보면 서울은 8억 2,711만 원, 6대 광역시는 2억 4,169만 원이다. 2013년과 비교해보면 서울은 2배 가까이, 6대 광역시는 50% 상승했다. 이러한 추세가 계속된다면 3~5년 후 중위 가격이 어떻게 될지 예상하기 두려워질 정도다.

서울시와 6대 광역시 중위 가격 비교 (단위 : 만 원)

기간	2019.3	2018.1	2017.5	2017.1	2016.1	2015.1	2014.1	2013.1
서울	82,711	70,500	60,635	59,585	54,081	48,039	46,974	46,632
6대 광역시	24,169	24,040	23,895	23,707	22,870	19,502	18,369	17,074

자료 : KB부동산

돈은 위아래로
흐른다

10년 넘게 부동산 투자 상담을 하면서 경험으로 알게 된 사실이 있다. 부동산 투자를 할 때는 자신의 생활 반경을 기준으로 한다는 점이다. 강남구에 거주하는 분들은 여의도까지는 괜찮은데 목동은 멀다고 느낀다. 목동 거주자들은 길음뉴타운이나 노원구를 멀다고 느껴서 투자를 꺼린다. 이러한 심리적 거리감에 일정한 패턴이 있으니 바로 위아래로는 가깝다고 느끼지만 좌우에 대해서는 멀다고 느낀다는 것.

⬆️🏢⬇️ 상하는 가깝다

강남구·서초구 거주자 입장에서 보면 위로는 한강, 아래로는 분당과 판교가 있는데 분당은 경기도라 해도 멀게 느끼지 않는다. 과거 분당 집값이 한창 오르고 동탄 등이 개발 중일 때 '돈은 경부선을 따라 흐른다' 라는 표현이 있었는데 맞는 말이었다. 좀 더 정확하게는 돈이 경부선을 따라 흘렀다기보다는 수직으로 움직였다.

강남에서 시작해서 분당으로 내려가고 다시 판교로 내려가는 수직의 흐름이다. 강남의 위는 한강이라 막혀 있지만 한강을 건너면 바로 있는 옥수동과 한남동은 강남에서 강 건너로 보이는 위치에 있어 가깝게 느낀다. 또 다른 부촌인 용산을 보면 위로는 중구와 종로구를 가깝다고 생각하고 아래로는 서초구와 가깝다고 생각한다.

서울의 부촌에서 가까운 지역 또는 가깝다고 느끼는 지역이 수혜를 입는다고 보면 된다. 즉 강남·서초에서 1차 상승이 이루어지면 그 이후 마용성이 상승하고 3차로 서울 전 지역이 상승한다.

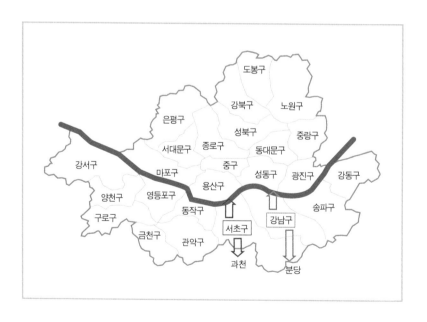

🏢 좌우는 멀다

양천구 목동에 사는 부동산 투자자는 강남 또는 마포구를 선호한다. 방금 설명드린 바와 같이 가깝다는 심리적 친밀감 때문이다. 강서구와 경계하고 있으면서도 그곳은 선호하지 않는다. 강서구에 마곡지구가 들어서 고급 인력이 유입되고 대기업 R&D센터 입주가 예정돼 있다 해도 크게 관심 갖지 않는다.

한편 송파구에 사는 투자자는 물건이 아무리 좋아도 동작구와 양천구에는 관심이 없다. 강 건너 광진구 자양동에는 투자한다.

이사를 가거나 자녀의 신혼집을 얻을 때도 상하는 가깝고 좌우는 멀다. 위치상으로는 한강 이남에 있고 양천구 목동에 인접한 강서구의 가격 상승이 더딘 것도 이러한 심리적 거리감 때문이기도 하다.

한강만 보인다면
비싸도 괜찮아

흐르는 강물을 보며 거실에서 고즈넉이 차를 마시는 여유. 한강변 아파트에 살기에 가능한 삶의 모습이다. 강물을 보고 있노라면 인생 무상을 느껴 자살 충동이 생긴다는 이야기는 잠시 잊자. 한강변 아파트는 영원한 블루칩이니 말이다.

강남의 압구정, 반포를 비롯해 강북의 용산, 여의도까지 재건축을 추진하면서 그토록 50층으로 짓고 싶어 하는 이유 중 하나도 한강을 봐야 하기 때문 아니겠는가.

🏢 꺼지지 않은 불꽃 – 한강 르네상스

2006년 오세훈 전 서울시장은 '한강 르네상스'라는 이름으로 한강 중심의 개발계획을 발표했다.

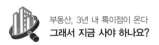

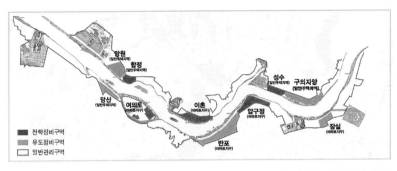

자료 : 〈도시개발신문〉 2011. 10. 4.

그림을 보자. 전략정비구역은 50층 이상 짓는 것도 가능하며, 유도정비구역은 전략정비구역 이후 사업을 추진하고, 일반관리구역은 전략정비구역과 유도정비구역의 개발 상황을 봐가면서 점차 개발계획을 수립하겠다는 것이었다.

가장 먼저 50층 이상도 가능하다고 발표된 전략정비구역, 즉 합정, 여의도, 이촌, 압구정, 성수가 폭등 수준으로 값이 올랐다. 그다음으로 유도정비구역인 망원, 당산, 반포, 구의, 잠실이 '배 아플 수 없다, 우리도 오른다' 였다.

물론 오세훈 전 시장은 시장직을 걸고 승부수를 걸었다가 패배하여 한강변 르네상스는 다음 서울시장인 박원순 시장에 의해 유명무실해지기는 했다. 박원순 시장의 업그레이드(?)된 한강변 개발계획을 보면, 최고 층수는 모두 35층 이하지만 여의도와 잠실의 비주거용 상업건물은 50층까지 가능하다. 그래서 여의도와 잠실이 폭등했던 것이다. 결과적으로는 각종 '검토' 가 끝나지 않아 여의도와 잠실 역시 사업은 계속 지지부진할 예정이지만.

한강 지구별 건축 가이드라인

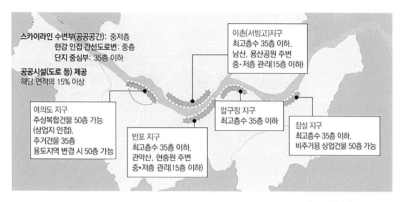

스카이라인 수변부(공공공간): 중저층
한강 인접 간선도로변: 중층
단지 중심부: 35층 이하

공공시설(도로 등) 제공
해당 면적의 15% 이상

이촌(서빙고)지구
최고층수 35층 이하.
남산, 용산공원 주변
중·저층 관리(15층 이하)

여의도 지구
주상복합건물 50층 가능
(상업지 인접).
주거건물 35층
용도지역 변경 시 50층 가능

반포 지구
최고층수 35층 이하.
관악산, 현충원 주변
중·저층 관리(15층 이하)

압구정 지구
최고층수 35층 이하

잠실 지구
최고층수 35층 이하.
비주거용 상업건물 50층 가능

자료 : 〈동아일보〉 2013. 1.

한강변은 서울 투자처에서 블루칩이다. 서울 다른 지역이 큰 폭으로 떨어져도 한강변은 적은 폭으로 떨어지고, 다른 지역이 오를 때는 더 많이 오른다. 한 가지 팁을 드리자면, 한강이 보이는 층은 한강 조망 프리미엄이 붙어 최소 몇 천만 원에서 몇 억 원까지 시세가 더 높다.

물론 한강이 보이지 않는 저층이라 해도 해당 단지의 수요가 많아지면 저층까지 가격이 오른다. 아파트 1층을 생각해보자. 위층보다 분명 시세는 낮지만 그렇다고 반값밖에 안 된다거나 다른 층이 오르는데 1층은 오를 기미가 없다거나 하지 않는다.

🏢 같은 한강이라도 서울에서 보여야

오해를 피하기 위해 부연 설명을 드리면, '한강변'은 서울을 말한다. 김포한강신도시에 위치한 아파트가 아무리 한강이 잘 보인들 그로 인

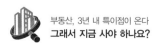

해 값이 더 오를 일은 없다. 북한강, 남한강도 마찬가지다. 한강이 잘 보이는 아파트가 블루칩이기는 하나, 행정구역상 서울이어야 한다는 말이다. 혼동하는 일이 없기 바란다.

정리해보면, 한강의 이점을 얻는 지역은 다음과 같다. 지도상 왼쪽에서 오른쪽 순서로 나열했다. 명시되지 않은 나머지 지역은 아쉽게도 한강을 통한 상승은 기대하기 힘들다. 다만 개발 호재와 교통 호재를 통해 상승할 여력이 있는지를 확인하면 된다.

- 강북 : 마포구, 용산구, 성동구, 광진구
- 강남 : 영등포구(여의도), 동작구, 서초구, 강남구, 송파구, 강동구 일부

1,100조 원의
향방은?

2019년 5월에 한국은행과 금융투자협회가 발표한 바에 따르면 부동 자금, 즉 갈 곳 잃은 돈이 1,100조 원을 넘었다. 2017년 말에 1,000조 원 수준이었으니 1년에 50조 원씩 늘어난 셈이다. 매년 '괜찮은 투자처를 찾고 있습니다' 상태의 돈이 50조 원씩 쌓이고 있다.

1,100조 원이 얼마나 큰 액수인지 상상하기 어려운데, 대한민국 정부의 2020년 예산이 513조 원이다. 1,100조 원은 대한민국의 2년치 살림 금액이다.

금 거래량 역시 증가했다. 한국거래소에 따르면 2019년 4월 기준 개인의 순매수 수량은 매일 7.9kg이다. 1g당 5만 원으로 계산하면 한 달에 79억 원 정도가 금을 사는 데 들어간 것이다.

이러한 자금들은 일종의 대기 자금이다. 돈이 된다는 판단이 드는 순간 그 투자처에 사용될 자금으로 보면 된다. 한국 경제 상황이 어렵

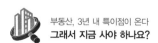

부동산 자금 추이　　　　　　　　　　　　　　　　(단위 : 조 원)

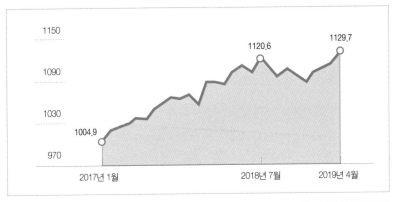

자료 : 한국은행 및 금융투자협회

월별 하루 평균 금 거래량　　　　　　　　　　　　　(단위 : kg)

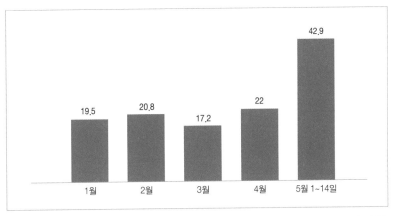

자료 : 한국거래소

고 기업들의 실적도 당분간 개선되기 힘들어 보이지만 어디선가 누군
가는 이렇게 그날을 기다리며 현금을 준비하고 있다. 집값 상승 신호
가 조금이라도 보이면 대한민국 2년치 예산에 맞먹는 금액 중 많은 부
분이 즉시 부동산에 투입되리라 예상할 수 있다. 즉, 부동산 가격이 더

오르게 된다는 뜻이다.

주위를 보면 다들 힘들고 집 팔고 이민 가겠다는 사람 천지인데 이해하기 어렵다고? 우리 주변 사람들은 그렇다 쳐도 우리가 모르는 사람들에게는 어마어마한 여윳돈이 있다. 매년 50조 원이 새로 쌓이고 있다. 10억 원짜리 아파트 5만 채를 살 수 있는 돈이 투자처를 찾으며 대기 중이다.

부자도 빈자도
로빈 후드도

부동산 관련 세금이 높아지면 부동산을 소유하는 비용 부담이 커지니 사기보다는 팔기를 선택할 것이다. 세금이 높아지면 투기심리가 줄어들어 부동산 가격 안정에 기여하는 것은 분명하다. 문제는, 높은 세금이 부자와 다주택자에게만 영향을 미치는 게 아니라 빈자와 세입자에게도 영향을 끼친다는 점이다.

🏢 부동산 세금 인상은 계속된다

탐욕스러운 부자들로부터 재산을 빼앗아 가난한 자들에게 나누어주는 로빈 후드는 멋있는 캐릭터다. 문재인 정부는 로빈 후드의 방식을 좋아하는 듯 보인다. 세금 인상을 통해 탐욕스러운 부자들을 벌주는 동시에 거둬들인 세금을 복지사업 등 서민을 위한 정책 실행에 사용하니

이 얼마나 통쾌하고 속 시원한 정책인가. 두 마리 토끼를 잡으면서 대중의 지지를 계속 유지할 수 있는 좋은 방법이다.

　세금 인상은 당분간 계속될 것으로 보인다. 특히 다주택자들을 타깃으로 하는 세금은 더욱 그러할 것이다.

- 대표적인 부동산 관련 세금
  - 부동산을 살 때 : 취득세
  - 부동산을 갖고 있을 때 : 재산세, 종합부동산세
  - 부동산을 팔 때 : 양도소득세
  - 부동산을 전세·월세 줄 때 : 종합소득세

　부동산은 살 때부터 팔 때까지 계속 세금이 붙는다. 이 가운데 취득세와 양도소득세는 잘못 건드리면 바로 터지는 폭탄이다. 조금만 조정해도 온 국민이 영향을 받는다. 정부도 이 사실을 충분히 인지하고 있기에 취득세는 거의 고정시켜놓고 양도소득세는 투기지역이나 다주택자의 경우 중과세하여 국민의 저항을 최소화시킨다.

　가장 만만한 것은 재산세와 종합부동산세, 즉 보유세다. 집을 여러 채 소유한 사람을 주요 대상으로 하니 국민의 심리적 저항을 줄일 수 있는 데다 세금도 더 걷을 수 있으니 1석 2조다. 보유세는 계속 인상될 것으로 예상해볼 수 있는데, 이 예상은 현실이 되고 있다. 보유세 인상의 신호탄은 바로 2019년 발표된 공시가격 현실화 계획이었다.

공시가격 현실화에 따른 2019년 재산세 변화

주소	마포구 아현동 마포래미안 푸르지오	강남구 대치동 은마아파트	여의도 롯데캐슬엠파이어	용산구 이촌동 한가람아파트
2018년 공시가격 (재산세)	6억 2,000만 원 (155만 원)	8억 4,000만 원 (236만 원)	6억 2,600만 원 (157만 원)	6억 6,899만 원 (172만 원)
실거래가 상승 폭	8억 5,800만 원 ⬇ 11억 7,000만 원 ▲38% 상승	11억 3,000만 원 ⬇ 15억 5,500만 원 ▲37% 상승	8억 5,500만 원 ⬇ 10억 5,500만 원 ▲23% 상승	9억 원 ⬇ 14억 3,000만 원 ▲58% 상승
실거래가 상승 폭 반영 공시가격 (재산세)	11억 7000만 원 (290만 원)	15억 5500만 원 (423만 원)	10억 5500만 원 (258만 원)	14억 3,000만 원 (317만 원)

*실제 상승 폭은 다를 수 있음   *비고 : 종부세 별도 적용
자료 : 국토교통부

그림을 보면, 2018년에 마포구 아현동 마포래미안푸르지오의 공시가격(세금을 부과하기 위한 주택 가격)을 6억 2,000만 원으로 잡았다가 다음 해인 2019년엔 11억 7,000만 원으로 잡았다. 공시가격을 실거래가에 가깝게 현실화한 것이다. 이로 인해 재산세는 155만 원에서 290만 원으로 상승했다. 세금을 부과할 때 현실적으로 거래되는 시세를 기준으로 잡는 것은 문제가 없다. 오히려 지금까지 그렇게 하지 않은 게 이상하다.

10억 원이 넘는 아파트를 갖고 있는데 그깟 몇 백만 원이 뭐가 문제냐고 생각할 수 있지만, 누구에게나 세금은 아까울 수밖에 없다. 주차비 아까워 외제 차들이 불법주차하는 걸 보시라. 고급 차를 몰아도 주차비는 아깝다. 세금은 더 말할 것도 없다.

자, 이제 공시가격 상승의 연쇄작용을 생각해보자. 단순히 "부자들,

공정시장가액비율을 매년 5%씩 인상하여 2020년 80%에서 2022년 100%로 확대

2018년	2019년	2020년	2021년	2022년
80%	85%	90%	95%	100%

현행 종합부동산세 계산법

(개인별 전국 합산 부동산 공시가격 − 공제 금액) × 세율 − 법정공제세액
　　　　　　　종부세 과세표준

자료 : 기획재정부, NH투자증권 리서치본부

세금 더 내세요"에 그치지 않고 건강보험료도 올라간다. 계산해보면 매월 1만~2만 원 정도 오르는 미미한 수준이지만 심리적으로는 영향을 받을 수밖에 없다.

앞으로도 공시가격은 실제로 거래되는 금액에 맞춰 계속 오를 것이다. 부자의 세금이라는 종합부동산세도 마찬가지다. 종부세 역시 2022년까지 시세에 맞춰 세금을 납부할 수 있도록 현실화 계획이 다 세워져 있다.

🏢 올라간 세금만큼 월세도 오르고

세금 인상 자체는 문제가 없다. 오히려 환영할 만한 일이다. 현실적인 거래 금액에 맞게 세금을 내도록 하는 것이고 정부의 세수가 늘어나면 예산 부족으로 못할 뻔했던 사업들이 추진될 수 있다. 다만 염려되는 것은 그 부작용이다. 자본가, 부동산 투기 세력, 다주택자를 향해 겨눈 총인데 그 피해가 다른 곳에서 나오면 안 되지 않겠는가.

행동경제학을 보면 손실회피편향(loss aversion)이라는 것이 나온다. 수익을 얻었을 때의 만족감에 비해 손실을 입었을 때의 심리적 고통이 훨씬 크다는 것이다. 1억 원의 수익을 얻었을 때 만족감이 100이라면 1억 원을 손해 봤을 때의 심리적 고통은 200쯤이라고 한다. 이 고통을 피하고자 하는 것이 인간의 기본적인 심리다.

집에 대한 세금이 오른다면, 이는 피하고 싶은 손실이다. 이 손실을 회피하는 가장 간단한 방법은 세입자에게 부담을 전가하는 것이다. 전세를 주고 있는 집에 세금이 더 많아진다면, 그만큼 전세 가격을 올린다. 물론 전세도 시세가 있기에 집주인 마음대로 올리기는 어렵지만 기회가 생기면 어떻게 해서라도 올려 받고자 할 것이다. 심리적 고통을 피하는 가장 쉬운 방법이기 때문이다. 집주인이 내야 할 세금을 세입자가 내는 것. 세금 인상 정책의 의도하지 않은 부작용이 될 것이다.

참고로 상가 시장에서는 임대차보호법이 보완되어 세입자 보호 기간을 기존의 최대 5년에서 최대 10년까지 연장해주도록 최근 변경되었다. 장사 좀 된다 싶은 점포의 주인들은 세입자와 재계약을 할 때 향후 10년간 올려 받아야 할 만큼을 미리 반영하는 경우가 늘어났다. 상가 주인은 다른 세입자를 받을 때 월세를 올릴 수 있는데 그렇게 못하는 만큼 '손실'이니 미리 월세를 올리는 것이다. 세입자를 보호하기 위해 쏜 총인데 세입자가 총알을 맞는 셈이다.

인간은 대단히 이기적인 존재다. 시세차익은 온전히 집주인의 몫이지만 세금 부담은 세입자에게 전가시킨다. 세금이 늘어나는 만큼 그 부담은 (기회를 틈타) 세입자에게 전가될 것이다. 즉 전세가 상승의 또 다른 요인으로 작용하리라 보인다. 그리고 전세가 상승은 매매가 상승을 불러올 것이다.

정부의 고민도 이해가 된다. 부자들이 시세차익, 부동산 임대소득과 같은 불로소득을 얻는데 세금제도를 그대로 유지하자니 직무 유기가 될 테고, 세금을 인상하면 당장은 아니라도 향후 부동산 가격 상승기에 부작용이 드러났을 때 정부의 미숙한 접근 때문에 더 가격이 오른다는 비난을 감수해야 할 테니 말이다. 부디 솔로몬의 지혜를 발휘하여 현명한 해결 방안을 펼치시기 바란다.

양도세 완화해야
집값 잡는다

세금 인상은 의도치 않게 세입자의 부담을 늘리고 집값 상승을 유발하는 역효과가 있다. 이번에는 양도세 중과가 어떻게 가격 상승으로 연결되는지 확인해보자.

불로소득이니 세금을 더 내시오!

1세대 1주택인 경우 집을 팔 때 그 시세차익에 대해서는 이러저러한 명목으로 세금을 많이 깎아준다. 하지만 투기지역 안의 주택이거나 다주택인 경우에는 원래의 양도세보다 무겁게 세금을 내도록 하는 것이 양도세 중과다.

 2019년 8월 기준으로 서울 전 지역과 경기도 일부, 세종시, 대구 수성구는 투기지역·투기과열지구로 양도세가 중과된다. 참고로 투기

양도소득세 중과세율표

과세표준	기본세율	2주택자 (+10%p)	3주택자 (+20%p)	누진공제
1,200만 원 이하	6%	16%	26%	–
1,200만 원 초과~4,600만 원 이하	15%	25%	35%	108만 원
4,600만 원 초과~8,800만 원 이하	24%	34%	44%	522만 원
8,800만 원 초과~1억 5,000만 원 이하	35%	45%	55%	1,490만 원
1억 5,000만 원 초과~3억 원 이하	38%	48%	58%	1,940만 원
3억 원 초과~5억 원 이하	40%	50%	60%	2,540만 원
5억 원 초과	42%	52%	62%	3,540만 원

자료 : 기획재정부

지역·투기과열지구는 언제든 추가될 수 있다. 부동산을 거래하고자 할 때는 해당 지역이 투기지역·투기과열지구에 해당되는지 꼼꼼하게 확인해야 한다.

　이러한 투기지역에서 다주택자가 부동산을 팔 때는 시세차익 규모에 따라 양도세 기본세율에 10~20%가 추가돼 세금이 부과된다. 예를 들어 시세차익으로 3억 원을 얻었다면 기본세율이 38%이니 1억 1,400만 원(3억 원×38%)에 누진공제 1,940만 원을 빼 9,460만 원의 양도세가 나온다. 그러나 2주택자는 38%가 아닌 48%의 세율이 적용돼 1억 4,400만 원(3억 원×48%)이 되고, 누진공제 1,940만 원을 빼면 1억 2,460만 원의 세금을 내야 한다. 3주택자는 양도소득세가 1억 5,460만 원이 된다.

🏢 세금 무서워서 집 못 판다

양도세 부담이 커지면 주택 보유자들은 세금 부담이 더 커지기 전에 처분해야겠다고 생각할까? 아니다. 세금이 부담되어 팔고 싶어도 못 팔거나 중과세가 풀릴 때까지 기다려보자고 관망하게 된다. 이처럼 팔 겠다는 사람이 없으니 매물이 귀해지고, 매물이 귀해지니 시세보다 비 싸게 내놓는 물건이 거래된다. 비싸게 거래되면 실거래가 등록이 되 고, 이 가격이 거래의 기준으로 다시 자리를 잡게 된다.

결국 양도세 중과는 가격 증가라는 원하지 않는 결과를 가져올 뿐이 다. 오히려 양도세를 완화해 시장에 매물이 부족하지 않게 하는 것이 가격 안정화의 좋은 방법일 수 있다. 다주택이니까, 투기지역의 주택 이니까 세금을 더 무겁게 내게 하는 방법은 속은 후련하게 만들어줄 수 있겠지만 큰 도움은 안 되는 방법이다. 양도세 중과는 부동산 가격 을 계속 올릴 따름이다.

다음은 국토교통부가 발표한 투기지역 · 투기과열지구 · 조정대상 지역 지정 조건이다. 공통점은, 주택 가격 상승률이 물가 상승률보다

양도세 중과에 따른 부동산 시장의 변화 과정

투기지역 · 투기과열지구 · 조정대상지역 지정 조건

구분	투기지역	투기과열지구	조정대상지역
법령	소득세법 제104조의2, 시행령 제168조의3	주택법 제63조, 시행규칙 제25조	주택법 제63조의2, 시행규칙 제25조의2
지정 기준	정량적 요건 : 공통 요건 + 선택 요건 중 1 이상 충족 (공통 요건) 직전월 당해 주택 가격상승률 〉 전국소비자물가상승률×130% (선택 요건) ① 직전 2개월 당해 주택 평균가격상승률 〉 전국 주택가격상승률×130% ② 직전 1년간 당해 주택 가격상승률 〉 직전 3년간 연평균 전국 주택가격상승률 * 단, 물가상승률×130%, 소비물가상승률×130%가 0.5% 미만인 경우 0.5%로 함 정성적 요건 : 정량적 요건을 갖추고 당해 지역의 부동산 가격 상승이 지속될 가능성이 있거나 다른 지역으로 확산 우려가 있다고 판단되는 경우	정량적 요건 : 공통 요건 + 선택 요건 중 1 이상 충족 (공통 요건) 해당지역 주택가격상승률이 물가상승률보다 현저히 높은 지역 (선택 요건) ① 직전 2개월 월평균 청약경쟁률 모두 5:1 초과 (국민주택 규모 10:1) ② 주택분양계획이 전월 대비 30% 이상 감소 ③ 주택건설사업계획 승인이나 주택건축허가 실적이 지난해보다 급격하게 감소 ④ 신도시 개발이나 전매 행위 성행 등으로 주거불안 우려가 있는 경우로 주택보급률 또는 자가주택비율이 전국 평균 이하이거나, 주택 공급 물량이 청약1순위자에 비해 현저히 적은 경우 정성적 요건 : 지역주택시장 여건 등을 고려하였을 때 주택에 대한 투기가 성행하고 있거나 우려되는 지역	정량적 요건 : 공통 요건 + 선택 요건 중 1 이상 충족 (공통 요건) 직전월부터 소급하여 3개월간 해당지역 주택가격상승률이 시·도 소비자물가 상승률의 1.3배를 초과한 지역으로서 다음 중 하나에 해당하는 지역 (선택 요건) ① 직전월부터 소급하여 주택 공급이 있었던 2개월간 청약경쟁률이 5:1을 초과(국민주택 규모 10:1) ② 직전월부터 소급하여 3개월간 분양권 전매 거래량이 전년 동기 대비 30% 이상 증가 ③ 시도별 주택보급률 또는 자가주택비율이 전국 평균 이하 정성적 요건 : 주택가격, 청약경쟁률, 분양권 전매량 및 주택보급률 등을 고려하였을 때 주택 분양 등이 과열되어 있거나 과열될 우려가 있는 지역

자료 : 국토교통부

1.3배 또는 현저히 높은 곳이다. 이 조건만 만족돼도 투기지역으로 지정 가능하다. 객관적이면서 동시에 매우 주관적인 기준이라 할 수 있다. 정부는 언제 어느 곳이든 마음껏 투기지역으로 지정해 양도세 중과를 할 수 있다.

부동산, 3년 내 특이점이 온다
그래서 지금 사야 하나요?

부동산 투자는
높은 분들과 함께

아침잠이 많아 학창 시절 지각이 잦았는데, 두려운 마음으로 교문을 들어설 때면 도열해 있는 선도부원들과 선생님 앞에서 고양이 앞의 쥐가 되곤 했다. 지각 좀 해보신 분들이라면 그 긴장감, 충분히 이해하시리라 믿는다. 이때 혼자 들어가면 무서운데, 혹시라도 공부 잘하는 모범생과 함께라면 두려움이 눈 녹듯 사라진다. 엎드려 뻗치고 매를 맞더라도 좀 덜 아픈 느낌도 있었고 말이다.

다주택자들이 이런 심정 아닌가 싶다. 나라에서 "집은 1채면 됩니다"라고 아무리 강조해도 공부 잘하는 정치인들과 고위 공직자들도 다주택자이니 두려움이 덜해진다. 나라와 소속 지자체를 위해 한몸 바치겠다는 훌륭한 분들이 은근히 부동산 고수이신 걸 보면 한결 마음이 가벼워진다.

🏢 고위 공직자의 강남 사랑

〈중앙일보〉에서 2019년 3월 관보와 공보에 기재된 고위 공직자 재산 내역을 전수조사한 결과, 2,394명 중 70% 내외는 1주택 또는 무주택자이고 나머지 30%의 고위 공직자들은 2주택 이상을 소유하고 있다.

또한 고위 법관의 63%, 정부 고위직의 31%, 국회의원의 26%가 강남 3구에 부동산을 소유한 것으로 나타났다. 그렇다면 지역 비율은 어

고위 공직자 강남 3구 부동산 보유 현황

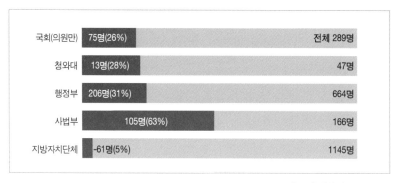

국회(의원만)	75명(26%)	전체 289명
청와대	13명(28%)	47명
행정부	206명(31%)	664명
사법부	105명(63%)	166명
지방자치단체	-61명(5%)	1145명

자료 : 〈중앙일보〉 2019. 5. 13.

고위 공직자의 부동산이 많은 지역

순위	지역	부동산 가액	비율(전국 총액 기준)
1	서울 서초구 서초동	935억 원	3.85%
2	서울 서초구 반포동	576억 원	2.37%
3	서울 강남구 대치동	500억 원	2.06%
4	서울 강남구 개포동	495억 원	2.04%
5	서울 송파구 잠실동	455억 원	1.87%

자료 : 〈중앙일보〉, 2019. 5. 13.

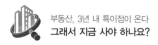

부동산, 3년 내 특이점이 온다
그래서 지금 사야 하나요?

떻게 될까? 〈중앙일보〉에 따르면 고위 공직자들이 주로 소유하고 있는 지역은 역시 강남 3구다. 서초구에 약 1,500억 원, 강남구에 약 1,000억 원 규모다.

정치인이나 고위 공직자라고 모두 무주택자이거나 1주택자가 돼야 하는 것은 아니다. 각자의 판단에 맞게 투자하는 것 아니겠는가. 다만 참고할 것은 그분들도 행동으로 부동산 사랑을 보여주신다는 것. 일단 그 정도만 알아두도록 하자.

나라에서 정말 다주택자들을 강력히 잡고자 한다면 높은 분들이 먼저 알고 다 처분하실 것이다. 혹시라도 고위 공직자들이 전부 무주택자가 된다면 그때는 부동산에 모든 관심을 끊고 무조건 전세로만 살아야 한다. 그렇지 않다면, 우리는 모범생과 함께 지각하는 학생의 마음으로 안심하도록 하자.

큰 갭,
높은 투자 매력

전세 가격은 실거주 가치를 반영한다. 투자 목적을 갖고 전세로 입주하는 경우는 없기 때문이다. 또한 앞으로의 개발 호재를 반영해서 미리 오르거나 하지도 않기 때문에 전세 가격은 주택의 현재 가치를 가장 객관적으로 보여준다.

주택의 가격은 전세 가격을 기본으로 해서 미래에 대한 기대감이 더해진 가격이라 볼 수 있다.

> 주택 가격 = 전세 가격 + 기대감

물론 전세 가격이 정해지고 기대감이 형성되는 과정은 매우 복잡하다. 부동산 관련 논문들을 살펴보면 전세 가격과 주택 가격 결정에 영향을 미치는 수많은 변수들을 놓고 서로 어떤 영향을 미치는지 수학적으로 풀

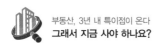

어나가려는 노력을 한다. 기대감 역시 어떤 과정으로 형성되며 시장 상황이 어떻게 반영되는지 수학적으로 밝히려는 노력이 진행 중이다.

🏢 전세가와 매매가는 함께 간다

GM대우의 철수로 이슈가 됐던 군산시의 전세 가격과 매매 가격을 살펴보자. 그림에서 위의 실선은 매매 가격이고 아래의 점선은 전세 가격이다. 두 선의 움직임이 유사하게 진행되며 하향세를 보이고 있다. 2013년 쉐보레의 아시아 시장 철수, 2018년 GM대우 공장 철수를 겪으며 매매와 전세 가격 모두 지속적인 하락세를 보이고 있다.

이와 유사한 사례가 또 있다. 한국 전자산업의 주요 생산지에서 공실이 계속 늘어나는 지역으로 바뀌고 있는 경상북도 구미시다. 2012년

군산시 평당 매매가 · 전세가 추이 (단위 : 만 원)

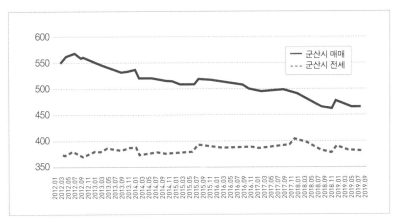

자료 : KB국민은행

구미시 평당 매매가 · 전세가 추이

(단위 : 만 원)

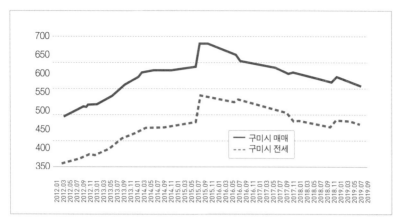

자료 : KB국민은행

부터 2015년 상반기까지는 전세와 매매 가격 모두 지속적인 상승세를 보이다가 이후 계속해서 하락하는 모습이다. LG, 삼성 등 대기업들이 국내 공장을 축소하고 해외 이전을 본격화한 탓이다.

군산과 구미의 사례를 통해 전세와 매매 가격이 유사한 흐름을 보인다는 점을 알 수 있다. 전세는 실제 거주와 연관된 가격이기 때문에 일자리, 소득, 인구에 따라 영향을 받으며 전세가가 하락하면 매매가도 하락한다는 해석이 가능하다.

🏢⬇ 전세가가 떨어져도 매매가는 오른다면

반면, 전세가는 큰 등락이 없는데 매매가가 상승하는 사례도 많다. 서울이 대표적이다. 투자 수요가 많은 강남구를 보자.

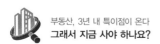

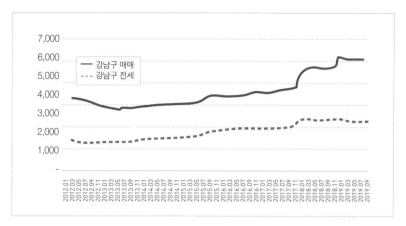

서울 강남구 평당 매매가·전세가 추이 (단위 : 만 원)

자료 : KB국민은행

　2012년부터 2017년 상반기까지는 매매가가 평당 4,000만 원, 전세가는 2,300만 원 내외의 흐름을 보인다. 그러다가 2017년 하반기에 전세가는 2,700만 원 수준으로 10% 상승하고 매매가는 20% 상승해 평당 5,000만 원을 넘게 된다. 2019년 9월 말에는 전세가가 2,667만 원으로 미미하게 하락한 데 비해 매매가는 6,000만 원으로 오히려 상승했다.

　이러한 전세가와 매매가의 불일치는 투자 수요 때문으로 짐작할 수 있다. 즉 강남구의 실제 거주 가치는 평당 2,700만 원이지만 여기에 개발 호재와 가격 상승에 대한 기대감이 평당 3,300만 원 더해진다는 뜻이다. 32평이라면 실제 거주 가치는 8억 6,400만 원(32평 × 2,700만 원)이고, 여기에 기대감이 10억 5,600만 원(32평 × 3,300만 원) 추가되어 총 19억 2,000만 원에 거래되는 셈이다.

추가적으로 확인되는 사항이 있다. 집값은 적어도 전세가보다 높게 형성된다는 것이다. IMF 사태, 금융위기와 같은 극단적인 상황이 아니라면 매매가는 전세가에 일정 부분이 더해진 것으로 볼 수 있다. 따라서 전세가가 상승 추세라면 매매가 역시 영향을 받아 상승한다고 짐작할 수 있다. 앞서 보았듯, 주택의 매매 가격은 전세 가격 + 기대감이니 말이다. 단, 기대감이 마이너스로 돌아서면 주택 가격 역시 하락한다.

🏢 갭이 클수록 집값이 오른다

매매가와 전세가의 차이, 갭(gap)은 해당 아파트의 투자 매력도를 나타내는 지표로 활용할 수 있다. 강북구와 강남구를 예로 들어보자.

강북구를 보면 실선으로 표시된 갭이 하락하다가 2018년 말에 상승

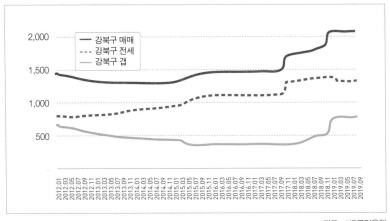

서울 강북구 평당 매매가 · 전세가 추이 (단위 : 만 원)

자료 : KB국민은행

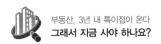

한다. 특이한 점은 2017년 11월에 매매가와 전세가가 한 차례 상승했을 때 갭은 늘어나지 않다가 2018년 들어 전세가가 정체되고 매매가가 상승할 때 갭이 상승했다는 점이다. 별다른 투자 수요의 유입 없이 전세가와 매매가가 정체돼온 강북구가 서울의 전반적인 상승세 영향으로 갭 역시 상승한 것으로 이해할 수 있다. 강북구에도 투자 수요가 몰려 소폭이나마 가격이 올랐다는 뜻이다.

이번엔 강남구를 보자. 그림에서 위의 점선은 매매가, 아래의 실선은 각각 전세가와 갭을 나타낸다. 2012년경에는 매매가, 전세가, 갭 순이다가 2013년 이후 갭이 전세가와 거의 같은 가격을 기록하고 있다. 즉 집값의 50%는 전세 가격으로 실제 가치를 나타내고, 나머지 50%는 기대감으로 매매 가격을 이루고 있다. 매매가가 16억 원이라면

서울 강남구 매매가·전세가·갭 추이 (단위 : 만 원)

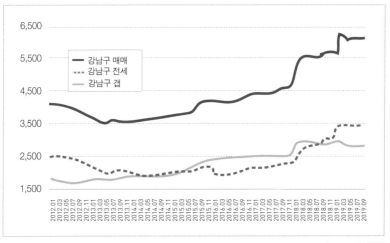

자료 : KB국민은행

8억 원은 전세가, 나머지 8억 원은 기대감이다. 심지어 2019년 들어서는 갭이 전세가를 상회한다.

이를 집값 상승으로 해석하면, 강남이라는 입지와 향후 상승 요인이 꾸준히 반영되어 추가적인 갭 상승이 가능하다고 볼 수 있다. 반대로 집값 하락으로 해석해보면, 갭이 충분히 반영되어 추가 수요의 유입이 어렵다고 볼 수 있다.

해석은 간단하다. 갭이 커진다는 것은 투자 수요가 그만큼 몰린다는 뜻이다. 비쌀수록 더 비싸게 거래되는 아파트의 특성상 수요가 몰리는 지역은 향후에도 가격 상승을 예측할 수 있다.

결론이다. 전세가와 매매가의 움직임은 동떨어져 있지 않다. 서로 영향을 미치며 상승하면 이에 따라 갭도 커지고 이는 다시 추가 수요를 불러일으킨다.

다만 주의할 사항이 있다. 전세가와 매매가는 서로 상관관계는 있어도 인과관계가 있는지는 미지수다. 전세가가 올라서 매매가가 오르는지 매매가가 올라서 전세가가 오르는지는 명확하게 밝혀지지 않았다. 다만 전세가가 오르면 매매가도 오른다는 경험에 따라 예측이 가능할 따름이다. 갭 역시 절대적인 지표로는 해석하기 어렵다. 추세를 보면서 투자 수요가 몰리는지를 판단하는 보조 역할로 활용해야 한다.

강남에는 왜
명륜진사갈비가 없을까

수요와 공급에 따른 집값 이야기만 하면 재미가 없을 듯하여, 흥미로운 이야기를 하나 준비했다. 가심비 좋은 스타벅스 매장과 가성비 좋은 명륜진사갈비 이야기다.

스타벅스 많은 동네는 집값이 비싸다

나는 막입(?)이라 커피는 무조건 달달한 것, 맥심 커피믹스 화이트 골드가 최고라는 입장이다. 그러니 스타벅스 커피는 원가도 얼마 안 할 텐데 너무 비싸다는 생각이 들 수밖에. 그런데 SNS를 보면 "커피 한 잔 마시고 있어요" 하고 올라오는 사진은 다 스타벅스에서 찍은 것이다. 이디야커피는 본 기억이 없다. 그러니 스타벅스 커피는 가심비 상품이라 할 수 있다.

지역별 스타벅스 매장 분포는 다음과 같다.

- 30개 이상인 지역 : 강남구(73개), 중구(49개), 서초구(45개), 종로구(37개), 영등포구(33개), 마포구(32개)
- 10개 이상인 지역 : 송파구(28개), 서대문구(20개), 양천구(14개), 강서구(14개), 광진(14개), 강동구(11개), 노원구(10개), 금천구(10개), 구로구(10개)
- 10개 미만안 지역 : 관악구(9개), 성동구(9개), 동대문구(9개), 동작구(8개), 은평구(8개), 중랑구(6개), 강북구(5개), 도봉구(1개)

한눈에 봐도 스타벅스 매장이 많은 곳이 집값이 비싼 곳임을 알 수 있다. 여기서 조금 더 살펴볼 것이 있으니 바로 커피숍은 동네 주민뿐 아니라 인근 직장인들이 주요 소비자라는 것. 이를 감안하여 각 구별로 직장인의 수는 어떠한지 보자.

국세청에서 발표하는 통계 자료 중 '시군구별 근로소득 연말정산 신고 현황(원천징수지 기준)'이라는 것이 있다. 각 지자체별로 소속된 직장인이 몇 명인지 알 수 있는 좋은 자료인데, 각 지자체별 일자리 수이기도 하다. 이 자료에 따르면 강남구에 있는 일자리는 무려 94만 1,581개인 데 비해 강북구는 3만 8,741개에 불과하다. 역시 일자리가 많은 지역이 스타벅스도 많고 아파트 가격도 비싸다.

시군구별 근로소득 연말정산 신고 현황(원천징수지 기준)　　　　(단위 : 명)

강남구	941,581	성동구	213,243	성북구	76,959
중구	543,492	금천구	205,210	양천구	74,645
영등포구	528,009	구로구	195,738	관악구	72,523
서초구	472,610	강동구	109,642	은평구	56,139
용산구	437,924	동대문구	101,518	중랑구	55,359
종로구	381,162	광진구	86,615	도봉구	44,648
송파구	331,645	서대문구	84,964	강북구	38,741
마포구	254,564	동작구	84,597		
강서구	215,074	노원구	78,521		

자료 : 국세청

🏢 강남, 가성비보다 가심비

명륜진사갈비는 2017년 7월 1호점 오픈 이후 2년 만에 가맹점 200개를 넘어 초고속 성장 가도를 달리고 있는 프랜차이즈다. 1인 13,500원으로 갈비를 무한 제공받을 수 있는 가성비 끝판왕이라 할 수 있다.

　명륜진사갈비는 어느 지역에 있는가보다 어느 지역에 없는가를 살펴보도록 하자. 없는 지자체를 나열해보면 강남구, 서초구, 노원구, 관악구, 도봉구, 관악구, 중랑구, 광진구, 양천구다. 가맹점을 더 모집하면 달라지겠지만 강남구와 서초구에는 아직 없다. 강남지역은 가성비보다 가심비를 중요시한다고 해석할 수 있다.

똑똑한 상가 하나가 우리의 노후를 책임진다.
월세 잘 나오고 가격까지 오르는 상가는 자식보다 낫다.
그런 수익형 부동산은 어떻게 찾을 수 있을까?
당신이 그동안 좋은 상가를 찾지 못했던 이유와
잘못된 투자로 손해 보지 않는 노하우를 공개한다.

PART

4
—

월급 받을래,
월세 받을래
수익형 부동산

인터넷을
이겨야 산다

2019년부터 부동산 관련 뉴스에 자주 나오는 단어가 있으니 바로 '공실 증가' 되시겠다. 최저임금 상승으로 자영업자들의 영업환경이 어려워지고 그 결과 폐업이 증가해 빈 가게들이 많아졌다는 내용이 뒤따르는데, TV 자료 화면이나 신문 기사 사진에는 그 인기 많던 이태원 경리단길, 홍대입구 상가에 걸려 있는 '임대' 현수막이 큼지막하게 보이기도 한다.

이렇게 생각해보자. 혹시 정권이 바뀌어 최저임금이 동결되고 친기업적 정책이 실행된다면, 자영업자의 천국이 되고 공실은 다 사라질까?

그럴 일은 없다. 어둠이 빛을 이길 수 없듯, 상가는 인터넷을 이길 수 없기 때문이다.

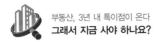

🏢 요즘 누가 마트에 가나요?

요즘은 인터넷으로 못 사는 상품이 없다. 아이스크림부터 생선까지 문 앞까지 배달해주고, 심지어 가격도 더 싸다. 옷은 인터넷으로는 한계가 있을 거라는 예상이 많았지만 예상은 보기 좋게 빗나갔다. 대기업 유통 채널들 역시 인터넷 상거래의 발달로 고전하고 있다. 우리 동네 대형 마트는 실적이 부진하니 사람을 줄이고, 사람을 줄이니 서비스가 부실해지고, 그래서 더욱 실적이 부진해지는 악순환을 겪고 있다. 반면 인터넷 쇼핑은 거래 규모가 꾸준히 증가하는 상황이다.

밖에 나가면 미세먼지도 심하고 교통비도 들지만, 집에서 온라인 쇼핑을 하면 스마트폰 몇 번 터치하는 것으로 편하게 물건을 살 수 있다. 게다가 요즘은 새벽 배송까지 된다. 자정 1시간 전에 주문하면 다음 날 이른 아침에 문 앞까지 가져다 준다. 마켓 컬리로 대표되는 온라인

온라인 쇼핑 거래액 추이 (단위 : 원)

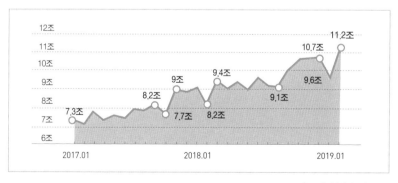

자료 : 〈뉴시스〉 2019. 5. 3.

서울·지방 주요 상권 공실률

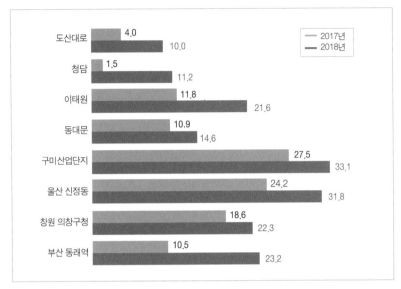

	2017년	2018년
도산대로	4.0	10.0
청담	1.5	11.2
이태원	11.8	21.6
동대문	10.9	14.6
구미산업단지	27.5	33.1
울산 신정동	24.2	31.8
창원 의창구청	18.6	22.3
부산 동래역	10.5	23.2

자료 : 한국감정원

신선식품 시장 규모가 2018년 기준 4,000억 원이라 하니 전통시장은 물론이고 대형 마트들조차 설 자리를 잃어가지 않을까 싶다.

온라인 쇼핑의 증가는 결국 오프라인 상점의 부진과 연결되어 앞으로는 더욱 어려워질 수밖에 없다. 공실률이 더 높아지고 임대 현수막을 더 많이 보게 될 것이라는 뜻이다.

전국의 주요 상권 공실률은 계속 증가하는 추세다. 청담동이나 이태원은 아르바이트생들 최저임금이 올랐다고 영향을 받는 지역은 아니다. 무조건 정부 탓을 하기는 어렵다. 상가 자체의 필요성이 점점 줄어드는 것이 가장 큰 이유라 할 수 있다.

부동산, 3년 내 특이점이 온다
그래서 지금 사야 하나요?

⬆🏢⬇ 인터넷 대체 불가 업종만 살아남는다

온라인 쇼핑 시장의 규모가 더욱 커진다 해도 온라인 대체가 불가능한 업종들은 당분간 생존할 것으로 보인다. 대표적인 업종이 피트니스 및 요식업이다. 유튜브에 아무리 많은 운동법 영상이 있다 해도 피트니스는 직접 기구를 들고 운동을 해야 한다.

카페와 식당도 마찬가지다. 가족과 음식점에 가 함께 식사를 하고 친구와 카페에서 커피를 마시는 것은 인터넷으로 대체가 안 된다. 파트니스, 요가, 카페, 식당 등은 인터넷의 위협에서 아직은 한숨을 돌릴 수 있다. 문제는 부정적인 후기, 악플이다. 장사를 하다가 손님과 마찰이 생기면 바로 인터넷에 올라가는 세상이니 인터넷의 또 다른 위협이라 볼 수 있다.

상가의 공실률 증가는 부동산에 특이점이 오고 가격 상승기가 온다 해도 크게 달라지지 않을 것이다. 노후 준비로 좋은 상가 하나 사두겠다는 계획이 있다면 좀 더 신중한 선택이 필요하다.

망리단길보다
공리단길

젠트리피케이션은 낙후된 구도심이 활성화되면서 소득이 높은 계층이 유입됨에 따라 기존의 저소득층 원주민이 쫓겨나는 현상이다. 재개발지역에서 많이 나타나는 현상인데, 최근엔 상가와 관련해 많이 언급된다.

젠트리피케이션은 다음과 같은 과정을 거친다.

임대료가 저렴한 지역에 옹기종기 모여 장사를 하고 있는데 그 지역의 인기가 많아지면서 유동인구가 증가하고 대규모 프랜차이즈가 들

젠트리피케이션 발생 과정

임대표가 저렴한 지역	문화·예술가, 자영업자 등 유입	지역 특성 형성	유동인구 증가 임대료 상승	대규모 프랜차이즈 상업자본	임대료, 월세 등 급상승	문화·예술가, 자영업자 등 이탈	지역 정체성 상실 상권 쇠퇴

자료 : 박원순 서울시장의 네이버 블로그 원순씨네

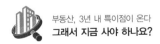

부동산, 3년 내 특이점이 온다
그래서 지금 사야 하나요?

젠트리피케이션 정책 대상 지역

문화자산지역	전통전승지역	도시재생지역	마을공동체
대학로, 인사동, 신촌, 홍대, 합정	북촌, 서촌	해방촌 , 세운상가, 성수동 등	성미산마을 등

자료 : 박원순 서울시장의 네이버 블로그 원순씨네

어온다. 그렇게 임대료가 높아져 기존에 장사하던 사람들은 이를 감당하지 못해 떠나게 된다. 그 결과 지역의 특성이 사라지고 상권은 쇠퇴하고 만다.

폐혜가 증가하자 서울시는 2015년 말에 젠트리피케이션 종합 대책을 내놓으며 지역별 · 상권별 관리 방안을 발표하기도 했다.

📈 문제는 임대료가 아니야

젠트리피케이션은 건물주들이 임대료를 너무 높게 올려서 생긴 결과라고들 말한다. 맞는 말씀이다. 그런데 생각해볼 점이 있다. 만일 임대료가 오르지 않았다면 경리단길 상권은 여전히 잘나가고 있을까?

경리단길은 젊은 층으로 인해 인기가 높았지만 쇠락의 주요 원인 역시 젊은 층이었다. 그들은 유행에 민감할 수밖에 없다. 매년 입는 옷도 유행이 달라지듯, '경리단길에서 SNS에 올릴 사진 실컷 찍었으니 이제 망리단길 가볼까' 하는 식으로 수요가 줄어든 것이다. 경리단길은 부흥도 쇠락도 모두 같은 원인이었다.

정리해보자. 공급 측면에서는 임대료 상승으로 가게 주인들이 버티질 못했고, 수요 측면에서는 유행의 이동으로 매출이 줄어들었다. 결국 젠트리피케이션은 수요와 공급의 이동으로 파악해볼 수 있다. 무조건 임대료 탓은 아니라는 뜻이다. 임대료가 2배 올라도 매출이 3배, 4배 오르면 버틸 만하지 않겠는가. 최저임금이 시간당 1만 원이라도 매출이 늘어 순수익이 2배가 된다면 전국의 수많은 자영업자들이 최저임금 탓을 하지는 않을 것이다.

지금도 수많은 신흥 상권들이 있지만 경리단길의 전철을 밟을 것으로 예상한다. 비슷한 예를 많이 봐왔기 때문이다. 혹시 방배동 카페 골목이라고 들어보신 적 있는지 모르겠다. 이곳은 신촌 현대백화점, 압구정동 로데오거리와 함께 1990년대 말까지 젊은이들이 즐겨 모이는 장소였다. 하지만 지금 방배동 카페 골목은 순댓국밥 골목으로 변했다.

유행은 변한다. 지금은 핫한 골목이라 해도 옆 동네에 더 핫한 장소가 생기면 수요자들은 미련 없이 이동한다. 1990년대의 신촌, 2000년대의 홍대, 2010년대의 경리단길 모두 한때는 가장 핫한 장소였다.

표에서 보는 것처럼 앞으로도 수많은 OO리단길과 O로수길이 생겨나고 젠트리피케이션을 겪게 될 것이다. 서울시는 많은 노력을 통해

서울 ○○단길 현황

상권	인접 지하철역	상권	인접 지하철역
가로수길	3호선 신사역	샤로수길	2호선 서울대입구역
경리단길	6호선 녹사평역	송리단길	9호선 송파나루역
망리단길	6호선 망원역	용리단길	4호선 신용산역
익선동	5호선 종로3가역		

이를 방지하고자 하겠지만, 결국 수요와 공급의 문제가 관건이다.

우선 창업을 준비하는 직장인이라면 핫한 지역에 권리금 주고 들어가는 일이 없도록 해야 한다. 좀 알려졌다 싶으면 상가 주인들은 당연히 임대료를 올려 받고자 할 것이다. 주식을 생각해보자. 고점에 들어갔다가 저점에 손절매하는 것이 최악의 상황 아니겠는가. 멀리 떨어진 곳에서도 찾아올 만한 솜씨를 지녔다면 상관없지만, 특별한 비교 우위가 없다면 OO리단길, O로수길은 잊어버리도록 하자.

상가를 매입해 정기적인 소득을 얻고자 하는 투자자도 마찬가지다. 매매가는 이미 오를 대로 올랐고, 공실의 위험도 있다. 아파트는 공실이 나면 들어가서 살 수나 있지만 상가는 관리비부터 골치 아플 일이 많다.

지하철역 인근의 역세권이면서 약간 낡아도 꾸준히 영업 중인 상가를 찾는 것이 낫다. 혹시 상가를 사고팔아 차익을 얻고자 한다면 표에 나온 지역 말고 앞으로 OO단길이 될 만한 지역을 찾아보시기 바란다. 예를 들면 노원구의 공리단길 같은 곳이다.

관광객은
보너스일 뿐

직장생활을 하면서 성과급이나 보너스를 받는 것만큼 기분 좋은 일도 없다. 아쉬운 점은 매번 받을 수 없다는 것. '우리 회사가 올해 성과가 좋으니까 작년만큼 성과급을 주겠지' 하는 생각으로 해외여행 계획을 세웠는데 예상이 빗나가면 낭패를 보게 된다. 상가도 그렇다. 중국이나 일본 관광객들은 보너스일 뿐이다. 정규적인 월급은 따로 있다.

나라 사이가 나빠지면 관광객도 줄고

2017년 우리나라가 사드를 배치하겠다 했을 때 중국은 한한령(限韓令, 한류 제한령)을 내렸다. 중국 내에서 한국 드라마 방영을 금지하고 여행사에는 한국 관광 상품을 팔지 말라고 권고했다. 그 영향은 컸다. 한류가 한창 꽃을 피우던 2016년엔 800만 명이던 중국인 관광객이 2017년

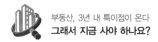

엔 416만 명, 2018년엔 478만 명으로 절반 가까이 줄었다.

2019년 들어 중국인 관광객이 증가하는 추세에 있지만 전망이 장밋빛이지는 않다. 화웨이 문제가 남아 있기 때문이다. 미국은 화웨이와 거래하지 말라고 압박하고 중국은 화웨이와 계속 거래하라고 압력을 넣는다. 고래싸움에 새우 등 터지는 격이다.

자국 고객을 잡아놓은 물고기 취급해 소홀히 했던 것도 명동과 동대문 상권 침체의 한 요인이다. 명동과 동대문은 2016년까지만 해도 서울 속의 작은 중국이었다. 가게들은 중국 동포를 직원으로 채용하고 중국어 안내문을 비치했다. 심지어 한국인은 출입을 못하는 가게도 있었다. 굳이 한국 고객이 아니어도 중국인 관광객이 그 자리를 채워줬다. 게다가 중국인은 통 큰 소비 패턴으로 유명하지 않던가.

재미있는 일화가 있다. 어느 명품 가방 가게에 중국인 관광객이 들어왔다. 그는 진열대 한쪽 끝에서 다른 쪽 끝까지 주욱 훑어보더니 한쪽 끝에서 하나, 다른 쪽 끝에서 하나를 가리켰다. "저 두 개 드릴까요?" 직원의 물음에 손님이 대답했다. "아뇨, 저 두 개 빼고 다 주세요."

제주도에도 전설처럼 내려오는 이야기가 있다. 신축 아파트 분양 현장에 온 중국인 손님이 아파트를 손으로 가리키자 직원이 물었다. "저 아파트 계약하시는 거죠?" 중국인 손님은 "아뇨, 저 동 전체 주세요" 하고 대답하더니 다음 날 친구를 데려왔다. "이 친구는 옆 동 전체요."

이렇게 통 큰 중국 관광객들을 상대하다 보니, 하나하나 따져보고 물건값 비교하는 한국 사람들은 그저 피곤한 손님일 뿐이었을 것이다.

중국 관광객 급감으로 명동과 동대문은 직격탄을 맞았다. 한국 사람들은 더 이상 명동과 동대문에 가지 않고, 여기에 더해 중국 정부는 2019년 1월부터는 '보따리상'에 대해 사업자 등록과 세금 납부를 의무화하겠다고 밝혀 어려움이 더해질 것으로 예상된다. 동대문에서 대량으로 구매한 옷을 중국에 가져가 팔던 보따리상들이 현저히 줄어들 것이기 때문이다. 가뜩이나 손님이 없는 상황인데 엎친 데 덮친 격이다.

🏢 눈물의 씨앗, 분양형 호텔

중국인 관광객이 넘쳐나서 숙박시설이 부족하던 시절이 있었다. 이때 발 빠른 건설회사들은 관광객을 수용하기 위해 여러 가지 형태의 숙박시설을 지었다. 특히 서울의 경우 관광객들이 좀 온다 싶은 지역에는 어김없이 관광호텔이 들어섰다. 이렇게 공급이 늘었는데 수요는 줄었다. 결과는 충분히 예상 가능하다. 손님이 없으면 망하는 것이다.

여기까지는 우리와는 직접 상관이 없다. 문제는 분양형 호텔이다. 얼마를 투자하면 몇 퍼센트의 수익을 확정 지급한다는 것인데, 참으로 유혹적인 조건이 아닐 수 없다. 분양형 호텔에 대해 좀 더 자세히 보자면 이렇다. 투자자는 호텔 객실을 분양받아 개별 등기를 할 수 있다. A 호텔 301호는 내 소유, 이런 식이다. 수익금은 전문 관리업체가 객실 운영을 통해 얻는 수익을 돌려받는 방식이다. 즉 투자하고 가만히 있으면 호텔이 알아서 영업하고 수익을 내서 연 5~10%의 수익으로 돌려준다는 것이다. 심지어 "7%의 확정 수익을 지급한다"라고 계약서에

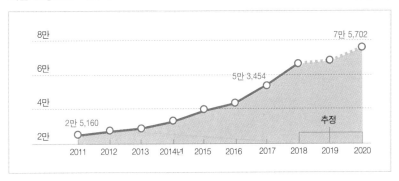

서울 관광호텔 객실 수 (단위 : 개)

8만 ··· 7만 5,702

6만

                    5만 3,454

4만

2만 5,160   추정

2만

2011 2012 2013 2014년 2015 2016 2017 2018 2019 2020

*추정치는 허가받은 호텔이 모두 문을 열 경우
자료 : 〈중앙일보〉 2018. 2. 19.

명시하기도 한다. 2019년 1월 파산 절차에 들어간 제주도 H호텔은 투자자들에게 연 11%를 약속하기도 했다.

그러나 확정 수익이 지급되지 않을 가능성이 높다. "죄송합니다. 호텔 영업이 잘 안 되네요. 돈 못 드립니다"라고 하면 뾰족한 수가 없다. 확정 수익 지급을 약속한 시행사는 분양이 끝나면 없어지기 때문이다. 게다가 매매도 어렵다. 주택이나 상가는 부동산중개업소에 내놓을 수 있지만 A호텔 301호는 어디에 내놓아서 거래해야 할지 난감하다. 결국 수익도 지급받지 못하고 거래도 안 되는 애물단지로 전락한다.

강원도 평창에 이런 식으로 광고하는 업체들을 가끔 보는데, 또 누군가는 나중에 눈물 좀 흘리겠다는 생각이 든다.

결론이다. 관광객을 대상으로 하는 지역은 변동성과 위험이 높다. 굳이 그런 지역이 아니라도 좋은 곳은 얼마든지 많다.

어떻게
1층이 공실이니

1층 상가는 웬만하면 공실이 없기에 상가 투자자들에게는 '믿고 선택하는' 부동산 상품이다. 게다가 1층은 대부분 2층보다 30~50% 높은 임대료를 받을 수 있다. 특히 지하철역 인근 상가 건물의 1층이라면 일단 반은 먹고 들어간다.

믿고 선택하는 1층 상가지만, 새로 조성되는 신도시라면 그렇지 않을 수도 있다. 새로 조성된 신도시 대규모 단지에 공실이 많은 이유가 뭘까?

1층은 월세를 많이 받을 수 있고 공실의 위험도 없다는 기대가 있기에 높은 가격에 분양된다. 분양을 비싸게 받았으니 세입자에게 높은 월세로 부담을 전가한다. 1층 상가에는 편의점, 카페, 식당이 많은데 이런 소규모 자영업자에게 높은 월세는 부담이 될 수밖에 없다.

대기업에서 손해를 보더라도 점포를 운영하며 소비자 정보도 얻고

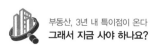

트렌드도 읽어내는 안테나숍으로 운영하지 않는 이상 공실이 생길 위험이 높다.

🏢 시간은 약이 아니라 독

신도시니까 입주가 마무리되고 상가들이 조금씩 채워지면 수요가 증가하지 않을까? 다들 그렇게 생각한다. 하지만 기사에 따르면 종로, 명동, 강남대로, 신사동 등 서울의 중심 상권에서도 공실이 장기화되고 있다. 중심 상권조차도 공실이 발생하는데 신도시 상가가 채워지고 활성화되는 것은 더욱 먼 일이다.

공실의 원인은 잘 알고 계신 바와 같다. 자영업자들을 괴롭게 하는 높은 임대료, 인건비 외에도 감소한 매출이다. 이미 상권이 형성된 곳도 이러한데 신도시는 어떨까.

은평뉴타운의 사례를 보자. 은평뉴타운은 약 2만 세대 규모로 인근에는 구파발역과 연신내역이 위치한다. 구파발역은 북한산에 가는 등산객들 위주의 상권으로 토요일과 일요일에 반짝하는 정도다. 2019년 현재 상가 입주 3년차를 지나고 있지만 1층에 권리금이 붙지 않은 점포가 아직 많다.

연신내역은 이미 상권이 형성돼 있으나 은평뉴타운과 거리가 있어 일상적인 소비는 제한적이다. 요약하면, 대규모에 지하철역 인근이라 해도 특별한 장점이 보이지 않는다.

직접 점포 운영을 하거나 상가 투자를 하려는 목적이라면 신도시는 매우 조심해서 접근해야 한다. 대박일지 쪽박일지 알 수가 없다. 복불복이다. 이미 상권이 형성된 곳이라면 예측이 가능한데, 그렇지 않은 경우 더욱 신중해야 한다. 1층이라고 덥석 물면 안 된다.

　항아리 상권이라 유동인구가 몰릴 수밖에 없고, 상업용지 비율이 적어 유망하다는 이야기들에 현혹되지 않으시기 바란다. 아파트 단지 내 상가를 비롯해 단지 인근의 5층 미만 근린상가들이 이미 생활밀착형 업종들을 통해 고객을 흡수하고 있으니 말이다.

나쁜 상가·오피스텔 피하는 법

상가, 오피스텔 같은 수익형 부동산을 알아볼 때는 임대소득을 얼마나 얻을 수 있는지에 집중해야 한다. 어느 정도 가격이 오를 것이냐는 그 다음 문제다. 좋은 상가·오피스텔이란 공실 위험 없이 꾸준히 안정적인 임대소득을 가져다줄 수 있는 곳이다.

그렇다면 나쁜 상가·오피스텔이란 어떤 곳일까? 그렇다. 세입자자체를 못 받는 곳이다. 이런 곳을 피하는 방법은 다음과 같다.

신축은 피하는 게 상책

새로 지어지는 상가·오피스텔을 계약하는 것은 위험이 많다. 과연 분양 업체에서 제시하는 보증금과 월세를 받을 수 있을지 알 수 없고, 월세를 밀리지 않고 낼 만한 세입자가 들어오는지도 의문이기 때문이다.

최악은 신도시의 신규 분양 상가다. 강서구 마곡지구가 대표적인데, 무슨 대기업이 들어오고 어디 연구소가 언제 들어오고, 오로지 장밋빛 전망이었다. 그러나 분양이 완료되고 3년이 지난 지금까지 세입자를 못 받고 있는 곳도 많다.

이상한 확약서 써주는 곳

상가 광고들을 보면 수익약정서니 수익확약서니 하는 문서를 발행해준다는 경우가 있다. 수익률을 보장해준다는 내용인데 이러한 약정서를 써준다는 곳은 피하는 것이 좋다.

첫 번째 이유는 매매 금액에 이미 약정 수익이 포함되는 경우가 많기 때문이다. 예를 들어 한 달에 10만 원씩 3년간 월세를 보장해준다는 약정이라면 보장된 월세 금액은 360만 원(10만 원 × 3년)이다. 이 금액이 분양가에 포함되어 5,000만 원에 분양될 물건이 5,360만 원에 분양되는 것이다.

두 번째 이유는 약정서를 써준 업체가 없어질 수 있기 때문이다. 계약 주체가 분양회사라면 특히 그렇다. 계약을 이행할 당사자가 사라지기에 약정된 수익을 받지 못하는 경우가 있다.

엘리베이터 지저분한 곳

엘리베이터는 중요한 체크 포인트다. 엘리베이터가 지저분하다는 것

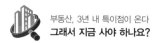

은 관리가 잘 안 된다는 뜻인데, 소유주들이 건물관리에 필요한 비용을 지불하지 않아 방치되는 경우일 수 있다. 화장실을 보면 그 집의 청결 수준을 알 수 있듯이, 상가 건물은 엘리베이터를 보면 운영 상태를 알 수 있다.

🏢 지하철역과 거리가 있는 곳

교통환경이 나쁠수록 공실 위험이 크기에 지하철역과 멀지 않아야 한다. 특히 오피스텔은 지하철역 인근이어야 한다. 상가와 달리 오피스텔은 꼭 그곳이어야 할 이유가 없고 한 곳에 오래 머물렀다 해서 애착을 갖지도 않는다. 입주자들은 언제든 떠나갈 준비를 하고 있다 봐야 한다.

부동산 광고에
속지 않는 법

신문을 펼쳐보면 '2년 임대 계약 완료' '대기업 임대 완료' 같은 부동산 광고 문구들을 볼 수 있다. 심지어 '수익률 17%'까지 있다. 이런 부동산 광고에 속지 않으려면 나 자신이 속지 않을 정도의 지식을 갖고 있어야 한다. 다음은 그에 필요한 기초적인 내용이다. 더 이상 허위 광고, 눈속임 광고의 피해자가 없었으면 좋겠다.

⬆🏢⬇ 차라리 분양가를 깎아라

다음과 같은 광고가 가장 흔한 유형이다. 연 12% 확정 보장이면 은행 금리의 6배에 달하니 솔깃할 수밖에 없다.

자, 수법은 이렇다. 광고하는 바와 같이 처음 2년간의 임대수익은 보장된다. 다만 2년 후에는 보장된 임대료를 받지 못하고 상가 자체의

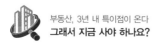

월세 수익 보장!

2년간 연 12% 확정보장, 최고 보장임대료 월 95만 원

가격도 떨어진다. 예를 들어 10평짜리 상가의 임대료 시세가 월 70만 원인데 해당 부동산은 연 12%에 맞게 월 95만 원의 임대료를 보장해준다고 해보자. 시세차이는 한 달에 25만 원, 1년이면 300만 원이다. 2년간 보장해준다면 600만 원을 보조받는 것과 같다.

전체 분양가에서 600만 원을 할인해주는 것이나 임대료 600만 원의 차이를 보조해주는 것이나 임대인 입장에서는 같다. 분양가를 할인해준다고 하면 부동산에 뭔가 문제가 있는 것도 같고, 임대가 잘 안 될 수도 있을 것 같으니 이런 식으로 묘하게 문구를 만드는 것이다. 분양가에서 600만 원을 더 올려서 분양하는 것은 물론이고 말이다. 백화점에서 100만 원짜리 상품을 200만 원이라 표기해놓고 50% 세일해서 100만 원에 파는 것과 똑같다.

문제는 2년이 지나면 월 95만 원이 아니라 70만 원의 임대료만 받을 수 있다는 것이다. 수익률을 기준으로 매매 가격은 분양받았던 1억 원 내외가 아니라 현실적인 시세에 맞는 8,000만 원 정도로 형성되게 마련이다. 주변 시세가 그러하니 어쩔 수 없이 따라갈 수밖에 없다.

🏢 누구에게도 원금 보장의 책임이 없다

'원금 보장.' 아파트 분양 시장이 불황일 때 흔히 볼 수 있는 문구다. 아파트 가격이 떨어져도 원금인 분양가만큼은 지켜드리겠다는 멋진 약속이다. 문제는 지킬 수가 없다는 것이지만. 원금 보장의 주체가 없기 때문이다.

아파트는 시행사와 시공사가 분리된다. 시행사는 계약부터 입주까지 전 과정을 관리하는 회사고, 시공사는 시행사에서 작성해준 설계도면대로 아파트를 지어주는 것으로 역할이 한정된다. 시행사는 무명인 경우가 많고 시공사는 이름 있는 건설사인 경우가 많다. 여기에 분양대행사가 또 다르다.

모델하우스에 가면 분양상담사가 "여기는 저희가 원금을 보장해드리는 아파트입니다. 확약서도 써드립니다"라고 말한다. 하지만 시행사와 분양대행사는 분양만 하면 된다는 회사이고 시공사는 건설만 하면 된다는 회사다. 어느 누구도 원금을 보장해줘야 할 의무가 없다.

시행사와 분양대행사는 그런 약속을 할 수 있는 자격도 없고 능력도 없는 회사들이다. 계약자들이 약속대로 원금을 지켜달라고 요구하면 폐업 신고하면 끝이다. 너무 좋은 조건은 항상 의심을 해봐야 한다.

오피스텔,
절대로 안 오른다

제목을 약간 강하게 붙여봤다. 내 신념이기도 하다. 아파트, 단독주택, 상가, 오피스텔 중에서 유일하게 값이 오르지 않는 것이 바로 오피스텔이다. 오피스텔은 투자 목적이 아니다. 월세를 받는 용도다. 마치 곶감을 빼먹듯 내 자산을 연 5% 내외의 수익률과 바꾸는 것이라고 보면 된다.

주장을 했으니 근거를 대야 할 텐데, 다음은 내가 주장하는 오피스텔이 오르지 않는 이유들이다. 아주 희귀한 경우로 오피스텔 가격이 오른 곳을 보면서 "오피스텔도 오르는데 당신은 틀린 주장을 했다"라고 이야기하지는 마시기 바란다. 그 오피스텔은 로또 맞을 확률로 가격이 오른 것이니까.

🏢 재건축 · 재개발이 되지 않는다

오피스텔을 재건축 · 재개발한다는 소리를 들어보신 적 있는가? 없을 것이다. 1980년대에 지어진 아파트들도 아직 재건축 진행을 못하는 곳이 많은데 오피스텔은 더 멀었다. 만일 극적으로 재건축에 필요한 연수를 채운 오피스텔이 있다고 하자. 그렇다면 재건축을 할 수 있을까?

오피스텔은 기본적으로 상업지역에 지어진다. 상업지역은 용적률과 건폐율이 주택지역에 비해 크게 완화돼 있기 때문에 처음 지을 때부터 적게는 10층, 많게는 20층까지 높이 지어 올릴 수 있다.

15층으로 지어진 오피스텔을 재건축할 때 몇 층으로 새로 지어야 이익을 볼 수 있을지 생각해보자. 현재 임차인을 내보내고 그동안 월세를 못 받는 기회비용도 고려해야 하고, 오피스텔을 다시 짓는 데 필요한 건축비도 고려해보면 적어도 2배의 높이는 돼야 한다. 30층 정도는 돼야 손해 보지 않았다고 이야기할 수 있는 것이다.

그런데 15층짜리 오피스텔을 허물고 다시 지을 때는 15층까지만 가능하다. 이미 최대치로 층수를 끌어올려서 지은 건물이라 다시 짓는다 해도 원래의 규모를 넘어설 수 없기 때문이다. 15층 건물 허물어서 다시 15층을 짓는다면 무슨 이익이 남겠는가. 오히려 건축비에 기회비용을 쏟아 부어야 하니 손해 보는 장사다.

재건축 · 재개발이 안 되는 또 다른 이유가 있다. 바로 소유자가 지나치게 많기 때문이다. 한 층당 10개 호실이면 150명(15층 × 10명)의

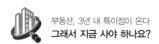

소유주가 있는 것이다. 150명의 상황이 다 다른데 재건축 동의를 절반이나 받을 수 있을지 의문이다. 아파트도 재건축을 추진할 때 동의서 받는 일이 힘든데 오피스텔은 오죽할까.

아파트는 지어진 지 30년이 지나면 오히려 가격이 오른다. 재건축에 대한 기대감 때문이다. 반면 오피스텔은 그저 낡은 오피스텔일 뿐이다. 시간이 지날수록 가격이 오르는 아파트와 달리 오피스텔은 시간이 지날수록 임대료가 낮아지고 이에 따라 매매가도 낮아진다. 중고차가 새 차보다 비쌀 수 없듯이 오피스텔도 새것을 따라갈 수 없다. 게다가 새 것도 시간이 조금만 지나면 헌것이 된다.

🏢 수익률이 생각보다 낮다

1억 5,000만 원짜리 오피스텔 임대료 시세가 보증금 1,000만 원에 월 70만 원이라면, 단순 계산 시 수익률은 6%다.

수익률 계산 공식

$$수익률(\%) = \frac{연간\ 총\ 월세(70만\ 원 \times 12개월 = 840만\ 원)}{자기자본(매매가\ 1억\ 6,000만\ 원 - 보증금\ 1,000만\ 원) = 1억\ 5,000만\ 원} \times 100(\%) = 6$$

수익률을 높이고자 한다면 월세를 더 많이 받거나 매매가를 낮춰서 자기자본을 줄여야 하는데 월세는 시세에 따라 받을 수밖에 없으니 수익률 높이기는 어려운 일이다. 여기에 임대가 끊김 없이 이어져야 한다. 현재 임차인이 나가고 다시 임차인을 받기까지 1~2개월의 공백이 생긴다면 이는 수익률 하락으로 이어진다. 복비 지출까지 고려하면 수익률이 생각보다 낮을 수 있다.

세금도 고려하자. 보통 오피스텔을 취득할 때 매매가의 4.6%가 세금으로 부과된다. 연 수익률 5%를 보고 매입한 경우 1년치 예상 임대수익을 세금으로 내고 시작하는 꼴이다.

세입자가 직장인이라면 월세 세액공제라 하여 연간 750만 원까지의 월세에 대해 나라에서 10%를 공제해준다. 월세를 납입했다는 증명만 가능하면 세금 혜택을 받는 것이다. 주인 입장에서는 부동산 임대소득에 대해 100% 세금이 부과될 수 있다는 뜻이다.

과거엔 공실로 신고하거나 세입자에게 전입신고를 하지 않도록 해서 세금을 내지 않을 수도 있었겠지만, 이제는 상황이 달라졌다. 세입자가 월세 세액공제를 받으면 집주인에게 신고 불성실 가산세까지 붙은 세금 고지서가 날아오는 세상이다.

실제 사례를 보자. 서울 강남역 인근의 오피스텔이다. 강남역은 유동인구도 많고 서울에서 가장 번화한 지역이다. 이 지역 오피스텔의 가격을 살펴보면 다음 페이지의 그림과 같다.

우선 전세가를 보자. 2014년과 2016년에 전세가가 상승했다. 전세가가 오르면 매매가도 오른다던데 과연 그럴까? 아니다. 오히려 계속 떨어졌다.

오피스텔이 이렇다. 각종 개발계획과 교통 여건 개선 등의 호재가 어우러진 곳이라 해도 오피스텔은 피하시기 바란다. 그건 투자가 아

서울 강남역 인근 모 오피스텔 전세가

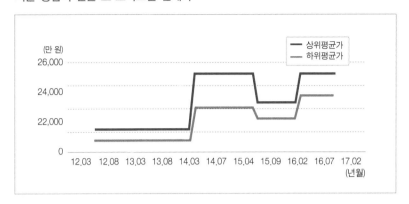

서울 강남역 인근 모 오피스텔 매매가

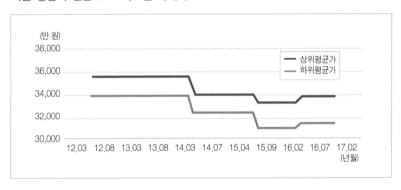

니니까. 투자는 앞으로 물건의 가치가 오르리라 예상하고 구매하는
것이다.

상가주택은
재건축되면 안 된다

상가주택은 '돈 벌면서 사는 부동산'이다. 주인은 맨 위층에 거주하면서 아래층들은 상가로 세놓고 월세를 받기 때문이다. 거주와 임대수익을 동시에 해결할 수 있으니 부동산 투자처로 아주 매력적이다.

단, 옥석 가리기가 필요하다. 아파트처럼 몇 평에 얼마 하는 식으로 거래하기 힘들기 때문이다. 상가주택마다 대지 면적도 다르고 집값도 제각각이다. 인근의 부동산중개업소 사장님들도 정확히 가격을 정하지 못한다. 집주인이 "얼마까지 받아주세요" 하면 매수 희망자에게 그대로 전달하는 식이기도 하다. 아직까지 주먹구구의 거래가 이뤄지고 있는 영역이 바로 상가주택이다.

이 상가주택에 투자할 만한가 그렇지 않은가는 대한민국 상가주택의 수만큼 답이 각각일 수밖에 없다. 물론 기본 원칙을 세워둔다면 어렵지 않게 옥석을 가릴 수 있다. 그런데 상가주택은 옥은 거의 없고 대

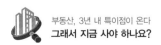

강북구 수유동 상가주택 매물 현황

매매가(만 원)	전세(만 원)	월세(만 원)	대지	층	위치
320,000	12,000	730	58	5층	수유사거리 부근 도로변
275,000	46,300	879	110	4층	수유동 재래시장 입구
270,000	10,000	400	102	5층	혜화여고 부근
220,000	10,000	550	55	4층	수유사거리 부근 이면도로 상업지역
170,000	6,300	500	68	3층	4.19사거리
170,000	54,700	252	54.6	5층	광산사거리 인근
150,000	14,000	390	77.4	4층	상가주택 지하 1층~지상 3층
150,000	27,000	270	75	5층	장미원우체국 뒤 도로변 코너
144,000	21,000	237	76	4층	수유동교회 근처 지하 1층~지상 4층, 주인 거주

자료 : 인근 중개업소 종합

부분이 석이라고 봐야 한다. 상담 시 고객들이 문의하는 상가주택의 90% 이상은 크게 장점이 없는 매물들이다. 좋지 않은 매물을 좋게 포장하는 부동산중개업소 사장님들의 말솜씨가 부러울 따름이다.

좋은 상가주택 고르는 법

재개발지역이 아니어야 한다

개발 호재를 검토하는 것은 기본사항이다. 우리 동네에 지하철이 들어온다거나 우리 지역이 재개발구역으로 지정되는 등의 개발 호재는 두 손 들고 환영할 일이다. 그러나! 상가주택에서는 이 개발 호재가 오히려 악재로 작용할 수 있다. 대표적인 예가 재개발구역에 포함되는 경우다. 상가주택은 덩치가 큰데 입주권 하나 받고 말아야 한다. 옆의 작은 원룸도 입주권 하나, 상가주택을 가진 나도 입주권 하나다. 교통 호재가 있어도 재개발 예정지라면 투자 매력은 제로에 가까워진다.

길 건너편이 재개발구역으로 지정되는 것은 호재로 작용하나 내가 가진 상가주택이 재개발되는 일은 막아야 한다. 상가주택에 투자할 때는 향후 재개발 가능성이 있는지를 점검하자. 반복한다. 재개발이 안 돼야 좋다.

50~80평이어야 한다

대지 면적을 봐야 한다. 환금성을 고려한 것인데, 나중에 집을 팔고 싶을 때 빌라 건축업자(일명 집장사)와 거래를 할 수 있을 만한 규모여야 한다. 40평대면 너무 작다. 100평대면 너무 크다. 대지 면적 50~80평 사이가 거래하기 좋다. 강남은 2018년 기준으로 평당 3,500만~4,000만 원, 강북은 2,000만~3,000만 원 사이에 건축업자들이 매입을 많이 한다.

가격이 비싼지 비싸지 않은지는 전세와 월세를 따져 수익률을 계산해보고 판단하는 것도 좋은 방법이지만, 환금성을 고려해서 대지 면적당 가격도 함께 고려해야 한다. 건물이 신축인지 낡았는지, 남향인지 서향인지 따위는 따질 필요 없다. 면적당 가격. 가장 중요한 기준이다.

하자가 없어야 한다

상가주택은 신축이 아닌 이상 무조건 하자가 발생하게 돼 있다. 대기업 건설사에서 짓는 아파트도 하자가 있는데, 업자가 날림으로 지은 상가주택은 오죽하겠는가. 심각한 하자가 있어 수리비용이 많이 들어

가면 수익성에 문제가 발생하므로 하자를 꼼꼼하게 따져봐야 한다.

하자를 알아보는 가장 좋은 방법은 세입자에게 직접 물어보는 것이다. 집을 팔고자 하는 매도 희망자에게 하자가 있는지 물어보면 대부분 없다고 할 테니까.

"새로 집을 사려는 사람인데, 혹시 고쳐드려야 할 하자가 있나요?"라고 물어보라. 세입자들이 잘 알려줄 것이다. 1층 가게 세입자들은 더욱 그러할 것이다.

좋은 상가를 찾기 어려운
3가지 이유

좋은 상가를 찾는 발길들이 분주해지고 있다. 은퇴한 세대들이 노후 대책으로 효자 노릇할 상가를 찾기 때문이기도 하고, 아파트 시장에서 시세차익을 얻을 만큼 마음이 여유롭지 못하기 때문이기도 하다.

문제는 좋은 상가를 찾기가 거의 불가능하다는 데 있다. 가장 좋은 상가는 월세가 잘 나오고 공실이 없는 상가다. 여기에 월세가 해마다 오르고 매매가까지 계속 오른다면 효자도 이런 효자가 없다. 이런 상가가 많은가? 거의 없다. 아니, 아예 없다고 봐야 한다.

🏢 좋은 상가는 팔지 않는다, 다만 물려줄 뿐

만약 나에게 공실 없이 월세가 꾸준히 오르고 매매가도 계속 상승하는 상가가 있다면 어떻게 하겠는가? 당연히 계속 갖고 있는 게 남는 장사

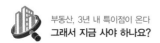

이기 때문에 아무리 누가 팔라고 해도 팔 생각이 전혀 없다. 내가 이런데 남은 안 그럴까. 즉 좋은 상가는 계속 갖고 있다가 죽으면 자식에게 물려주게 돼 있다. 좋은 상가는 상속에 의해서만 소유주가 바뀐다. 역지사지하면 바로 이해할 수 있는 내용이다.

아주 가끔은 좋은 상가가 시장에 나온다. 자식들이 부모 눈 밖에 나거나 자식들의 재산 다툼이 보기 싫어진 부모들이 상가를 팔아버리려 하는 경우다. 이런 물건들은 평소 부동산중개업소와 좋은 관계를 맺고 있던 사람들에게 1차로 연락이 가게 된다. 물론 나에게는 연락이 오지 않을 가능성이 높다. 뭘 믿고 당신에게 연락하겠는가. 일면식도 없는 손님인데 말이다.

🏢 좋은 상가는 나오기 무섭게 팔린다

시장에서 통용되는 상가 수익률은 은행 금리의 1.5~2배 수준인 4~5%다. 안정적인 상가로 공실이 없을 것으로 예상되면 자기자본 대비 5% 정도의 수익률에 만족하는 경우가 많다. 상가, 오피스텔, 원룸, 다세대주택 같은 수익형 부동산은 분양가나 매매가가 이 5%에 맞춰 정해진다.

어떤 원룸의 수익률이 10%라고 해보자. 이 원룸은 개발 예정지에 있어 향후 가격이 상승할 여력도 많다. 그렇다면 당신은 매매가를 얼마에 맞추겠는가? 일반적으로는 수익률 5%에 맞춰 매매가를 정한다. 다시 말하면 현재 수익률 10%를 5%로 낮춰 잡고 그만큼 매매가를 높인다. 그래도 거래가 되니까. 그런 물건은 거의 없기 때문이다.

다시 말하지만 수익률이 10%가 넘고 향후 가격 상승까지 기대되는 물건은 나오자마자 부동산중개업소에서 중요한 고객에게 연락을 하기 때문에 나에게는 기회조차 없다.

🏢 고민은 물건이 나왔을 때가 아니라 평소에 하는 것

운 좋게 기회가 왔다고 치자. 정말로 이 물건이 좋은지, 과연 투자해도 괜찮은지 고민을 한다. 현명한 행동이다. 무엇이든 서둘러서 좋은 일은 없다. 문제는 내가 고민하는 동안 다른 사람이 그 물건을 사버린다는 데 있다.

부동산 중개를 하는 사람들은 거래를 성사시켜야 수입이 생기기 때문에 거래하겠다고 먼저 손을 드는 사람에게 물건을 중개한다. 그래서 좀 더 생각해보고 답을 주겠다고 했는데 그 사이 물건이 이미 팔린 상황이 반복되는 것이다.

물건이 좋은지 나쁜지는 평소 마음속에 기준을 세워놓고 그 기준에 따라 판단해야 한다. 연락을 받고 고민을 시작하면 이미 때는 늦었다. 좋은 물건은 귀하다. 그럼에도 불구하고 아주 가끔씩은 반드시 좋은 물건이 나온다. 이때 타이밍을 놓치면 좋은 상가를 찾는 일은 더더욱 오랜 시간이 걸린다.

그렇기 때문에 지금까지 당신은 좋은 물건을 찾아 많은 노력을 해왔음에도 불구하고 생각대로 되지 않은 것이다. 시장에 좋은 물건이 없

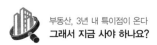

다고 한탄하고 있을 수만은 없다. 우선 부동산을 보는 안목을 키우고 마음속에 판단 기준을 세워야 한다. 부동산중개업소와 친밀한 관계를 맺어두는 것도 꼭 해야 할 중요한 일이다. 부동산에 대한 나름대로의 판단 기준을 세워야 한다. 매매가는 최대 얼마에, 임대수익률은 몇% 에서 몇% 범위 내라면 하겠다는 식으로 말이다. 부동산중개업소에도 이렇게 이야기를 해두면 나중에 기준에 얼추 비슷한 물건이 나왔을 때 먼저 연락을 받을 수 있다. 부동산중개업소와 친밀한 관계를 맺어두는 것도 꼭 해야 할 중요한 일이다.

물가가 오르는데 집값이 오르는 것은 당연하다.
하지만 대체 어디까지 오를까?
몇 년 후에는 혹시 떨어지지 않을까?
이 파트에 그에 대한 답이 있다.
서울시 25개 자치구와 수도권 3곳을 각각 분석하고
향후 집값을 예상해보았다.
투자처를 고려하고 있다면 주목할 만한
아파트들도 함께 소개한다.

PART

5

5년, 10년 후
집값은 얼마일까?

서울·수도권
아파트

집값 예상의 기초 1
－일자리－

국세청에서는 매년 직장인들의 연말정산 결과를 종합하여 국세 통계를 발표한다. 이 통계를 통해 확인할 수 있는 정보는 매우 다양하다. 특히 집값 예상에 필요한 많은 단서들을 확인할 수 있다.

우선 각 자치구별로 거주하는 직장인의 수와 일자리의 수를 알 수 있다. 직장인의 수는 시군구별 근로소득 연말정산 신고 현황 중 '주소지 기준'을 보고, 일자리 수는 '원천징수지 기준'을 보면 된다. 예를 들어 서울 전체의 직장인 수는 주소지 기준으로는 364만 5,417명이고 원천징수지 기준으로는 568만 명이다. 서울에 거주하는 직장인이 모두 서울 안에서 근무한다고 했을 때 약 204만 명(568만 5,123－364만 5,417)은 서울 외의 지역에서 근무하러 온다는 뜻이다.

이러한 수치들은 거주 매력도와 연결된다. 이왕이면 집 가까운 곳에서 근무하고 싶어 하는 '직주 근접 수요'에 영향을 미친다는 뜻이다. 일자리가 많은 지역이면 이러한 매력도가 높다는 뜻으로 해석할 수 있다.

표를 보자. 강남구의 직장인 수는 주소지 기준으로 20만 1,206명이

서울시 근로소득 연말정산 신고 현황

	주소지 기준	원천징수지 기준	일자리 여유	
	인원(명)	인원(명)	인원(명)	매력도
서울	3,645,417	5,685,123	2,039,706	56%
강남구	201,206	941,581	740,375	368%
강동구	160,371	109,642	−50,729	−32%
강북구	102,117	38,741	−63,376	−62%
강서구	236,070	215,074	−20,996	−9%
관악구	205,325	72,523	−132,802	−65%
광진구	139,502	86,615	−52,887	−38%
구로구	162,000	195,738	33,738	21%
금천구	91,260	205,210	113,950	125%
노원구	188,364	78,521	−109,843	−58%
도봉구	116,510	44,648	−71,862	−62%
동대문구	117,744	101,518	−16,226	−14%
동작구	154,339	84,597	−69,742	−45%
마포구	148,218	254,564	106,346	72%
서대문구	112,716	84,964	−27,752	−25%
서초구	165,674	472,610	306,936	185%
성동구	116,243	213,243	97,000	83%
성북구	144,303	76,959	−67,344	−47%
송파구	263,839	331,645	67,806	26%
양천구	170,083	74,645	−95,438	−56%
영등포구	156,209	528,009	371,800	238%
용산구	86,315	437,924	351,609	407%
은평구	172,919	56,139	−116,780	−68%
종로구	50,504	381,162	330,658	655%
중구	43,810	543,492	499,682	1141%
중랑구	139,776	55,359	−84,417	−60%

자료 : 국세청, 국세통계 2018년 결산 기준

고 원천징수지 기준으로는 94만 1,581명이다. 즉 강남구에 거주하는 직장인은 20만 1,206명이고 강남구에 있는 일자리는 94만 1,581개라는 뜻이다. 그리고 강남구 거주 직장인 20만 1,206명이 모두 강남구에서 일을 한다고 했을 때 나머지 74만 375명(94만 1,581명 − 20만 1,206명)은 다른 지역에서 근무하러 온다는 뜻이다. 따라서 강남구에는 74만 375개의 '일자리 여유'가 있다. 그리고 강남구의 매력도는 368%다.

기타 지역에서 근무하러 오는 사람들이 강남구 거주 직장인의 368%라는 뜻이다.

중구는 극단적인 수치를 보이고 있다. 중구에 거주하는 직장인은 4만 3,810명에 불과하다. 하지만 일자리는 54만 3,492개에 달해 매력도는 무려 1,141%다. 중구에 아파트가 분양되거나 매물로 나오면 잠재 수요가 넘친다는 뜻이다.

중랑구는 이와 대조된다. 거주하는 직장인은 13만 9,776명인데 일자리는 5만 5,359개로 매력도는 마이너스 60%다.

서울시 각 자치구의 매력도를 정리해보면 다음과 같다.

- 매력도 100% 이상 지역(7개) : 중구, 종로구, 용산구, 강남구, 영등포구, 서초구, 금천구
- 매력도 0~100% 미만 지역(4개) : 성동구, 마포구, 송파구, 구로구
- 력도 마이너스 지역(14개) : 강서구, 동대문구, 서대문구, 강동구, 광진구, 동작구, 성북구, 양천구, 노원구, 중랑구, 도봉구, 강북구, 관악구, 은평구

물론 매력도가 낮다 해서 집값이 하락하는 것은 아니다. 여기서 매력도가 낮다는 것은 베드타운이라는 점을 나타낼 뿐이다. 매력도는 직주 근접의 잠재적 수요를 파악하는 정도로 이해하면 된다. 매력도가 마이너스인 양천구와 노원구는 대표적인 베드타운임에도 가격은 상승세가 유지되고 있다. 잘 알고 계시듯, 집값은 여러 가지 변수들이 영향을 미치면서 형성된다.

집값 예상의 기초 2
- 소득 -

이번에는 자치구별 소득 현황을 통해 지역의 매력도를 판단해보기로 하자. 표를 보면 서울시에 주소를 둔 직장인의 1인당 연 평균 소득은 4,015만 원이다. 그러네 강남구를 보면, 이 지역 거주 직장인의 평균 급여는 7,029만 원이므로 서울 평균보다 3,013만 원이 더 많다. 비율로는 75% 더 높다. 이 75%가 거주지 매력도다. 한편 강북구는 평균 2,707만 원으로 서울 평균에 비해 1,308만 원이 부족하다. 따라서 매력도는 마이너스 33%다.

이와 같은 방법으로 매력도를 정리하면 다음과 같다.

- 매력도 플러스 지역(9개) : 강남구, 서초구, 용산구, 송파구, 종로구, 중구, 양천구, 마포구, 성동구
- 매력도 마이너스 지역(16개) : 영등포구, 동작구, 성북구, 서대문구,

서울시 소득 현황

	주소지 기준 1인당(만 원)	서울 평균 대비 1인당(만 원)	거주지 매력도
서울	4,015		
강남구	7,029	3,013	75%
강동구	3,632	−383	−10%
강북구	2,707	−1,308	−33%
강서구	3,482	−533	−13%
관악구	2,970	−1,045	−26%
광진구	3,548	−467	−12%
구로구	3,250	−766	−19%
금천구	2,774	−1,241	−31%
노원구	3,556	−460	−11%
도봉구	3,030	−985	−25%
동대문구	3,213	−802	−20%
동작구	3,833	−183	−5%
마포구	4,275	260	6%
서대문구	3,751	−265	−7%
서초구	6,856	2,841	71%
성동구	4,241	226	6%
성북구	3,751	−264	−7%
송파구	4,676	660	16%
양천구	4,280	265	7%
영등포구	3,996	−20	−0%
용산구	5,726	1,711	43%
은평구	3,153	−862	−21%
종로구	4,659	644	16%
중구	4,324	308	8%
중랑구	2,782	−1,233	−31%

자료 : 국세청, 국세통계 2018년 결산 기준

강동구, 노원구, 광진구, 강서구, 구로구, 동대문구, 은평구, 도봉구, 관악구, 중랑구, 금천구, 강북구

이를 보면 소득이 높은 지역과 집값이 높은 지역은 상관관계가 있지 않나 싶다. 다만 소득이 높아서 집값이 높은 것인지, 집값이 높아서 소득이 높은 사람들이 해당 지역으로 오는 것인지 선후관계는 명확하지 않다. 집값에 영향을 미치는 요인은 매우 많기 때문에 한 가지의 기준으로만 집값을 해석하고 유추하는 것은 위험하다.

일자리와 소득으로 자치구별 매력도를 살펴봤으니 이제부터는 서울시 25개 자치구와 수도권 주요 지역에 대해 구체적으로 알아보도록 하자. 각 지역의 기본 특성과 가격 상승 요인, 하락요인 등을 분석하여 향후 집값을 전망해본다.

지금이 제일 싼 가격

강남구

✓ 개요

강남구는 서울 동남부에 위치하며, 서울시 면적의 6.5%를 차지하는 39.5㎢에 14개의 법정동을 가진 지역이다. 부동산 관련 뉴스에서 자주 거론되는 대치동 은마아파트, 압구정동 현대아파트가 강남구에 속해 있다.

동별 특징

● **압구정동, 청담동, 삼성동** : 고급 주거지역으로 전통적인 부유층과 신흥 부유층이 모두 선호하는 지역이다. 자산가 외에 성공한 연예인들도 많이 거주한다.

● **대치동, 도곡동, 개포동** : 역시 고급 주거지역으로 고소득 전문직들이

많이 거주하는 지역이다. 압구정동과 청담동이 부를 물려받은 전통적인 부유층 비율이 높은 데 비해 이 지역은 변호사, 세무사, 치과의사 등 전문직들이 많다.

- **수서동, 세곡동, 일원동** : 녹지가 많은 고급 주거지역이다. 여유롭게 은퇴한 계층의 거주 비중이 높다. 투자 목적이 아니라 은퇴 후 생활 용도로 거래가 많았던 지역이기도 하다.
- **신사동, 논현동, 역삼동** : 상업 위주의 지역으로 대로변에 각종 오피스와 오피스텔 건물이 밀집해 있고 뒤편은 유흥가다. 주거지로서의 매력도는 낮지만 직주 근접 수요, 강남구라는 위치 때문에 선호도는 크게 떨어지지 않는다.

인구와 소득

서울시 주민등록 인구 통계에 따르면, 강남구 인구는 2010년 57만 명에서 20019년 54만 명으로 9년 동안 3만 명이 줄었다. 2015년에 58만 명을 기록한 이후 지속적인 감소세다. 인구 감소에 따라 부동산 가격이 하락한다는 이론이 강남구에는 적용되지 않음을 알 수 있다. 세대역시 2015년에 정점(23만 7,000세대)을 찍은 이후 소폭 하락해 2019년 23만 1,000세대가 거주하고 있다.

앞서 보았던 통계 자료를 참조하면, 강남구에 주소지를 둔 직장인은 20만 1,206명으로, 1인당 평균 연봉은 7,029만 원이다. 원천징수지 기준으로는 94만 1,581명이 강남구 소재 직장에 다닌다. 그들의 평균 연봉은 3,637만 원이다. 강남구는 일자리가 풍부해 직주 근접의 매력도가 매우 높다. 거주하는 직장인들의 소득도 서울 평균(4,015만 원)보다 훨씬 높다. 수요층의 경제력 역시 상위에 있음을 알 수 있다.

아파트 가격

강남구 아파트 평균 가격은 2016년 평당 3,500만 원 선에서 5,500만 원 근처까지 상승했다. 3년 만에 60% 가까이 오른 셈이다. 정부의 수많은 노력과 대책에도 불구하고 강남구의 아파트는 불과 3년 만에 10억 원짜리가 16억 원이 되고 14억 원이던 아파트가 22억 원으로 상승했다.

실제 사례를 보자. 대치동 은마아파트의 시세다. 2016년 10월 최고 14억 원이던 35평형 아파트가 3년 만에 19억 원으로 올라 35%의 상승

강남구 아파트 평당 가격 추이　　　　　　　　　(공급 면적 기준)

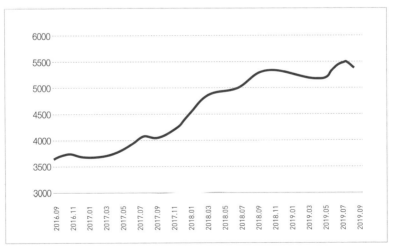

자료 : KB부동산

대치동 은마아파트 115m² 시세 추이

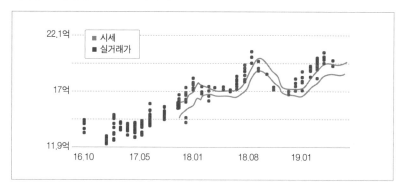

자료 : 네이버 부동산

률을 기록했다. 본격적인 상승은 각종 부동산 대책이 발표되던 2018
년과 2019년에 이뤄졌음을 알 수 있다. 재건축 예정 아파트이기 때문
이지 싶다.

그렇다면 별다른 개발 호재가 없는 나홀로 단지는 어땠는지 보자.
강남역 인근에 SK허브젠이라는 아파트가 있다. 1개동 56세대의 작은
규모로 2005년에 준공되어 15년차에 들어서는 단지다.

SK허브젠아파트 매매 실거래 현황 추이

계약월	매매가
2018.08.	8억 5,000(23일, 8층)
2018.03.	8억 5,000(17일, 14층) 8억 3,000(3일, 10층) 8억(17일, 13층)
2017.09.	7억 9,800(25일, 11층)
2015.06.	5억 6,000(23일, 5층)
2015.03.	5억 5,300(27일, 4층) 5억(8일, 2층)
2015.02.	5억 3,800(27일, 11층)
2015.01.	5억 2,000(3일, 4층) 5억(29일, 7층)

자료 : 네이버 부동산

가격 추이를 보자. 2015년 1월 5억 원 내외로 거래되던 33평형이 2018년 8월에는 8억 5,000만 원에 실거래됐다. 5억 원에서 3억 5,000만 원이 올랐으니 70%의 상승이 이뤄진 셈이다.

호재

강남구의 호재는 크게 두 가지로 요약된다. 삼성동 옛 한전 부지에 현대자동차가 초고층 사옥(글로벌비즈니스센터, GBC)을 짓는 것이 첫 번째고 삼성역 중심으로 GTX(Great Train Express, 광역급행철도) 노선이 지나가는 것이 두 번째다.

우선 글로벌비즈니스센터는 105층짜리 현대차동차 사옥만 들어오는 것이 아니라 MICE 산업과 연계될 예정이다. MICE는 기업 회의(Meeting), 포상관광(Incentive Travel), 컨벤션(Convention), 전시(Exhibition)를 뜻한다. 즉 40층짜리 호텔·업무시설과 8층짜리 컨벤션 시설, 회의장, 전시장 등을 함께 건설하겠다는 것이다.

또한 총 3개의 GTX 노선 중 A노선과 C노선이 삼성역을 통과하게 된다. A노선이 지나는 역은 운정-킨텍스-대곡-연신내-서울역-용산-삼성-수서-성남-용인-동탄, C노선은 덕정-의정부-창동-광운대-청량리-삼성-양재-과천-금정-수원이다. A노선은 2023년, C노선은 2024년 개통 예정이다.

시상의 초고층 빌딩과 지하의 GTX 노선 통과라는 삼성동의 호재가 강남구의 수요를 유지 및 상승시킬 것으로 예상할 수 있다. 여기에 더해 대치동 은마아파트와 압구정동 현대아파트의 재건축까지 진행되면 강남구의 집값은 더욱 자극을 받을 것으로 보인다.

🏢⬆️⬇️ 상승 요인 vs 하락 요인

⬆️ 상승 요인 1. 견고한 수요

강남구 대부분의 아파트는 고정 수요의 뒷받침 속에 신규 수요가 꾸준히 창출되고 있다. 즉 견고한 수요에 의해 지속적인 상승이 가능하다. 대한민국에서 자산이 충분하다면 강남구 외에 별다른 선택지가 없기 때문이기도 하다. 자동차 브랜드에 비유하자면 포르쉐, 페라리와 같다. 아무리 비싸도 꾸준히 수요가 있고 비싸도 거래가 된다.

⬆️ 상승 요인 2. 안전 자산이라는 인식

경제가 어려우면 사람들은 안전한 것을 찾게 된다. 미국과 중국의 무역분쟁으로 세계 경제가 어려워질 것으로 예상되자 금과 엔화 가격이 오르지 않던가. 강남 아파트 역시 부동산에서는 안전자산으로 인식된다. 규제가 심할수록 안전한 강남을 찾게 되어 가격이 오르는 상황은 매우 아이러니하다.

⬆️ 상승 요인 3. 부촌 이미지

누가 강남구 아파트를 샀다고 하면 주위에서 "왜 그런 데를 골랐어?"라고 하지 않는다. "돈 많이 벌었나보네"라며 축하를 건네거나 말은 안 해도 배 아파 할 뿐이다.

한국인의 심리 중에 가장 독특한 것이 바로 '배고픈 건 참아도 배 아픈 건 못 참는다' 되시겠다. 옆집이 7억 원을 받았다면 나도 최소 7억 원을 받아야 하고, 우리 단지 옆에 새로 지어진 아파트가 8억 원이라면 우리 단지도 8억 원은 받아야 한다. 우리 단지 시세가 떨어져도 옆 단지보다 덜 떨어졌다면 투자 잘했다는 만족감을 얻는다.

옆집이 오르면 우리 집도 올라야 하고, 옆 동네보다 못하지 않은 우리 동네인데 오르지 않을 이유가 없다는 심리. 부동산 가격에 영향을 주는, 눈에 보이지 않고 말은 안 하지만 모두가 알고 있는 암묵적 규칙이다.

여하튼 한 번 각인된 이미지는 쉽게 바뀌지 않는다. 혹시 통일이 되어 대한민국의 수도가 평양으로 정해지지 않는 이상 서울 강남의 이미지 역시 바뀔 일은 없을 것이다.

⬆ 상승 요인 4. 공급 부족

재건축 초과이익 환수제, 분양가 상한제와 같은 매우 강력한 부동산 규제 대책으로 인해 강남지역은 신규 아파트 공급이 줄어들 것으로 예상된다. 수요는 많은데 공급이 부족하면 그다음 순서는 너무나도 당연하게 가격 상승이다. 집값을 잡기 위한 정부의 대책이 계속 발표될수록 오히려 강남의 집값을 올리는 원인으로 작용할 것으로 예상된다.

⬇ 하락 요인 1. 상승 반발감

단기간의 급상승에 따른 반발심리가 작용할 가능성이 아주 조금 있다.

상승 반발감 외에는 별도의 하락 요인은 없다고 보면 된다.

🏘 향후 집값 전망

- 2020~2025년 : 정부의 규제는 더욱 강력해지고 그럴수록 안전 자산
  으로서의 강남 아파트에 수요가 몰려 평당 1억 원이 넘는 아파트가
  많아질 것이다.
  대치동 은마아파트와 압구정동 현대아파트 등 재건축 예정 단지들은
  악화된 수익성으로 사업 추진이 계속 지지부진하지 않을까 예상된
  다. 그러나 재건축 사업이 지연돼도 충분한 수요가 몰려 집값은 상승
  한다.
- 2025~2030년 : 강남과 강북, 서울과 지방의 부동산 양극화가 서서
  히 시작되는 시기이기도 하다. 강남구는 지속적으로 가격이 상승할
  수 있는 지역이다. 지금 비싸다 해도 몇 년 후엔 지금의 가격이면
  살 만했다는 생각이 들 정도로 가격이 오르리라 예상한다. 수요는
  많은데 공급이 적고, 경제가 어려워질수록 더욱 찾게 되는 부동산
  상품이 바로 강남구 아파트다. 강남구에 있는 아파트야말로 오늘
  사는 가격이 가장 싼 가격이다.

☑ 주목할 만한 단지

강남구는 모든 아파트가 주목할 만한 단지라 할 수 있다. 재건축의 상

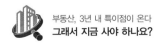

징과도 같은 대치동 은마아파트를 비롯해, 재건축을 완료하고 입주하는 개포동 아파트들까지 모두 그러하다. 아직 저평가돼 있거나 강남구 평균보다 조금 더 높은 상승을 기대해볼 수 있는 단지를 소개한다.

- **도곡동 도곡푸르지오 56평형** : 매매가 13억 원, 전세가 10억 원의 시세를 형성하고 있다. 평당 2,300만 원으로 가격 면에서 저평가돼 있으며, 향후 대형 평형의 인기가 본격화되면 가격 상승의 여지가 많다. 강남구에 갭 투자를 하려면 10억 원은 필요하다고 알려져 있으나 이곳은 약 3억 원으로 가능하다.
- **신사동 진흥아마란스 58평형** : 진흥아마란스는 17세대의 나홀로 아파트로 32평형부터 58평형까지 4개 평형으로 구성돼 있다. 58평형 매매가는 10억 5,000만 원, 전세가는 7억 원으로 평당 2,000만 원이다. 역시 저평가돼 있으며, 대형 평형이라 향후 상승 가능하다. 갭 투자는 3억 5,000만 원으로 접근할 수 있다.

규제가 심할수록 오른다

서초구

✅ 개요

서초구는 서울의 남동부에 위치하며, 면적은 47.14㎢로 서울시 전체 면적의 7.9%를 차지한다. 서쪽으로는 동작구와 관악구, 동쪽으로는 강남구와 맞닿아 있다. 서울에서 강남이라 할 때는 강남구와 서초구를 가리킨다. 강남 3구라 할 때는 강남·서초의 동쪽에 인접한 송파구가 더해지고 강남 4구는 여기서 다시 동쪽의 강동구까지를 가리킨다.

서초구에서 북쪽은 반포동과 잠원동이 자리하고 중앙에는 방배동과 서초동이 있으며 남쪽으로는 우면동, 양재동, 내곡동, 염곡동, 원지동, 신원동이 있다. 모두 10개의 동으로 구성되어 있지만 상대적으로 많이 개발된 반포동, 잠원동, 서초동과 아직 개발이 많이 이뤄지지 않은 양재동과 내곡동 인근 지역으로 크게 나눠볼 수 있다.

동별 특징

- **잠원동, 반포동** : 한강에 인접한 고급 주거지역이다. 재건축 아파트들이 가격 상승을 주도한다.

- **방배동, 서초동** : 한강에 인접해 있지 않다는 점을 제외하고는 잠원동, 반포동과 같다.

- **양재동** : 나홀로 아파트와 다세대주택, 빌라가 혼재한 지역이다.

- **내곡동, 신원동, 원지동, 염곡동** : 바로 남쪽의 청계산으로 인해 그린벨트에 묶여 있던 지역이다. 청계산입구역 인근에 공공주택지구가 일부 있다.

인구와 소득

서초구 인구는 큰 변동이 없다. 2010년 43만 2,000명에서 2019년 43만 5,000명으로 소폭 증가했다. 세대 수 또한 16만 7,000세대에서 17만 3,000세대로 6,000세대가 늘었다.

세대와 인구가 일정한 수준으로 유지되는 데 비해 집값이 몇 배로 상승한 이유는 서초구에 대한 수요는 많은데 주택 공급은 적기 때문으로 볼 수 있다. 이러한 흐름은 앞으로도 계속될 것으로 보인다.

서초구 거주 직장인 수는 약 16만 5,000명, 연봉은 1인당 6,856만 원이다. 서초구 소재 회사에 근무하는 직장인은 약 47만 2,000명이고 연봉은 4,027만 원이다. 거주 직장인은 17만 명이 안 되는데 서초구에 근무하는 직장인은 47만 명이 넘으니 단순하게 계산하면 매일 30만 명이 다른 곳에서 서초구로 출근한다고 볼 수 있다.

강남구와 마찬가지로 일자리가 많아 직주 근접의 장점이 있는 데다 다른 자치구에 비해 소득이 높다. 경제적 여건이 수요를 뒷받침할 수 있는 지역임에 틀림없다.

아파트 가격

2016년 평당 3,200만 원에서 2019년 4,976만 원으로 55% 상승했다. 3년만에 1.5배 이상 오른 셈이다. 서초구에서 특히 집값이 높은 반포동만 따로 보면, 평당 약 4,500만 원에서 7,000만 원 수준까지 가격이 상승했다. 32평형 아파트라면 3년 만에 14억 4,000만 원에서 22억 4,000만 원으로 8억 원이 올랐다는 뜻이다. 급등한 시점은 2018년 8월경으로 문재인 정부의 부동산 정책이 연이어 발표되던 시점이다.

반포 아크로리버파크 24평형을 보자. 평당 1억 원 시대의 신호탄을 올린 단지이기도 하다. 아파트의 입지나 가치가 좋아져서 값이 올랐다

서초구 아파트 평당 매매가 추이 (단위 : 만 원)

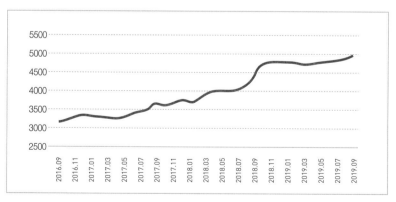

자료 : KB국민은행

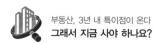

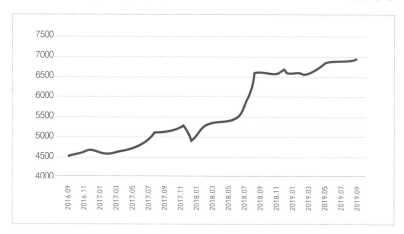

반포동 아파트 평당 매매가 추이　　　　　　　　　　　　(단위 : 만 원)

자료 : KB국민은행

반포 아크로리버파크 24평형 실거래 현황 추이

계약월	매매가
2019.07	21억 5,000(14일, 6층)
2019.06	21억 5,000(30일, 11층)
2018.08	21억 5,000(26일, 9층) 21억(15일, 12층)
2018.01	18억 7,000(20일, 7층) 16억 5,000(12일, 1층) 17억 8,500(3일, 16층)

자료 : 네이버 부동산

고 보기는 힘들다. 다주택자에 대한 세금 강화, 재건축 초과이익 환수제, 분양가 상한제 등으로 공급이 감소하리라는 예상으로 수요가 늘어난 것으로 볼 수 있다.

서초구의 집값은 기본적인 수요를 기본으로 정부의 규제가 더해질수록 더욱 상승하는 흐름을 보이리라 예측할 수 있다.

호재

서초구청 홈페이지에는 '서초 나비 플랜'을 나타낸 그림이 있다. 반포 아파트지구, 서리풀 터널 및 정보사 부지, 양재 R&CD 특구를 개발한 다는 계획인데 반포아파트지구 개발은 그 자체로 강력한 호재이기 때문에 특별한 설명이 필요 없어 보인다.

서리풀 터널 및 정보사 부지 개발은, 기존에 불편하던 서초동과 방배동의 연결을 이뤄 해당 지역에 문화복합단지를 조성하겠다는 계획이다. 계획이 완성되면 생활환경 개선, 편의시설 증가 등으로 거주 만족도가 높아지는 효과를 기대할 수 있다.

양재 R&CD 특구는 양재동 일대에 기업 R&CD 센터를 유치한다는 계획인데, 주목할 필요가 있다. 기업에서 R&CD를 담당하는 인력은 고학력자가 많기 때문에 소득이 높은 편이다. 따라서 R&CD 센터들을 유치하면 서초구 아파트의 수요를 증가시키는 요인으로 작용할 것이다.

🏢⬇ 상승 요인 vs 하락 요인

◯ 상승 요인 1. 반포지역 재건축 사업

반포주공 1단지 5,748가구에 신반포 3차 아파트와 경남아파트 2,996가구를 더하면 8,744가구가 새로 공급되는 반포 재건축 사업은 사업 속도나 사업 차질 여부와 상관없이 서초구 일대의 가격을 상승시키는 요인이 될 것이다. 재건축조합 내의 갈등, 소송, 정부 규제로 인해 재건축 사업이 언제쯤 완료되어 입주할 수 있을지는 가늠할 수 없는 상황이다. 그럼에도 불구하고 상승 요인으로 작용하는 것은 재건축에 대한 기대감 때문이다.

⬆ 상승 요인 2. 평당 1억 원의 심리적 효과

2019년 10월, 반포 아크로리버파크 24평형이 실거래가 23억 9,800만 원을 기록했다. 이로써 평당 1억 원이라는 가격이 불가능하지 않다는 사실을 인식시켰다. 해당 아파트는 물론 인근 아파트들도 '최소한 평당 1억 원'을 염두에 두고 매물을 내놓고 매수자들 역시 이 수준에서 매입을 검토하고 거래하리라 예상된다.

2020년 이후 신반포역 일대 아파트는 평당 1억 원은 기본이고, 투자 수요가 더 몰리면 1억 5,000만 원까지 호가가 뛰는 것은 어려운 일이 아니다.

⬆ 상승 요인 3. 재건축 관련 각종 규제

재건축 관련 각종 규제는 오히려 집값 상승 요인으로 작용하리라 본다. 2023년까지 정부는 부동산 가격이 상승하는 만큼 그에 맞춰 추가 대책을 내놓을 테고, 그럴수록 서초구 아파트 가격은 상승할 수밖에 없다. 재건축 관련 대책은 결국 재건축 사업을 진행하지 못하도록 하는 것인데, 그럴수록 재건축에 대한 기대감은 커지기 때문이다.

각종 부동산 규제에도 불구하고 강남의 급상승을 경험한 투자자들은 규제가 심해질수록 비싸더라도 안전하게 느껴지는 강남구와 서초구의 아파트를 매입하고자 할 것이다.

⊘ 하락 요인 1. 심리적 저항
강남구와 마찬가지로 서초구 역시 평당 1억 원이라는 심리적 저항선이 상승세를 일부 저지할 것으로 보인다.

🏢 향후 집값 전망

- 2020~2025년 : 평당 1억 원 기록 이후 상승세는 계속 유지되어 2025년경에는 평당 1억 5,000만 원에 거래되는 사례가 나타나리라 예상된다. 비싸기 때문에 더 비싸지는 부동산 가격 형성 구조가 영향을 미칠 것으로 보인다.
- 2025~2030년 : 25평형과 32평형 등 중소형 아파트가 가격 상승을 이끌던 기존과 달리, 대형 평형 공급 부족으로 대형 평형 위주의 가격 상승이 이루어지리라 예상된다.

🏅 주목할 만한 단지

서초구는 강남구와 마찬가지로 전부 다 주목할 만한 단지다. 그 가운데 유명한 단지들은 제외하고 저평가된 곳을 골라보았다. 그러나 강남구와 서초구 아파트는 고평가된 아파트나 저평가된 아파트로 구분할 필요 없이 투자하는 것이 좋다. 자금이 있고 매도자와 거래할 수 있다면 말이다.

- **방배동 방배우성아파트 32평형** : 29평형과 32평형이 13억 원, 41평형이 14억 원이다. 29평형과 32평형 가격이 같으니 32평형이 저평가돼 있다고 볼 수 있다.

- **방배동 대우멤버스카운티 42평형** : 42평형 매매가가 13억 원이다. 서초구 내 다른 아파트에 비해 가격이 낮다. 36세대의 나홀로 단지라는 단점이 반영돼 있다. 다른 신축 아파트 30평형대가 13억 원에 거래되는 점을 고려해도 저평가돼 있다.

꾸준한 상승세

송파구

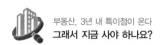 개요

송파구는 서울시 남동부에 위치한다. 서쪽으로 강남구, 동쪽으로는 강동구와 경계를 이루고 있으며 위로는 한강이 있다. 서울시 면적의 5.6%를 차지하는 33.89㎢에 약 69만 명의 인구가 살고 있다. 부동산 뉴스에서 재건축 이슈로 항상 이름을 올리는 잠실주공 5단지를 비롯해 뉴타운지역인 거여, 마천을 포함한다.

동별 특징

- **잠실동, 신천동** : 롯데월드, 석촌호수, 종합운동장이 위치하고 잠실주공 1단지부터 5단지가 있다. 참고로 기존의 잠실주공 1단지부터 4단지는 각각 잠실엘스, 잠실리센츠, 잠실트리지움, 잠실레이크팰리

스로 재건축이 완료됐다.

- **풍납동** : 서울아산병원이 있다. 풍납토성으로 인해 활발한 개발이 이뤄지지 못한 지역이다.

- **가락동** : 1만 세대 규모의 송파 헬리오시티(가락시영아파트 재건축)와 서울 최대의 농수산물 도매시장인 가락시장이 있다. 가락시장에서는 청과는 물론 수산물 및 건어물이 거래되는데, 500m 거리의 헬리오시티에서 악취 관련 민원이 많이 발생한다. 인근 탄천물재생센터(하수처리장)와 함께 가락시장이 악취의 근원으로 계속 지목되고 있다.

- **문정동** : 서울동부지방법원, 서울동부지방검찰청이 위치하며 올림픽훼밀리타운, 가든파이브 아파트가 있다.

- **삼전동, 송파동, 방이동, 석촌동** : 다세대주택 위주의 빌라촌이 형성된 지역이다.

- **오금동** : 올림픽선수촌아파트 단지와 빌라촌이 섞인 지역이다. 올림픽선수촌아파트는 2019년 10월 재건축 안전 진단 결과 C등급을 받아 재건축 사업은 당분간 보류 상태일 전망이다.

- **장지동** : 송파파인타운아파트(13개 단지 5,677세대)가 있는 지역이다. 장지동은 비행 고도에 걸려 재건축 수익성 전망은 밝지 않다. 다만 송파구라는 행정구역상의 장점이 작용하는 것은 가능하다.

- **거여동, 마천동** : 거여·마천 뉴타운 사업이 진행되고 있다.

인구와 소득

2010년 69만 명에서 큰 증감 없이 2019년에도 69만 명 선을 유지하고 있지만, 세대는 같은 기간 26만에서 28만으로 10% 증가했다. 아파트 재건축 사업이 완료되면서 세대가 늘어난 것으로 볼 수 있다.

송파구 거주 직장인은 약 26만 명이며 평균 4,676만 원의 연봉을 받는다. 강남구나 서초구에 비하면 낮지만 서울시 평균 4,015만 원에 비해 높은 수준이다.

원천징수지 기준으로는 33만 명이며 급여 수준은 3,452만 원으로 전국·서울 평균과 비슷하다. 송파구에 거주하는 직장인이 26만 명, 일자리가 33만 개라는 의미는 직주 근접의 수요와 매력이 높다는 뜻이다.

아파트 가격

아파트 가격은 2012년부터 2017년까지 비교적 안정적이다가 2017년 여름 이후 본격적인 상승세를 보였다. 1만 세대의 송파 헬리오시티 입주와 강남 3구인 송파구에 대한 선호가 겹쳐 이러한 추이를 보인 것으로 생각할 수 있다.

2016년부터 2019년까지 매매가를 보면 평당 2,500만 원에서 4,000만 원에 가깝게 상승했다. 각종 부동산 대책이 발표되던 시기에도 전체적인 하락 없이 지속적으로 상승한 점도 눈여겨볼 만하다.

송파구 아파트 평균 매매가 추이

(단위 : 만 원)

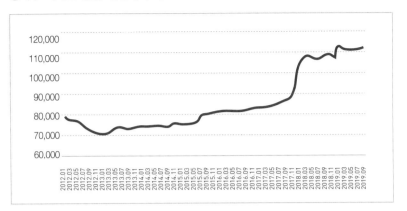

자료 : KB국민은행

송파구 아파트 평당 매매가 추이

(단위 : 만 원)

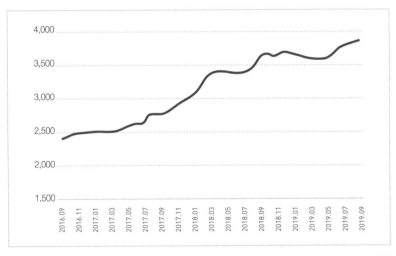

자료 : KB국민은행

호재

송파구에는 교통 호재와 재건축 호재가 있다. 교통 호재는 주민들의 숙원 사업이었던 위례~신사선과 위례선 사업이 대표적이다. 위례~신사선은 위례신도시-동남권유통단지-가락시장-헬리오시티-학여울-삼성-봉은사-청담-학동사거리-을지병원-신사에 걸친 경전철이고, 위례선은 위례신도시 전체를 운행하는 노면 전차(트램)로 12개 정거장을 통과할 예정이다.

현재도 지하철 각 노선이 촘촘히 연결돼 있어 교통이 불편하지 않으나 이 노선들이 개통되는 2026년 이후에는 교통 여건이 한 단계 더 높아질 예정이다.

또 다른 개발 호재는 재건축으로 항상 거론되는 잠실주공 5단지가 핵심이다. 아시는 바와 같이 재건축은 사업 진행 여부와는 상관없이 기대감만으로 가격이 상승하는 경우가 일반적이다. 잠실주공 5단지 역시 향후 재건축이 추진될 것이라는 기대감은 꾸준히 가격 상승의 원인이 될 것이다.

🔼🏢🔽 상승 요인 vs 하락 요인

⬆ 상승 요인 1. 지속적 투자 수요 증가

송파구는 강남 3구에 속해 있다는 점 때문에 지속적으로 투자 수요가 증가하는 지역이다. 경제가 악화되어 투자자들의 불안감이 높아질 때 안전 자산으로서의 역할 때문에 서울, 특히 강남지역은 투자 수요가 몰리는 경향이 있다. 첨언하자면, 수도권 및 지방 투자자들이 강남구, 서초구를 못 사면 다음으로 선택하는 지역이 송파구와 성동구 성수동이다.

◑ 상승 요인 2. 재건축 사업 기대감

2019년 말 현재 잠실주공 5단지와 올림픽선수촌아파트의 재건축 사업은 가시적으로 진행되고 있지 않다. 그럼에도 불구하고 '언젠가 된다'는 기대감은 이 두 아파트의 가격을 계속 올리는 주요 요인이 되리라 본다. 해당 단지들이 오르면 인근의 아파트들 역시 가격이 오르기 때문에 송파구는 전체적으로 꾸준한 상승을 보일 것이다.

◑ 하락 요인 1. 규제 강화

강남지역의 전체적인 상승세를 억누르기 위해 정부는 지속적으로 대책을 내놓을 것으로 예상할 수 있다. 세금 강화에 더해 가격을 직접 통제하는 정책이 시행되면 심리적으로 위축될 가능성이 있다. 더 이상 쓸 수 있는 카드가 많지 않아 보이지만 정부는 창의적인 추가 대책을 내놓을 수도 있다. 1세대 1주택 장기보유특별공제 혜택을 줄이지나 않을까 걱정이다.

새로운 규제책이 시행되면 심리적 위축으로 3~6개월 정도는 상승세가 주춤할 것으로 추측 가능하다. 그 외에는 송파구를 비롯한 강남지역의 하락 요인은 특별히 눈에 띄지 않는다.

🏠 향후 집값 전망

- **2020~2025년** : 2019년 9월 말 기준 잠실주공 5단지 33평형의 최고 실거래가는 19억 8,500만 원이다. 평당 6,000만 원인 셈이다. 2020년에는 평당 8,000만 원까지 무리 없이 상승할 것으로 보인다. 33평형이 26억 원 이상으로 거래되리라 예상된다.

  송파구 전체적으로는 기존의 상승세가 연장되어 평당 4,000만 ~5,000만 원 이상 되지 않을까 싶다.

- **2026~2030년** : 평당 5,000만 원이라는 심리적 저항선을 넘어 잠실은 평당 1억 원, 기타 지역은 평당 7,000만 원 정도로 시세가 형성될 것으로 본다. 서울도 양극화가 심해져 강남권과 강북의 인기지역은 지금으로서는 상상하기 힘든 시세가 형성되지 않을까 예상한다.

✅ 주목할 만한 단지

- **문정동 현대2차아파트 33평형** : 1995년에 입주한 문정역 근처 나홀로 단지다. 33평형 매매가가 7억 원, 전세가가 4억 2,000만 원 수준이다. 평당 2,200만 원 미만인데, 길 건너 신축 아파트인 송파파크히비오 34평형이 14억 원, 평당 4,000만 원에 거래되고 있다.

  문정역 일대에 법조타운 조성이 완료되는 시점에 해당 아파트의 수요는 추가적으로 발생하리라 보인다.

- **송파동 송파한양1차아파트 39평형** : 1983년 입주로 재건축 기대감이 높

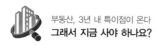

은 단지다. 지구단위 지정을 위한 검토용역 결과가 2021년 초에 나올 예정이다. 아마도 재건축 추진은 잠실주공 5단지가 시작된 이후 가능하지 않을까 싶다. 다만 언젠가 되리라는 기대감이 많이 반영될 것이다.

39평형을 주목한 이유는 대지 지분 가격을 고려한 결과다. 평형별로 가격과 대지 지분을 계산해 지분당 가격을 산출했다. 예를 들어 26평형은 매매가가 10억 원, 대지 지분은 14.6평이니 대지 지분 1평당 6,800만 원을 지불하는 셈이다. 이런 식으로 다른 평형까지 계산해보면 39평형부터 51평형까지 대지 지분 가격은 크게 차이가 없다. 최소 비용으로 접근하고자 할 때 39평형이 가장 적절하다는 결론을 얻을 수 있다.

고정 수요가 약해 정체 가능

마포구

✅ **개요**

서울시의 4%를 차지하는 마포구의 면적은 23.9㎢로, 마포구 자체가 주요 업무지구이면서 여의도, 광화문 접근성이 좋다. 서쪽에는 상암동 월드컵경기장이 있고 중간에는 홍대입구와 신촌, 동쪽은 사무실 밀집 지역인 공덕동으로 이뤄져 있다. 한강변에 접한 망원동과 합정동은 한강변 개발 기대감이 항상 있는 지역이기도 하다.

　일반적으로 마포라 하면 마포대교 북단과 공덕오거리를 중심으로 광화문과 연결되는 도로 주변을 가리킨다. 마포는 상업업무지역, 주거지역, 유흥지역이 한꺼번에 몰려 있는 독특한 모습을 보인다. 첨언하자면, 강남 거주 투자자들은 여의도까지는 갈 만한 거리라고 생각하는데 마포구부터는 먼 곳으로 느낀다. 마포가 가진 아쉬움이기도 하다.

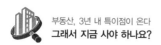

동별 특성

- **상암동** : 디지털미디어시티(DMC) 입주 전후로 아파트 가격이 높은 상승세를 기록했다.

- **성산동** : 월드컵경기장과 몇 개의 소규모 아파트 단지가 있다.

- **망원동, 합정동** : 한강변에 접해 있어 개발 기대감이 항상 높다. 과거 오세훈 시장이 한강 르네상스 계획을 발표할 때 대상지역이기도 했다.

- **서교동, 연남동** : 홍대 상권으로 분류되는 지역이다. 서교동은 홍대입구 근처이고, 연남동은 경의선 숲길이 생긴 이후 조금씩 상권이 성숙하고 있다.

- **서강동** : 홍익대학교가 속한 법정동이다. 한강변과 접한 곳엔 서울화력발전소(당인리발전소)가 있다.

- **신수동** : 서강대교를 통해 여의도와 연결된다. 몇 개의 소규모 아파트 단지가 있다.

- **공덕동, 아현동** : '마포'하면 생각나는 지역으로 마포대교 북단과 닿아 있다. 베스트웨스턴 프리미어 서울 가든 호텔, 롯데시티호텔 마포 등이 있다. 아현뉴타운 사업이 마무리 단계에 있다.

- **대흥동, 염리동** : 신촌역, 이대역을 포함하고 있는 지역이다. 인근대학들로 인해 하숙집이 많으며 소규모 아파트 단지가 몇 개 있는 정도다.

- **도화동** : 용산구와 닿아 있으며 마포삼성아파트가 있다.

- **공덕동** : 공덕오거리를 중심으로 한 지역이다. 여러 기업의 사무실이 몰려 있다.

인구와 소득

2019년 기준 38만 5,000명이다. 40만 명으로 최대치였던 2011년에 비하면 1만 5,000명이 감소했다.

주소지가 마포구인 직장인은 15만 명에 소득은 4,275만 원이다. 마포에 위치한 일자리는 약 25만 개로 급여 수준은 3,300만 원 선이다.

직주 근접의 관점에서 보면 거주자보다 마포구로 출근하는 직장인이 많기에 수요 증가를 예상할 수 있다. 다만 일자리들의 급여 수준이 서울 평균보다 낮은데, 이는 마포대교 인근 소규모 기업들의 급여가 낮아 평균에 영향을 미친 것으로 볼 수 있다.

아파트 가격

2016년 평당 2,000만 원 미만이었으나 2019년에는 2,900만 원까지 상

마포구 아파트 평당 매매가 추이   (단위 : 만 원)

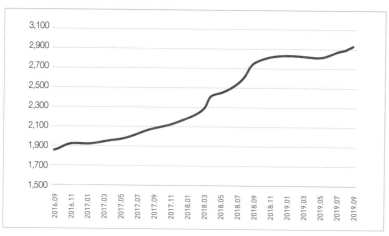

자료 : KB국민은행

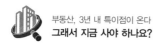
부동산, 3년 내 특이점이 온다
그래서 지금 사야 하나요?

승했다. 3년간 45% 상승했으니 매년 15%씩 상승한 셈이다. 수요가 계속 뒷받침된다면 이 흐름은 어느 선까지는 유지될 것으로 예상된다.

호재

교통과 관련한 소소한 호재를 제외하면 특별한 개발 호재는 없다. 서울 화력발전소 공원화 계획과 진행 중인 아현뉴타운 사업을 제외하면 개발 자체는 없다시피 하다. 마포는 일제 강점기부터 조성된 구시가지이고 서강대 등 여러 대학들이 위치하기 때문에 대규모 개발이 어렵다. 필요한 개발은 이미 추진 중이거나 완료됐다고 보면 된다.

공덕역의 경우 지하철 5·6호선을 포함해 이미 4개의 노선이 있고 신안산선까지 포함하면 총 5개 노선이 될 예정이다. 추가적인 개발이 이루어질 여지가 별로 없어 보인다.

상승 요인 vs 하락 요인

○ 상승 요인 1. 여의도 인접

마포구는 여의도, 광화문에 인접해서 수요가 지속될 만한 지리적 특성을 갖고 있다. 특히 여의도에서 마포대교를 건너면 바로 공덕오거리와 연결되기 때문에 여의도 근무자들이 선호하는 주거지역이기도 하다. 여의도 아파트가 재건축 기대감으로 가격이 오르면 인접한 마포 역시 영향을 받아 가격 상승을 지속할 수 있을 것으로 보인다.

◯ 상승 요인 2. 아현뉴타운

아현뉴타운은 2023년 준공 예정인 아현2구역을 포함해 대형 주거단지로 재탄생할 예정이다. 서울 중심부에 지어지는 대규모 단지라는 점에서 아현뉴타운은 지속적 가격 상승이 예상된다. 이는 마포구 전체 시세를 올리는 요인이 되지 않을까 싶다.

자료 : 〈머니투데이〉 2007. 8. 27.

◯ 하락 요인 1. 경제 악화

마포구 아파트는 직장인이 주요 수요층이다. 업무지구와 가깝다는 지리적 장점 때문인데, 경제가 악화되어 기업들의 감원이 이어지면 수요가 부족해질 가능성이 있다. 불황이 길어진다 해도, 강남 3구는 경제 상황에 큰 영향을 받지 않는 수요자들 중심이고 양천구는 교육으로 인해 수요가 유지된다. 하지만 마포는 그렇지 못하다. 거주지가 꼭 마포일 필요가 없기 때문이다. 경제 불황 국면이 지속된다면 가격 하락과 연결될 수 있다.

🏡 향후 집값 전망

- **2020~2025년** : 평당 3,000만 원 수준에서 3,500만 원까지 소폭 인상이 예상된다. 경제 불황에 따른 불안감이 영향을 미치고 여의도, 목동에 비해 수요가 가변적이기 때문이다. 가격이 어느 정도 오르면 수요가 정체될 수 있다. 3,500만 원 선에서 수요가 축소될 것으로 본다.

- **2026~2030년** : 평당 4,000만 원에서 시세가 형성될 것으로 예상한다. 강남 그리고 용산까지 1억 원이 된다 해도 마포가 급격히 오를 것으로 기대하기는 힘들다. 마포는 고급 주거단지가 아니고 주거지역에 대한 충성도가 낮기 때문이다. 즉 고정 수요가 약하다.

✅ 주목할 만한 단지

- **도화동 도화현대1차아파트 50평형** : 개발이나 재건축 가능성은 별로 없지만, 공덕역과 가깝고 수요가 풍부한 마포라는 장점이 있다. 해당 단지의 32평형이 8억 5,000만 원, 39평형이 9억 5,000만 원인데 50평형은 11억 원 내외로 형성돼 있다.

  대형 평형이라는 점이 현재까지는 단점으로 작용했지만 장점으로 전환되어 가격 상승을 기대할 수 있다.

- **염리동 상록아파트 25평형** : 서강대학교 후문 근처에 있는 아파트로, 마포자이 3차와 맞닿아 있다. 마포자이 3차 25평형 매매가가 10억 원인데 상록아파트 25평형은 6억 원에 불과하다. 신축과 구축의 차이를 감안하더라도 매우 저평가돼 있다. 참고로 인근에 마포프레스티지자이가 2021년 입주할 예정인데 24평형이 12억 원에 거래된 사례가 있다.

단군 이래 최대 개발

용산구

후암동
청파동
남영동
용산2가동
효창동
이태원2동
용문동
원효로1동
한남동
원효로2동
한강로동
이태원1동
이촌2동
보광동
서빙고동
이촌1동

✓ 개요

용산구는 서울의 중심부에 있으며 면적은 21.87㎢이다. 전통적으로 용산은 부촌으로 인식되어 왔으며 남향으로 집을 지어 한강을 내려다 볼 수 있는 장점을 지닌 지역이기도 하다. 한강 남쪽에 접한 압구정동 은 집을 북향으로 지어야 한강을 볼 수 있다. 그런 점에서 이는 용산의 큰 장점으로 작용한다.

　용산은 중심부에 미군기지가 있어 같은 용산이라 해도 권역별로 특 성이 다르다. 동부이촌동 같은 부촌과 용산전자상가, 이태원, 경리단 길과 같은 상업지역이 함께 속해 있다.

동별 특징

- **이촌동, 서빙고동** : 전통적인 부촌이다. 2000년대까지는 동부이촌동만 부촌으로 인식되었으나 2010년 이후 서부이촌동의 집값이 올라가면서 이촌동은 동부와 서부의 구분이 무의미해졌다.

  서빙고동에는 1,300세대 규모의 신동아 아파트가 있다. 이 아파트에 과거 유력 정치인들이 많이 거주하기도 했다.

- **한남동, 보광동** : 한남뉴타운으로 항상 주목받는 지역이다. 총 5개 구역 중 1구역은 구역 해제됐고 나머지 2~5구역이 관심의 대상이다. 2019년 10월에는 건설사들이 3구역 수주를 위해 무리한 조건(일반 분양 평당 7,200만 원 보장 등)을 내걸었다가 정부 조사를 받기도 했다.

- **남영동, 후암동, 청파동, 용문동** : 숙명여자대학교가 위치한 지역으로서 노후된 빌라와 단독주택이 많다.

- **이태원동** : 이건희 회장 자택이 있는 고급 주거단지와 사우디아라비아 등 외국 대사관이 많은 지역이다. 동시에 해밀튼 호텔로 대표되는 이태원 유흥가도 위치해 있다.

- **한강로동** : 용산차량기지, 용산역이 있는 지역이다. 용산국제업무지구 개발이 추진됐으나 각종 소송으로 계속 지연되고 있다. 계획은 백지화된 상태지만 불씨는 계속 남아 있어 언제든 개발계획이 다시 발표될 가능성이 많다.

- **원효동** : 오리온그룹 본사가 위치하며 여의도와 마포에 인접해 있다.

- **용산2가동** : 미군기지가 위치한 지역이며 해방촌이라 불리는 소규모

주거지가 있다. 해방촌은 지속적으로 재개발 논의가 있지만 가시적
으로 추진되지는 못하고 있다.

인구와 소득

용산구의 인구는 2010년 25만 명에서 2019년 24만 5,000명으로 줄었
으나 큰 변화가 없다.

소득 규모를 살펴보면 흥미로운 점이 발견된다. 용산에 주소를 둔 직
장인의 수는 약 8만 6,000명이고 1인당 연 소득은 5,726만 원으로 서울
평균 4,015만 원에 비해 40% 정도 높다. 한편 용산이 원천징수지인 직
장인 수는 약 43만 7,000명이다. 단순 비교해보면 용산구 인구의 2배
정도 되는 일자리가 있다는 계산이 나온다. 용산이 전통적으로 지닌 부
촌 이미지 외에도 직주 근접으로 인해 수요가 추가될 가능성이 높다.

아파트 가격

2016년부터 2019년까지 평당 2,300만 원에서 3,700만 원 수준으로 올
랐다. 3년간 60% 상승한 셈이다. 주목할 점은 이 시기에는 용산구에
새롭게 영향을 미칠 만한 대형 개발 호재가 없었다는 것이다. 용산국
제업무지구는 개발 자체가 지속적으로 불투명한 상태였고, 한남뉴타
운은 사업 진행이 갑자기 빨라지거나 하는 일이 없었다. 요약하면 가
치는 그대로인데 가격이 오른 것으로 볼 수 있다.

한남뉴타운 일반분양 가격을 평당 7,200만 원이 되도록 해주겠다는
건설사도 있다는 점, 반포에 평당 1억 원짜리 아파트가 있다는 점을

용산구 아파트 평당 매매가 추이 (단위 : 만 원)

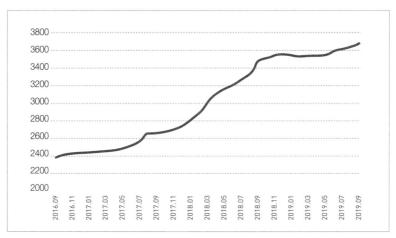

자료 : KB국민은행

감안하면 용산구 아파트는 지금 비싸지만 앞으로는 더욱 비싸질 가능성이 매우 높다.

호재

용산구는 대부분이 개발 호재가 있는 지역이다. 중심에 자리 잡고 있는 미군기지가 떠나면 무엇이 될지는 모르나 그 자리가 채워질 테고 한남뉴타운은 지금의 노후화된 빌라에서 벗어나 아파트의 모양새를 점점 갖춰 나가기 시작하면 용산구의 가격을 올리는 호재로 작용할 것이다. 용산국제업무지구 역시 서울시에서 집값 급등을 우려해 조용히 환경정화 사업을 벌이고 있다. 아무 계획도 없는데 환경정화를 할 이유가 없지 않겠는가. 다른 지역에 비해 용산구는 개발계획의 규모가 남다르다. 크게 서쪽의 용산국제업무지구, 중간의 용산공원, 동쪽의 한남

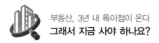

용산공원 · 지구단위계획구역 위치도

자료 : 〈매일경제신문〉 2018. 7. 6.

뉴타운으로 구분할 수 있는데 3개 사업 모두 '단군 이래 최대' 라는 수식어가 붙을 만하다.

- **용산국제업무지구** : 서울시가 운영하는 서울도시계획 포털에 보면 다음과 같이 설명돼 있다.
  - 위치 : 용산구 한강로 3가 40-1, 서부이촌동 일대
  - 면적 : 510,386㎡
  - 주요 사업 내용 : 도심 속의 신도시 건설로 국내와 세계를 잇는 국제업무단지 조성

참고로 용산국제업무지구는 2001년 7월에 용산지구단위계획이 결정되었으니 20년 가까이 계획만 세운 셈이기도 하다. 앞으로 어떤 계획이 확정될지 미지수지만 개발계획이 확정되고 발표되면 그때는 용산구 전체에 영향을 미칠 것으로 예상된다.

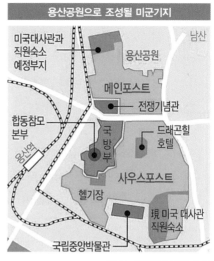

자료 : 〈국민일보〉 2018. 6. 9.

- **용산공원** : 2019년 말 현재도 어떻게 조성될지는 여전히 미정이다. 최초 계획은 정부 각 부처가 미군기지 부지에 건물을 지어 청사로 활용하겠다는 것이었는데, 서울시에서 우려를 표했다. 지금은 공원으로 조성하겠다는 서울시의 원칙만 확인된 상황이다.

- **한남뉴타운(한남재정비촉진지구)** : 향후 용산구 아파트 가격의 기준으로 작용할 것으로 보인다. 이미 뉴스에 나온 평당 분양가 7,200만 원에 더해 프리미엄까지 고려하면 평당 1억 원에 입주가 시작될 것으로 보인다.

상승 요인 vs 하락 요인

○ 상승 요인 1. 각 개발 사업 진행

방금 살펴본 용산구 개발계획은 최근에 발표된 것들은 아니다. 용산국

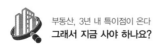

제업무지구와 한남뉴타운은 20년 가까이 된 오래된 뉴스이고 미군기지 역시 그러하다. 본격화되지 않은 개발계획임에도 기대감은 계속 높아져 용산구의 지속적인 상승 요인으로 작용할 것이다.

◔ 상승 요인 2. 부촌 이미지

강남과 마찬가지로 용산구의 아파트는 정부 규제가 심해질수록 더욱 안전 자산으로 인식되어 수요가 몰리게 된다. 대기업 총수들이 살고 있는 지역이라는 부촌의 이미지도 계속 유지될 것이다.

◔ 하락 요인 1. 부족한 교육 인프라

용산구는 손꼽을 만한 학원가가 없다. 인접한 마포구, 중구, 성동구도 사정은 마찬가지다. 부족한 교육 인프라가 용산구의 유일한 단점이다. 하지만 반전이 있다. 용산구에 산다면 굳이 수능을 준비해 한국의 대학에 가는 게 아니라 외국으로 유학을 가기 때문에 학원가는 필요가 없다고도 할 수 있다.

🏠📊 향후 집값 전망

- 2020~2025년 : 평당 3,700만~5,000만 원까지 상승할 것으로 보인다. 한남뉴타운은 입주 시점에 평당 1억 원에 거래되면서 상승세를 계속 유지하지 않을까 싶다.
- 2026~2030년 : 강남 수준에 근접하거나 일부 단지는 강남 이상의

가격을 기록할 것으로 본다. 앞서 보았던 대형 개발 호재들이 추가적인 상승세를 이끌어낼 것이다. 신규로 공급되는 아파트들이 입주 시 프리미엄을 포함해 평당 1억 5,000원까지 거래되어 고가 논란을 일으키지 않을까 예상한다.

🎖️ 주목할 만한 단지

- **이촌동 이촌두산위브트레지움 33평형** : 33평형이 14억 원으로 평당 4,300만 원 미만이다. 인접한 LG한강자이는 평당 5,400만 원, 한강맨션 재건축 아파트는 9,300만 원이다. 용산의 개발 호재에 대한 기대감은 앞으로도 계속 이어질 것으로 예상되기에 평당 가격이 낮은 두산위브트레지움을 주목할 만하다.

- **서빙고동 서빙고그린파크 33평형** : 33평형이 13억 5,000만 원으로 평당 4,100만 원 수준이다. 용산 전체보다 약간 낮게 시세가 형성돼 있다. 1개동 123세대 나홀로 아파트라는 단점이 작용한 결과로 볼 수 있다. 그러나 용산공원 예정지와 바로 인접해 있어 주목할 만하다. 용산 개발에 대한 기대감이 생길 때마다 상승할 여력이 생기는 셈이다.

평당 5,000만 원 가능

성동구

왕십리도선동　마장동
왕십리2동
행당1동　　사근동　　용답동
행당2동
금호1가동
금호2,3가동　응봉동
　　　　　　　성수1가2동　　송정동
금호4가동　　　　　　　성수2가3동
옥수동　　　　　　성수1가1동
　　　　　　　　성수2가1동

✅ 개요

서울시의 중동부에 위치하며 16.9㎢의 면적에 옥수동을 비롯한 17개의 법정동이 있다. 성동구는 과거 어두운 분위기의 지역이었다. 성수동 일대에 중소 규모의 공장들이 있고, 주거지는 고지대에 있어 달동네로 불렸다. 현재는 강남 3구에 이어 마용성으로 일컬어지며 고급 주거지로서의 위상을 세워나가고 있다.

동별 특징

성동구는 한강에서 이어지는 중랑천을 기준으로 서쪽의 기존 주거지와 동쪽의 신규 주거지로 구분된다. 기존 주거지는 옥수동, 금호동, 행당동이고 신규 주거지는 성수동 일대를 가리킨다. 특히 성수동 일대는 재개발 사업이 활발히 진행되고 있어 고급 주거지로 재탄생할 예정이다.

- **옥수동, 금호동** : 상당한 고지대로 과거 달동네로 인식되었으나 2010 년을 기점으로 고급 아파트들이 들어서면서 고급 주거지로 인식이 바뀌는 중이다. 특히 옥수동은 동호대교를 건너면 바로 압구정동과 연결되고 용산구 한남동과도 닿아 있다.
- **왕십리동** : 왕십리뉴타운이 있으며 기존의 노후 주거지역에서 새롭게 변신 중이다.
- **행당동** : 왕십리역을 중심으로 하는 아파트 위주의 주거지역이다.
- **응봉동** : 고지대로 과거 달동네 이미지가 강했다. 중랑천 너머 삼표 레미콘 공장이 풍경을 해치기도 했지만 지금은 새로운 주거단지로 변하고 있다.
- **사근동** : 한양대학교가 있다.
- **용답동** : 노후주택이 많으며 5호선 답십리역이 있다.
- **송정동** : 중랑물재생센터와 장안평 중고차 시장이 있다.
- **성수동** : 한강변에 위치한 지역이다. 과거 성수동 일대는 소규모 공장 밀집지역으로 주거지로서의 매력은 부족했다. 현재는 고급 주거지로 변신 중이다.

2019년 말 성동구청 집계 자료에 의하면 성동구에 등록된 공장은 약 2,400개로 성동구가 고급 주거지역으로 변화하기에는 갈 길이 아직 남아 있음을 알 수 있다.

인구와 소득

성동구 인구는 31만 명을 기준으로 5,000명 정도씩 꾸준히 증감해왔다. 갑자기 인구가 유출되거나 유입되지 않는다는 뜻이다.

성동구에 주소지를 둔 직장인은 12만 명 조금 못 미친다. 일자리 수는 21만 개로 그 2배 정도다. 즉 성동구는 베드타운이 아니며 일자리가 더 많아 수요 증가의 요소를 갖추고 있다. 혹시 소규모 공장이 많아 3D 위주의 일자리만 있지 않을까 생각할 수 있다. 하지만 원천징수지 기준으로 파악한 소득 현황을 보면 3,321만 원으로 서울 평균과 비슷하다. 강남구도 원천징수지 기준으로는 3,636만 원이니 큰 차이가 없음을 알 수 있다.

아파트 가격

2016년 평당 1,700만 원에서 2019년에는 3,000만 원까지 상승했다. 이유는 크게 두 가지로 볼 수 있다. 고급 아파트들이 가격 상승을 이끌고 여기에 옥수동과 인근의 아파트들이 가격 상승을 밀어준 것으로 볼 수 있다.

서울시의 가격 상승 패턴을 보면 강남이 오르면 그다음으로 마용성이 오른다. 대표적인 부촌 아파트 한화갤러리아포레의 경우 100평형이 2019년 9월에 50억 원으로 거래되어 평당 5,000만 원을 기록했다 (호가는 56억 9,000만 원).

성동구 아파트 평당 매매가 추이 (단위 : 만 원)

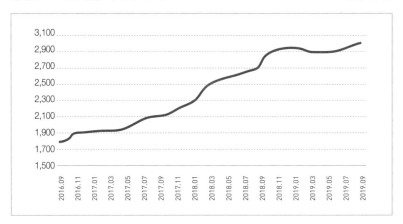

자료 : KB국민은행

호재

성동구에는 좋은 것이 생기고 나쁜 것은 사라지는 두 가지 개발 호재
가 있다. 전자는 성수전략정비구역이다. 한강에 접한 성수동을 개발하
는 것으로, 한강 조망과 50층 가능이라는 큰 장점이 있다. 한강 조망
으로 수천만 원에서 수억 원까지 프리미엄이 붙는다는 점을 감안하면
성수전략정비구역 입지는 매우 매력적이다. 여기에 더해, 서울시에서
아파트 최고 층수를 35층으로 제한하고 있는 상황에서 여의도와 함께
성수동은 예외적으로 50층까지 가능하다.

　나쁜 것이 사라지는 호재는 주민들의 숙원이었던 삼표레미콘 공장
이전이다. 1970년대 운영을 시작한 이후 지금까지 가동되며 서울의
산업화를 이끌었지만, 서울에 몇 안 되는 레미콘 공장으로 소음과 먼
지로 인해 민원이 꾸준히 제기됐다. 그간 이전이 여러 번 논의되었으

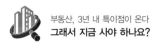

성수 전략정비구역 위치도

서울숲역
서울숲
1지구
2지구
3지구
4지구
강변북로
서울숲
트리마제
한강
성수역
성수시거리
건국대학교
서울캠퍼스
건대입구역
2
7

자료 : 〈동아일보〉 2019. 6. 21.

나 아직 마땅한 대안을 찾고 있지 못한 상황이다.

1998년에는 서울 신청사 이전 부지로 검토됐고, 2004년에는 서울 숲에 포함하려다 없던 일이 됐다. 2010년에는 현대자동차 글로벌비즈니스센터 건립을 추진하다가 무산되기도 했다. 현재 확정된 것은 2022년 6월까지 공장 이전 및 철거를 끝내겠다는 약속이다. 이전이 완료되면 성수동은 고급 주거지로 새로 태어날 것이다.

🏢 상승 요인 vs 하락 요인

⬆ 상승 요인 1. 강남과 가까운 위치

옥수동, 성수동은 지하철로 한 정거장, 육로로는 다리만 건너면 바로 강남구다. 강남에 거주하는 부모들이 자녀에게 집을 사줄 때 이왕이면 가까운 곳을 선택하는 심리와 연결된다. 강남에 집 1채를 더 사자니 금액이 부담스러운데 옥수동은 가까우면서 부담도 덜하기 때문이다.

❶ 상승 요인 2. 개발과 이전

성수 전략정비구역 개발과 삼표레미콘 공장 이전이 진행될수록 성수동은 가격이 상승할 것이다.

❶ 하락 요인 1. 부족한 사교육 여건

자녀 교육을 고려하면 성수동은 매력적인 지역이 아니다. 비슷한 가격이면 양천구 목동, 강남구 대치동이 대안이 될 수 있기 때문이다. 특히 특목고 · 자사고가 축소되는 대입 환경 변화는 사교육의 중요성을 부각시키는 요인이 될 텐데, 성동구는 교육 여건에 대해서는 이렇다 할 게 없다.

🏠 향후 집값 전망

- **2020~2025년** : 평당 3,000만 원 수준에서 지속적 상승세를 보여 5,000만 원까지 가능할 것으로 예상한다. 2019년 말 현재 인접한 강남지역이 평당 1억 원에 거래되고 한화갤러리아포레가 5,000만 원에 거래되는 것을 감안하면 아직 '비싸지 않다' 라고 인식될 수 있는 가격대이기 때문이다.
- **2026~2030년** : 평당 5,000만 원 수준까지 올라간 이후로는 상승세가 둔화될 것이다. 성동구 이미지에 비해 가격이 너무 올랐다는 심리적 부담과 부족한 교육 여건으로 추가적인 가격 상승은 한계를 보일 것이다.

⭐ 주목할 만한 단지

- **하왕십리동 행당풍림아이원 43평형** : 5호선 행당역 인근에 있으며 31평형이 7억 5,000만 원, 43평형이 8억 원이다. 중소형 가격은 상승하는 데 비해 대형 평형은 횡보하는 상황이다. 향후 대형 평형이 상승할 것으로 예상할 수 있다.

- **성수동 두산위브 47평형** : 한강에 인접해서 조망권이 있는 아파트가 평당 5,000만 원을 호가하는 상황에서 두산위브 47평형은 12억 원으로 평당 2,600만 원 미만이다. 32평형이 10억 원인 상황임을 고려하면 상승의 여지가 충분하다.

정시 확대되면 평당 1억 원

양천구

개요

양천구는 서울의 남서부에 위치한다. 서쪽으로는 강서구, 동쪽으로는 영등포구, 북쪽로는 강서구, 남쪽으로는 구로구와 면해 있다. 면적은 17.4㎢, 인구는 약 47만 명이다.

동별 특징

- **목동, 신정동** : 목동 신시가지, 아파트 위주의 지역이다. 신정동은 신정뉴타운 사업이 진행 중이기도 하다. 학원이 밀집해 있는 것은 물론이다. 목동 아파트라고 할 때 목동뿐만 아니라 신정동까지 포함한다.

- **신월동** : 김포공항을 이용하는 비행기들의 소음으로 주거 여건이 불

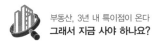

편하다. 고도 제한으로 고층 건물을 지을 수 없기에 대단지 아파트 단지는 없고 단독주택과 다세대주택 위주다.

인구와 소득

2012년경 50만 명을 넘었으나 2019년에는 47만 명 선으로 인구가 감소했다. 6% 정도 하락한 것이다. 세대 수 역시 같은 기간 18만 1,000 세대에서 17만 7,000세대로 2% 정도 줄었다. 양천구는 인구도 줄고 세대도 줄어드는 상황이다.

양천구 거주 직장인은 17만 명, 연봉은 4,280만 원이다. 일자리는 7만 4,000개가 있으며 급여는 3,200만 원 수준이다. 강남구와 서초구는 거주하는 직장인의 수보다 일자리가 더 많은 반면 양천구는 거주 직장인이 2배 이상 많다. 수치로만 보면 양천구는 베드타운인 셈이다. 자녀 교육을 위해 거주하는 수요가 많은 것으로 짐작해본다.

아파트 가격

2016년 평당 1,900만 원 선에서 2019년 2,800만 원 선으로 47% 상승했다. 이 3년 동안 양천구에는 특별한 호재가 없었다. 오히려 악재만 많았다. 강남권의 상승 때문에 발표된 각종 부동산 규제의 대상이 되었기 때문이다. 호재는 없고 악재만 있는 상황에서 아파트 매매가가 상승했다는 것은 양천구의 수요가 강하게 유지되고 있음을 보여준다.

양천구 아파트 평당 매매가 추이 (단위 : 만 원)

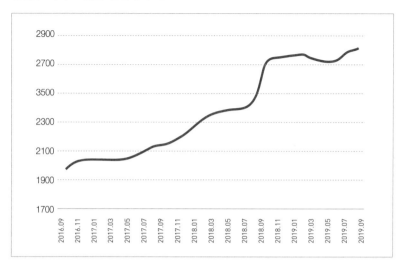

자료 : KB국민은행

호재

특별한 개발 호재는 없다. 발표된 내용은 경인고속도로 지하화, 신정 차량기지 이전인데 기존에 없던 도로를 새로 연결하는 것이 아니기에 체감하기에는 미미한 정도다. 아이러니하게도 아파트가 계속 낡아가 는 것이 오히려 개발 호재다. 개인적으로 신시가지 아파트 주변의 악 명 높은 일방통행 도로만 정리해주면 좋겠다. 잘 모르고 목동의 미로 같은 일방통행길에 들어섰다가는 당황할 수밖에 없으니 말이다.

- **목동 신시가지 아파트 재건축** : 14개 단지 2만 6,000세대가 30년을 넘은 상태다. 재건축 사업을 진행할 수 있는 기본적인 여건은 갖추어졌 다는 뜻이다. 일부 단지가 재건축 안전 진단을 신청해서 재건축에

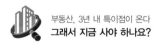

대한 기대감을 불러일으키기도 했다.

- **신정뉴타운** : 신정동 일대를 재개발하는 사업이다. 대부분 입주까지
  완료했고 아직 4구역이 남아 있다.

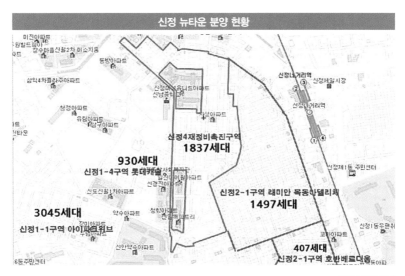

자료 : 업계 종합

신정뉴타운 3.3㎡당 분양가

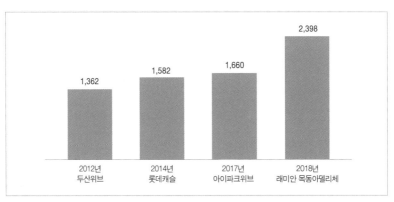

(단위 : 만 원)

자료 : 업계 종합

2018년 평당 2,400만 원에 분양되었다. 실거래가는 33평형이 8억 5,000만 원으로 평당 2,500만 원 수준이다.

상승 요인 vs 하락 요인

⬆ 상승 요인 1. 목동 신시가지 아파트 재건축 기대감

현실적으로 봤을 때 목동 신시가지 아파트 재건축 자체는 진행이 더딜 것이다. 현재 상태로도 주거환경이 좋아 실거주 비중이 높고 시세도 상승하는 상태이기 때문에 특별히 재건축을 추진할 만한 동기가 부족하다. 여담이지만, 목동 아파트를 지을 때는 품질 좋은 모래를 사용했기 때문에 집이 튼튼하기까지 하다. 즉 '재건축 시급'이라는 안전 진단 결과가 나오지는 않을 것이다. 그럼에도 재건축에 대한 기대감은 목동 신시가지 아파트들의 가격을 상승시키는 요인으로 작용하리라 예상된다.

⬆ 상승 요인 2. 입시제도의 변화

대학 입시에서 정시 모집을 확대하고 특목고·자사고를 줄이겠다는 정부의 계획은, 그 실현 가능성은 둘째 치고 사교육에 대한 수요를 증가시킬 것으로 판단된다. 목동이 교육에 특화된 대표적인 지역이라는 점을 고려하면 지금과 같은 입시제도의 움직임은 수요를 늘리는 요인으로 작용할 것이다.

❶ 하락 요인 1. 재건축 안전 진단 관련 실망감

2019년 10월 말 현재, 목동 신시가지 6단지, 9단지, 13단지 아파트가 재건축 안전 진단을 신청한 상태다. 진단 결과에 따라 시나리오가 달라질 수 있겠지만, 워낙 튼튼하게 잘 지어진 아파트라 안전하지 않다는 진단을 받기는 어려울 것으로 본다. 총선과 대선을 앞둔 정부로서도 재건축으로 아파트 가격이 오르면 선거에 불리해질 수 있다.

📊 향후 집값 전망

- 2020~2025년 : 재건축 기대감이 지속적으로 반영되어 2025년 이전에 평당 7,000만 원에 거래되는 목동 신시가지 아파트들이 속출할 것이다. 이미 1단지 26평형은 12억 원 선에 거래되고 있어 평당 5,000만 원을 넘어선 상태다. 26평형이 18억 원을 넘을 것이다.
- 2026~2030년 : 몇몇 단지가 재건축 추진 가능 판정을 받고, 대입에서 정시 비중이 확대되는 등 입시제도 개편이 이루어지면 평당 1억 원에 거래되리라 보인다. 앞서 본 26평형이 26억 원 선에 거래될 것이다.

✌️ 주목할 만한 단지

양천구는 목동의 재건축 단지들이 가격 상승을 주도하고 있으며, 기타 단지들이 수혜를 입는 상황이다.

- **목동 신시가지 12단지 20평형** : 매매가는 8억 8,000만 원, 전세가는 3억 원이다. 목동 재건축의 영향을 직접적으로 받는 단지이기도 하다. 12단지를 꼽은 이유는 대지 지분 때문이다. 인근 13단지보다 대지 지분이 많음에도 가격은 유사하게 형성되어 있다. 12단지를 우선 주목할 필요가 있다.
- **신정동 신정뉴타운 두산위브 34평형** : 매매가 5억 8,000만 원에 전세가 4억 원으로 2억 원 이내의 자금으로 갭 투자가 가능하다. 신정뉴타운의 재개발 사업이 지속되면서 가격 상승의 영향을 받을 것으로 예상한다.

소폭으로 완만한 상승

노원구

상계동

중계동

하계동

월계동 공릉동

✅ 개요

노원구는 서울 동북부에 위치하며 경기도와 맞닿은 지역이다. 면적은 35.44㎢로 서울시 전체 면적의 5.8%를 차지한다. 노원구는 인근의 도봉구, 강북구와 함께 '노도강'으로 묶여 불리기도 한다. 이들 지역의 공통점은 비교적 낮은 금액으로 전세를 안고 아파트를 매입하는 갭 투자가 많다는 점이다.

실거래가를 보면 서울에서 도봉구와 노원구가 가장 낮다. 소형 아파트 위주라는 특징을 감안해도 이 정도면 아직 갭 투자의 매력이 있음을 알 수 있다.

노원구는 평당 가격이 가장 낮은 자치구 중에는 속하지 않는다. 즉 거래 금액 자체는 낮지만 평단가는 낮지 않은 중소형 아파트 중심이

2019년 아파트 평균 실거래가가 가장 낮은 자치구

(단위 : 만 원)

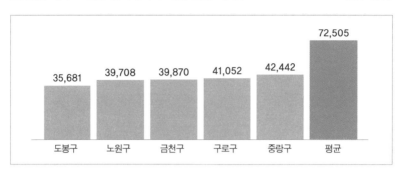

도봉구	노원구	금천구	구로구	중랑구	평균
35,681	39,708	39,870	41,052	42,442	72,505

자료 : 부동산114

2019년 아파트 평균 ㎡당 가격이 가장 낮은 자치구

(단위 : 만 원)

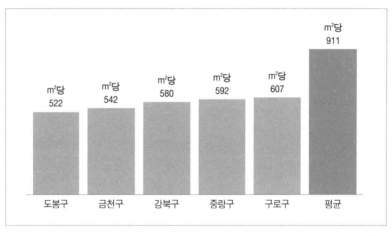

도봉구	금천구	강북구	중랑구	구로구	평균
㎡당 522	㎡당 542	㎡당 580	㎡당 592	㎡당 607	㎡당 911

자료 : 부동산114

다. 아파트 위주라는 점도 노원구의 특징이다. 총 228개 단지에 13만 3,000세대로, 서울에서 아파트 세대 수가 가장 많다. 참고로 2위는 203개 단지 11만 4,000세대의 송파구다.

동별 특징

- **상계동** : 상계동은 주공아파트 위주의 지역으로 주공 1단지부터 16 단지까지 있다. 5단지와 8단지는 재건축이 진행 중이라 거래하기 부담스럽고, 15단지는 2,100세대의 공무원 전용 단지라서 거래가 불가하다. 남은 13개 단지들이 갭 투자 대상이 된다.

- **중계동** : 은행사거리 인근의 아파트가 인기가 좋다. 다른 중계동 아파트보다 가격이 높게 거래된다. 은행사거리와 거리가 떨어져 있는 곳은 행정구역만 중계동일 뿐 상계동과 다를 게 없는 것으로 평가된다.

- **하계동** : 투자할 만한 아파트가 별로 없는 지역이다. 투자 수요가 몰리지 않고 실거주하는 세대가 많다.

- **공릉동** : 주거지역이라기보다는 서울여자대학교, 삼육대학교, 육군사관학교, 태릉선수촌 등이 위치한 한산한 곳이라는 이미지가 강하다. 심지어 대학교들 근처에 제대로 된 상업시설도 없는 매우 고즈넉한 지역이다.

- **월계동** : 광운대학교, 인덕대학교가 있다. 지하철은 1호선이 광운대역과 월계역을 지난다. 고지대에 도로 여건도 열악해 주거지로서의 매력이 크지 않은 지역이다.

인구와 소득

노원구는 2010년 61만 명에서 2019년 54만 명으로 10년간 약 10%의 인구 감소가 있었다. 세대 수는 같은 기간 22만 5,000세대에서 21만

7,000세대로 3% 정도 감소했다. 세대는 크게 감소하지 않았는데 인구는 많이 감소했다는 특징이 발견된다.

노원구에는 18만 8,000명의 직장인이 거주하며 그들의 평균 소득은 연 3,550만 원이다. 일자리는 7만 8,000개가 있고 평균 급여는 약 2,800만 원이다. 18만 8,000명의 직장인이 살고 일자리는 8만 개에 못 미치니 약 11만 명은 노원구 밖으로 출근해서 노원구로 퇴근하는 상황이다. 베드타운이라는 표현이 결코 과하지 않다.

아파트 가격

노원구는 일자리가 적고, 소득도 적고, 인구는 감소하는 매력 없는 베드타운이다. 그렇다면 가격은 어떨까. 최근 3년간의 평당 가격을 보면 하락 없이 지속적인 상승을 이뤄왔다.

2016년 평당 1,200만 원 수준이던 시세가 3년이 지난 2019년에는 1,700만 원 선까지 올랐다. 40%가 약간 넘는 상승률이다. 급등한 시기는 2018년 7월과 8월인데 1,400만 원에서 1,700만 원으로 2개월 만에 평당 300만 원이 상승했다.

노원구가 갭 투자 인기지역인 것도 무리는 아니다. 3년간 특별한 호재가 없었음에도 불구하고 꾸준히 상승했기 때문이다. 2018년을 기점으로 강남에서 시작된 서울 전체의 가격 상승 영향을 받은 게 아닌가 싶다. 더 늦기 전에 소액을 동원해서 투자하자는 수요가 영향을 미쳤을 것으로 짐작한다.

이번에는 실거래가 현황을 살펴보자. 노원역 인근의 상계주공 6단

노원구 아파트 평당 매매가 추이

(단위 : 만 원)

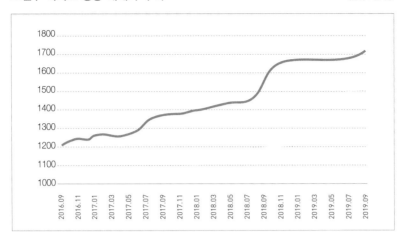

자료 : KB국민은행

노원구 상계주공 6단지 13평형 실거래가 추이

계약월	매매가
2019.06	3억 700(22일, 12층)
2018.06	2억 5,000(17일, 6층)
2018.05	2억 5,850(28일, 14층)
2018.04	2억 5,300(28일, 4층)
2018.03	2억 4,500(17일, 10층)
2018.02	2억 3,500(7일, 14층) 2억 5,000(13일, 14층)
2018.01	2억 3,000(29일, 4층)
2017.08	2억 3,750(11일, 4층)
2017.05	2억(31일, 1층)
2017.04	2억 1,200(15일, 6층) 2억 500(28일, 5층)
2017.03	2억 250(22일, 10층)
2017.02	1억 9,500(21일, 10층)
2017.01	1억 9,200(18일, 9층)

자료 : 네이버 부동산

지 13평형 실거래가다.

2017년 1월에 1억 9,500만 원에 거래되었으나 2019년 6월에는 3억 700만 원에 거래된 사례가 있다. 수억 원씩 급등하는 강남 아파트 기준으로 보면 놀랄 일이 아니지만, 비율로 따져보면 50% 이상 상승한 것이다. 좀 더 자세히 보면, 2018년 6월을 마지막으로 거래가 없다가 2019년 6월에 5,000만 원 상승한 가격에 거래됐음을 알 수 있다.

호재

노원구의 개발 호재는 크게 3가지로 압축된다. 상계뉴타운, 창동·노원 신경제중심지 조성, 그리고 GTX다. 하나씩 살펴보자.

● **상계뉴타운** : 상계뉴타운은 상계역과 당고개역에 걸친 낙후지역을 재개발하는 사업이다. 입지를 보면 상계동에서도 가장 외진 지역이었으나 뉴타운을 통해 신축 아파트가 공급되고 있다.

상계동은 1988년을 전후로 주공아파트가 대량 공급된 이후 일부 민영 아파트를 제외하면 새 아파트 공급이 전무한 상황이라 특히 관심을 모았다.

2019년 말 상계뉴타운의 상계센트럴푸르지오 24평형이 6억 2,000만 원에 거래되었다. 평당 2,600만 원이다. 향후 상계뉴타운의 다른 구역들도 사업이 진행되면서 가격이 어떻게 변화할지 지켜볼 필요가 있다. 개인적인 판단으로는 상계뉴타운은 상계동에서도 외진 곳이라 실제 가치에 비해 고평가되었다고 생각한다. 같은 시기에 입주 예정인 인근의 노원꿈에그린 1단지(구 상계주공 8단지) 24평형이 4억 5,000만 원에 거래되고 있는 것을 고려하면 더욱 그러하다.

- 창동·상계 신경제중심지 조성 : 2020년부터 본격 진행될 예정으로 노원구에서는 노원역 일대를, 인접한 도봉구에서는 창동역 일대를 비즈니스 존으로 개발하는 사업이다. 이를 위해 필요한 것은 크게 두 가지다. 창동 차량기지와 도봉 면허시험장 이전이다. 그림을 보면 상업·도심지원 구역이 도봉 면허시험장, 상업·업무 구역이 창동 차량기지다. 이 두 곳의 원활한 이전이 창동·상계 신경제중심지 조성의 핵심 내용이라 할 수 있다. 계획대로라면 2024년에는 서울 동북권의 신경제중심지로 재탄생할 것이다.

- GTX C노선 개통 : GTX C노선이 2021년 착공해 2026년경 완공되면

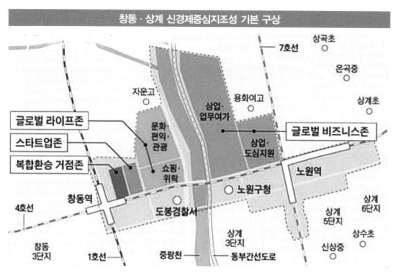

창동·상계 신경제중심지조성 기본 구상

자료 : 노원구청

교통 여건이 좋아질 것으로 보인다. 현재 노원구에서 도심으로 가려면 시내를 통과하거나 정체가 심한 동부간선도로를 이용해야 한다. GTX C노선이 개통되면 삼성역까지 20분 안에 도착할 수 있으니 호재로 작용할 것으로 보인다.

⬆⬇ 상승 요인 vs 하락 요인

⬆ 상승 요인 1. 서울이라는 행정구역

노원구는 끝자락 상계동이 경기도 의정부와 닿아 있다. 물리적으로는 유사한 위치지만 노원구는 서울이므로 의정부에 비해 가격이 비싸게 거래된다. 앞으로 서울과 지방의 극소수 인기지역만 상승하는 움직임이 본격화되면, 노원구 역시 서울이라는 행정구역상의 장점으로 가격이 지속적으로 상승할 것이다.

⬆ 상승 요인 2. 재건축 기대감

상계동 아파트 단지는 1980년대 말에 입주를 시작해 2020년에는 30년이라는 재건축 안전 진단 기준을 충족하게 된다. 주공 1단지~16단지 중 5단지와 8단지는 현재 재건축이 추진 중이다. 공무원 단지인 15단지를 제외하면 남은 13개 단지가 재건축 사업이 가능한 셈이다.

재건축에 대한 기대감은 가격 상승 요인으로 작용할 텐데, 주의할 사항이 있다. 10년이 지난 2030년이 되어도 여전히 추진은 안 되고 기

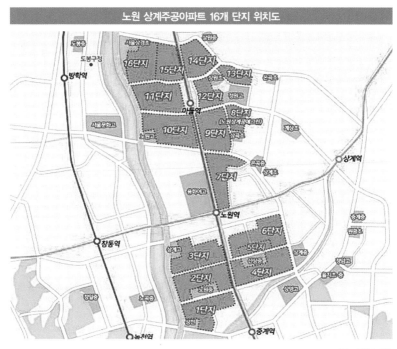

노원 상계주공아파트 16개 단지 위치도

자료 : 〈시사저널〉

대만 하고 있을 수 있다. 그럼에도 불구하고 가격에는 반영되어 꾸준한 상승세를 나타낼 것이다.

◑ 하락 요인 1. 서울 외곽이라는 한계

교통이 아무리 발달한다 해도 물리적 거리는 여전히 존재한다. 서울 중심업무지구인 광화문, 여의도, 강남과 거리가 멀다. 2019년 10월 국토부에서 '수상한 부동산 거래'를 대대적으로 조사한다 했을 때 대상 지역은 강남 4구와 마용성, 서대문, 이렇게 8개 구였다. 정부는 의도하지 않게 좋은 부동산 투자지역을 알려준 셈인데 여기서 노원구가 제외되었다는 점을 참고하자.

🔵 하락 요인 2. 규제의 직격탄

정책 시차라는 것이 있다. 정부에서 뭔가 문제를 발견하고 이를 해결하기 위해 대책을 내놓기까지의 내부 시차가 있고, 이 대책이 시행되어 실제로 효과를 나타내기까지의 외부 시차가 있다. 노원구는 외부 시차의 희생양이 되는 경우가 많다.

강남지역이 비정상으로 상승하면 정부는 급하게 대책을 마련한다. 하지만 정책이 발표되는 시점은 강남 및 주요 지역의 부동산 가격이 이미 오르고 난 다음 노원구가 오를 준비를 하는 시기다. 따라서 노원구는 정책 발표로 인해 직격탄을 맞게 된다.

타이밍이 항상 안 좋을 수밖에 없다. 앞으로 강남지역이 오를 때마다 정부는 더욱 강력한 대책을 발표할 텐데 매번 피해를 입는 곳은 노원구 중심이 될 가능성이 높다.

🏙️ 향후 집값 전망

● **2020~2025년** : 2019년 10월 현재 지하철역에서 가까운 상계주공 11단지 32평형의 매매가는 6억 3,000만 원, 전세가는 3억 5,000만 원이다. 평당 2,000만 원 조금 못 미치는 수준이다. 같은 단지 25평형은 4억 2,000만 원으로 평당 1,880만 원이다.

11단지를 비롯한 상계주공아파트는 전체적으로 2025년까지 완만

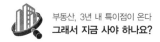

한 상승세를 보여 평당 2,500만 원까지 상승할 것으로 예상한다. 1년에 평당 100만 원씩 오르는 셈이다. 32평형은 최고 8억, 25평형은 최고 6억 3,000만 원에 거래되지 않을까 싶다. 가격이 급락할 가능성이 거의 없다는 장점이 있지만 급상승할 동력 역시 부족하다는 특성을 반영해 예상했다.

- **2026~2030년** : 2025년까지 완만한 상승세를 보인 후 정체기를 겪을 것으로 예상된다. 교육 특구라는 중계동 아파트 32평형 호가가 10억 원 내외임을 고려할 때 노원구의 심리적 한계선은 평당 3,000만 원이 되지 않을까 싶다.

  2030년에도 상계동 아파트들이 평당 3,000만 원을 넘어 10억 원 넘게 거래될 가능성은 낮아 보인다. 신축 아파트는 평당 3,000만 원 정도, 주공 아파트는 2,700만 원 정도가 2030년 시점의 매매 호가 한계선이 될 것이다.

상계동 13개 단지는 재건축이 가능하기는 해도 쉽게 추진되지는 못할 것이다. 현재 진행 중인 단지는 5층짜리 아파트라 재건축으로 25~30층만 돼도 원래 층수의 6배까지 가능하다. 반면 다른 단지들은 15층 내외이기 때문에 재건축을 해도 크게 이익을 보기 힘든 구조다. 강남처럼 재건축을 하고 나면 몇 억 원씩 오른다는 보장이 없기에 사업 진행 속도는 기대하지 않는 편이 낫다. 전세를 안고 사두는 투자라면 나쁘지 않다. 서울 아파트 가격의 전체적인 오름세에 따라 급격하지는 않지만 지속적으로 오르는 모습을 기대해볼 수 있다.

중계동은 은행사거리에 인접한 아파트라면 가격 하락에 대한 걱정 없이 지낼 수 있다.

노원구 개발 호재는 동북선 경전철 사업, GTX C노선, 창동 아레나 복합문화시설, 동부간선도로 지하화 및 확장 개통이 대표적이다. 그러나 꼼꼼히 따져보면 노원구 생활환경을 개선할 만한 호재는 거의 없다. 이러한 호재들이 노원구 집값을 올려준다고 믿는다면 대단히 순진한 접근이다. 비양심적인 부동산중개업소 사장님들이 좋아할 손님은 되지 말자.

🎖 주목할 만한 단지

노원구는 교육 요인이 있는 중계동과 재건축 반사이익을 얻는 단지에 주목할 수 있다.

- **중계동 청구3차아파트 32평형** : 중계동 사교육 중심지인 은행사거리의 대표 아파트다. 중계동의 시세를 주도하는 단지이기도 하다. 매매가 8억 8,000만 원에 전세가 6억 원으로 형성돼 있다. 3억 원으로 갭 투자가 가능하다.
- **상계동 상계주공 6단지 20평형** : 노원역에 인접해 있어 소형 평형 위주로 매매와 전세 수요가 많은 단지이며, 경계가 맞닿은 상계주공 5단지가 재건축 사업 진행 중이라 이에 따른 반사이익을 얻을 수 있다.

9호선 연장으로 매력도 상승

강동구

✅ 개요

25㎢의 면적에 인구는 43만 명 내외이며 서쪽으로는 송파구, 동쪽으로는 경기도 구리 · 남양주 · 하남 · 광주와 인접해 있다. 입지만 보면 서울과 경기도 사이에 있는 형상이다.

주거지역으로 둔촌동 · 고덕동 · 상일동 · 강일동이 있고 유흥지역으로 천호동이 있다. 간단히 보면 강동구는 서쪽이 유흥가, 동쪽은 주택가로 구분되는 셈이다.

동별 특징

● **둔촌동** : 2020년 1월 착공해 2020년 4월에 분양 완료할 계획으로 둔촌주공 재건축이 진행중이다. 관건은 분양가인데, 2019년 11월 현

재 조합이 제시하는 금액은 일반분양가 기준으로 평당 3,550만 원이고, 주택도시보증공사(HUG) 기준 2,700만 원으로 이야기되고 있는 상황이다.

- **고덕동, 상일동, 명일동** : 고덕주공 1~9단지가 위치한 지역이다. 공무원 단지인 8단지를 제외하고 나머지 단지들은 재건축 추진 중이거나, 재건축되어 입주 예정이거나, 입주를 완료했다. 입주 완료된 1단지는 고덕아이파크로 34평형 가격은 매매가 11억 4,000만 원(평당 3,353만 원)에 전세가 5억 5,000만 원으로 시세가 형성되어 있다.

- **성내동** : 일부 고급 아파트 단지와 주택들이 혼재한 지역이다. 올림픽공원과 가까워 생활환경이 쾌적한 편이다.

- **명일동** : 주택가에 더해 학원이 밀집된 지역이다. 둔촌주공 9단지가 대형 평형 위주라서 고급 주택가 이미지가 강한 지역이기도 하다.

- **길동** : 길동역을 중심으로 유흥시설이 일부 있으나 전체적으로 조용하고 한적한 지역이다. GS자이와 삼익아파트를 제외하면 조용한 주택가의 모습을 보인다.

- **암사동** : 3,400세대의 롯데캐슬을 제외하면 일반주택과 전원주택이 주를 이룬다. 서울 안에서 전원생활을 할 수 있는 지역이기도 하다. 암사동은 땅을 파기만 하면 유적이 나오기 때문에 아파트 건설에 어려움이 많다.

- **천호동** : 천호역 중심의 쇼핑·유흥가로 현대백화점, 이마트, 로데오 거리가 있다. 현재는 재개발 예정인 집창촌으로 인해 부정적 이미지가 강한 지역이기도 하다.

인구와 소득

2011년 50만 명을 정점으로 지속적으로 인구가 줄어 2019년에는 43만 명 내외가 살고 있다. 8년간 14%의 인구가 감소했다. 세대 역시 19만 세대에서 17만 8,000세대로 줄어 세대와 인구가 동시에 감소하는 모습을 보이고 있다.

주소지 기준으로 16만 명이 연 3,630만 원의 급여를 받고 있으며 원천징수지 기준으로는 11만 명이 연 3,703만 원의 급여를 받는다. 강동구 거주 직장인은 16만 명, 강동구 소재 일자리는 11만 개이므로 강동구는 노원구와 유사한 베드타운임을 짐작할 수 있다.

아파트 가격

강동구는 주거지와 유흥가의 가격이 분리되는 모습을 보인다. 인기 주

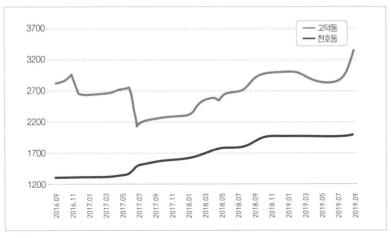

강동구 아파트 평당 매매가 추이 (단위 : 만 원)

자료 : KB국민은행

거지인 고덕동의 평당 매매가는 2017년 약 2,200만 원에서 현재는 3,200만 원이 넘는 반면, 천호동은 같은 기간 약 1,200만 원에서 2,000만 원으로 상승했다. 같은 강동구라 하더라도 평당 1,000만 원의 가격 차이를 확인할 수 있다.

호재

강동구의 개발 호재는 크게 두 방향이다. 나쁜 것은 사라지고 좋은 것은 더해진다. 전자는 천호역 인근의 집창촌, 후자는 각종 재건축 사업과 지하철 연장이다.

- **둔촌주공 재건축** : 약 6,000세대가 입주하는 대규모 사업이다. 함께 진행되는 고덕주공 재건축 사업과 맞물려 강동구 부동산 시장에 활력을 줄 것으로 예상된다.

자료 : 〈조선일보〉 2019. 4. 19.

- **지하철 연장** : 강동구의 약점은 지하철 연결의 불편함이었다. 2호선 강남역으로 이동하려면 5호선 천호역에서 8호선으로 갈아타고 잠실역으로 가서 다시 2호선으로 환승해야 했다. 게다가 5호선은 강동역 위아래로 노선을 나누어 쓰고 있어 불편함은 심각한 수준이었다. 9호선 4단계 연장으로 강동구에서 웬만한 지역은 지하철역까지 도보 이동이 가능해질 것으로 기대된다. 4단계 연장 구간은 중앙보훈

병원역부터 생태공원사거리-한영고교-고덕-샘터공원으로 4개역이 신설될 예정이다. 지하철은 항상 가장 강력한 호재로 작용한다. 따라서 강동구의 주거 매력도와 가격을 상승시키는 주요 원인이 될 것으로 보인다.

- **천호동 재개발 사업** : 그동안 강동구의 이미지를 훼손해 왔던 천호동 집창촌에 2023년경 주상복합 아파트 등이 들어설 예정이다. 둔촌주공과 고덕주공에 투자자들의 관심이 몰리고 있지만 천호동의 잠재력도 무시할 수 없다. 현재 평당 1,000만 원의 차이가 나는

자료 : 땅집고

것은 천호동의 부정적 이미지 때문인데, 천호뉴타운 사업이 완료되면 마이너스 요인이 사라진다.

⬆⬇ 상승 요인 vs 하락 요인

⬆ 상승 요인 1. 강남지역 가격 상승

반포지역이 평당 1억 원에 거래될 때 강동구가 3,000만 원 수준에 거래되는 것을 고려하면 강동구의 추가 상승은 쉽게 짐작할 수 있다. 강

동구의 가치가 급격하게 오르기 때문이 아니라 인접지역의 가격이 워낙 높게 형성되니 그 영향을 받는 것으로 보면 된다. 유흥지역을 제외하면 강동구가 교육환경과 주거환경이 좋은 편이라는 점도 상승 요인으로 작용하리라 예상된다.

⬆ 상승 요인 2. 고덕주공 · 둔촌주공 재건축
특히 강동구는 강남 4구라는 특성과 맞물려 재건축 아파트 분양 완료 후 가격이 상승하고 인근 아파트도 가격이 상승하는 순환 구조를 보일 것으로 예상된다.

⬇ 하락 요인 1. 입주 물량 집중
둔촌주공과 고덕주공 재건축 사업이 마무리되면 1만 세대 이상의 물량이 강동구에 풀리게 된다. 공급이 늘어나면 가격이 하락할 수밖에 없다. 따라서 입주가 마무리되는 2022년경까지는 가격 상승세가 꺾일 수 있다.

🏠 향후 집값 전망

- 2020~2025년 : 강동구 평균 매매가는 평당 2,500만 원에서 각종 개발 호재로 가격이 상승해 3,000만~4,000만 원 사이로 형성될 것으로 예상된다. 천호동은 평당 3,000만 원, 고덕동 일대는 4,000만 원까지 상승할 것이다.

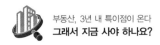

- **2026~2030년** : 2025년을 기점으로 상승세가 마무리되어 10~20% 추가 상승하지 않을까 싶다.

⭐ 주목할 만한 단지

강동구는 강남권역이라 모든 단지가 주목할 만하다. 다른 평형과 평단가를 비교해서 선정했다.

- **암사동 한솔솔파크더리버 32평형** : 매매가 8억, 전세가 5억 원이다. 인접한 곳에 천호뉴타운 사업이 진행 중이며, 평당 매매가가 2,500만 원으로 주변 신축 아파트들이 4,000만 원인 점을 고려할 때 향후 상승 가능성이 있다.
- **천호동 래미안강동팰리스 36평형** : 23평형은 평당 4,000만 원 수준인 데 비해 36평형은 3,400만 원 수준이다. 매매가는 12억, 전세가는 6억 5,000만 원이다. 향후 가격이 상승할 때 23평형의 평당 가격을 따라잡지 않을까 예상된다.

적은 거래량으로 제한적 상승

강북구

우이동

수유동

번동

미아동

✅ 개요

강북구는 서울 북쪽에 자리한 자치구로서 면적은 23.6㎢다. 미아뉴타운을 제외하면, 오래된 단독주택과 빌라 위주의 전형적인 낙후 주거지의 모습을 보인다.

동별 특징

강북구는 우이동, 수유동, 미아동, 번동, 이렇게 4개의 법정동으로 구성돼 있다. 행정동으로 들어가면 삼양동, 삼각산동, 송중동 등이 있기는 하지만 특색이 다르지 않기 때문에 법정동 기준으로만 정리해도 무리는 없다.

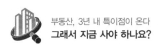

- **우이동** : 4·19민주묘지가 있는 곳이다. 서울 소재 대학교 학생들이 MT로 오는 민박집이 많으며, 북한산 등산로와 도선사로 주말에는 등산객들의 방문이 많다.
- **수유동** : 수유역 인근을 중심으로 유흥시설이 발달한 지역이며 벽산 아파트와 래미안수유를 제외하면 대부분 노후주택 단지다.
- **미아동** : 미아뉴타운이 있는 지역이다.
- **번동** : 번동주공 1~5단지가 있다. 이 중 2단지, 3단지, 5단지는 영구 임대 아파트다. 거래는 1단지와 4단지만 가능하다.

인구와 소득

2010년 35만 명을 정점으로 2019년 31만 명 수준으로 떨어졌다. 10% 남짓 인구가 감소했다.

강북구는 주소지와 원천징수지 모두에서 서울에서 가장 낮은 소득 수준을 보인다. 주소지를 기준으로 보면 서울 평균 4,015만 원에 훨씬 못 미치는 2,707만 원이고, 원천징수지 기준으로도 서울 평균 3,783만 원에 비해 1,000만 원 이상 낮은 2,512만 원이다.

주소지가 강북구인 직장인은 10만 명이고 원천징수지 기준으로는 3만 8,000명이다. 직장인 수도 서울에서 가장 적다.

아파트 가격

2018년 여름에 매매가가 한 번 움직여 평당 1,300만 원에서 1,600만 원 수준으로 소폭 상승했다. 이후 일정 수준을 유지하고 있다. 전세가

강북구 아파트 평당 매매가 추이　　　　　　　　(단위 : 만 원)

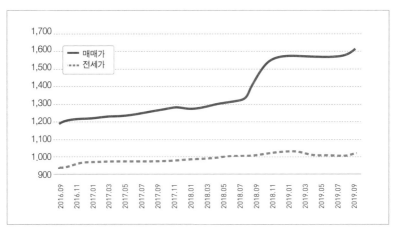

자료 : KB국민은행

는 상승 없이 평당 1,000만 원 내외를 유지하고 있다.

호재

강북구는 현재 뚜렷한 개발
계획이 없다. 군이 찾아보자
면 공공기관 이전 정도다. 그
다지 큰 영향을 끼칠 것으로
보이지는 않는다. 공무원들
교육센터가 들어서는 것이
지역 발전에 큰 호재가 되지
는 않을 테니까.

자료 : 서울시

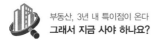

경전철이 2009년 착공하여 2017년 개통된 바 있으나 교통난 해소에 별 도움이 안 된다는 실망감을 주고 가격 상승과는 전혀 상관없다는 것이 밝혀졌다. 결론은, 강북구는 '개발계획 없음'이다.

🏢 상승 요인 vs 하락 요인

⬆ 상승 요인 1. 서울시 전체의 상승세

강북구는 자체적인 호재보다 외부 호재의 영향을 받는다. 2018년 여름에 한 차례 상승했던 것도 서울 전체의 상승 영향으로 보인다. 앞으로도 강남에서 비롯된 상승세가 시차를 두고 강북구까지 전달될 것으로 예상할 수 있다.

⬇ 하락 요인 1. 부족한 투자 수요

'노도강'으로 묶여 강북의 투자처로 인식되고는 있지만 강북구는 미아뉴타운을 제외하면 투자 수요가 몰리는 대규모 아파트 단지는 없다. 거래량 증가와 가격 상승은 높은 상관관계가 있는데, 거래량이 많지 않기에 투자 수요가 적어 가격 상승은 제한적일 수밖에 없다.

🏠 향후 집값 전망

- 2020~2025년 : 평당 1,700만 원에 형성된 평균 가격이 1,900만 원 수준까지 오를 것으로 보인다.

- **2026~2030년** : 평당 1,900만 원에서 2,000만 원까지 제한적 상승이 이루어질 것이다. 개발·교통 호재 등의 상승 요인이 부족하기 때문에 서울의 상승세가 마무리되는 시점이면 강북구도 가격 정체기가 계속될 것이기 때문이다.

🎖 주목할 만한 단지

강북구는 미아뉴타운을 중심으로 시세가 형성돼 있으며, 기존 아파트들이 미아뉴타운 평균 시세 아래로 거래되고 있다.

- **SK북한산시티 24평형** : 23평형은 매매가 4억 5,000만, 전세가 2억 9,000만 원에 시세가 형성돼 있다. 갭 투자는 1억 6,000만 원으로 접근할 수 있다. 33평형은 매매가 5억 2,000만 원으로 평당 1,600만 원 이하다.
- **수유동 삼성래미안 31평형** : 미아뉴타운을 제외하면 강북구에서 가장 대표적인 아파트다. 수유역 인근에 위치하며 31평형이 매매가 4억 8,000만, 전세가 3억 3,000만 원이다. 평당 1,600만 원으로 저평가돼 있다.

마곡지구 입주 이후 정체

강서구

개화동
방화동
과해동
마곡동
가양동
오곡동
공항동
등촌동
내발산동
염창동
오쇠동
외발산동
화곡동

✅ 개요

강서구는 드라마의 한 장면 같은 지역이다. 여러 자녀를 낳아 기르는 가난한 시골집에서 머리 좋은 아이가 태어난 형국과 같기 때문이다. 강서구는 김포공항이 있고 서울의 외곽이라는 지역적 특성상 주거 매력도가 현저히 떨어지는 곳이었다. 또한 일부 아파트 단지를 제외하면 노후한 단독주택과 빌라 위주의 지역이었다.

이러한 상황에서 마곡지구는 기존의 강서구 이미지를 바꿔놓는 똑똑한 자녀 역할을 했다. LG를 비롯한 대기업들의 R&D 센터 입주가 시작되고 지하철이 개통되는 등 지역 발전이 이루어졌기 때문이다. 강서구를 표현하는 핵심 단어는 김포공항과 마곡지구, 이 두 가지다.

동별 특성

- **염창동, 가양동, 등촌동** : 아파트 위주 지역으로 한강을 접하고 있으며 한강이 보이는 단지들이 있다. 기존의 9호선 개통에 더해 최근 마곡지구 입주로 주거 매력도가 높아지는 수혜를 크게 입었다.

- **화곡동, 내발산동, 외발산동** : 화곡동으로 대표되는 빌라 위주 지역이다. 신축 빌라가 많이 공급되고 있어 '빌라의 성지' 라고도 불린다.

- **공항동, 개화동, 과해동, 오곡동, 오쇠동, 발산동** : 김포공항이 있는 지역이며 노후한 단독주택이 많다.

- **마곡동, 방화동** : 마곡지구는 서울시에서 자체적으로 부지 개발을 진행한 도시개발사업이다. 대기업 R&D 센터 유치로 자급자족과 직주 근접이 가능하다. 인접한 방화동은 전형적인 소규모 아파트 단지와 빌라 위주의 주택가였으나 마곡지구의 영향을 받아 가격이 상승한 지역이다.

인구와 소득

강서구는 다른 자치구와 달리 인구가 증가하는 모습을 보였다. 2014년부터 상승해 2019년에 60만 명 이상을 기록했다.

강서구에는 23만 6,000명의 직장인이 거주 중이고 원천징수지 기준으로 본 강서구의 일자리 수는 21만 5,000개 수준이다. 거주하는 직장인의 수와 근무하는 직장인의 수가 크게 차이 없는 모습이다. 서울시에서 계획한 직주 근접이 달성된 듯하다.

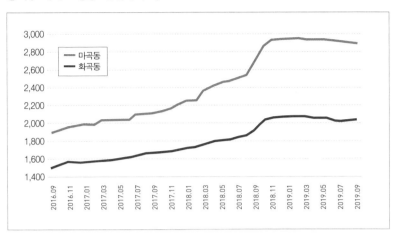

강서구 아파트 평당 매매가 추이　　　　　　　　(단위 : 만 원)

자료 : KB국민은행

아파트 가격

강서구 아파트 가격은 마곡지구와 기타 지역을 분리해서 보도록 한다.

우선 마곡지구의 아파트는 2016년 평당 2,000만 원 내외에서 3,000만

원까지 올라 3년간 50%의 상승률을 보였다. 같은 기간 화곡동은 평당

1,500만 원에서 2,000만 원으로 약 30% 상승했다.

마곡동과 화곡동의 가격 차이를 보자. 2016년에는 평당 300만~500

만 원 정도의 차이를 보이다가 2019년에는 평당 1,000만 원으로 벌어

졌다. 같은 강서구 안에서도 입지와 위상에 따라 가격 차이가 점점 커

졌다는 점을 주목하자.

자료 : 서울시 도시계획 포털

호재

강서구는 마곡지구 개발이 최대이자 유일한 호재다. 교통 호재가 있긴 하지만 기존의 교통망을 조금 보완하는 정도에 그치기 때문에 강서구의 호재는 마곡지구 하나뿐이라고 할 수 있다.

- **마곡지구** : 2022년까지 입주를 완료할 계획이다. 마치 신도시에 아파트가 분양되어 조금씩 입주하듯 회사들도 그렇게 입주한다고 보면 된다. 오피스텔 및 오피스 공급 과다 등의 우려가 있기는 하지만 실제 구매력과 파급 효과를 지닌 대기업 입주가 완료되면 마곡지구는 호재로 작용하리라 보인다.

연도별 마곡지구 누적 입주율

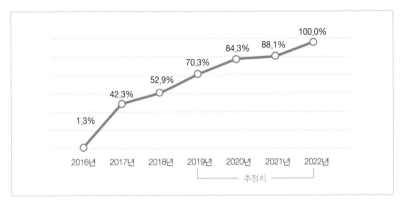

자료 : 서울시

🏢⬇ 상승 요인 vs 하락 요인

⬆ 상승 요인 1. 마곡지구 입주

마곡지구 입주는 강서구 최대의 호재로 작용한다. 마곡지구 부지 공사 진행 당시 분양가 4억 원 안팎이던 마곡동 엠밸리 아파트가 10억 원 수준으로 오른 것이 1차 상승이었다면, 입주가 완료되는 2022년경에 는 2차 상승까지 기대해볼 수 있을 것이다.

⬇ 하락 요인 1. 부정적 이미지

강서구는 공항 근처의 시끄러운 지역이라는 부정적 이미지가 있다. 여기에 더해 교육 관련해서는 학군이나 학원가 등 특별히 내세울 만한 장점이 없다. 이런 점은 강서구 아파트가 10억 원을 넘는 시점에 부각 되어 수요 감소의 원인으로 작용하리라 본다.

🏘 향후 집값 전망

- 2020~2025년 : 마곡지구의 가격은 평당 3,000만 원 내외에서 3,500만 원까지 소폭 상승할 것으로 보인다. 대기업 입주의 영향이 가장 크다. 다만 기타 지역은 화곡동 기준으로 평당 2,000만~2,200만 원까지만 제한적으로 상승세를 보이리라 예상된다.
- 2026~2030년 : 강서구 전체적으로 정체기를 겪을 것으로 보인다. 마곡지구의 입주 이후 뚜렷한 호재가 없는 상황에서 주거지로서의 단점들이 부각될 것으로 예상되기 때문이다. 만일 강서구에서 일반고 입시 성적이 매우 좋게 나온다면 정체기가 아닌 상승기를 기대해볼 수는 있다.

⭐ 주목할 만한 단지

강서구는 지하철 9호선 라인의 한경변 아파트와 마곡지구가 대표적이다. 마곡지구는 2019년 말 현재에도 입주가 완료되지 않아 오피스텔, 상가 등의 공실이 많다. 하지만 주거지는 기대감으로 가격이 상승하는 추세다.

- 마곡동 엠밸리 2단지 34평형 : 매매가 11억, 전세가 6억 원으로 시세가 형성돼 있다. 인근 마곡지구 입주가 완료되면 수요 증가로 인해 추가 상승을 기대할 수 있다. 34평형을 주목하는 이유는 강서구와 마

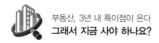

곡지구에서 30평형대가 가장 수요가 높기 때문이다. 마곡지구는 고급 R&D 인력이 상주할 예정이라는 점을 고려했다.

- **가양동 한강자이 47평형** : 매매가 11억 4,000만, 전세가 7억 원이다. 동일 단지의 33평형이 평당 2,900만 원인 데 비해 47평형의 평당 매매가가 2,400만 원이므로 저평가 상태라고 할 수 있다.

저소득층 거주지 이미지가 약점

중랑구

묵동　신내동

중화동

상봉동　망우동

면목동

✅ 개요

중랑구는 서울 동북부에 위치한 자치구로서 북쪽으로는 노원구, 서쪽으로는 동대문구. 우로는 경기도 구리 · 남양주와 맞닿아 있다. 면적 18.50㎢에 인구는 약 40만 5,000명이다. 중랑구는 과거 망우리 공동묘지가 있던 지역으로 부정적 이미지가 강했다. 이러한 이미지가 반영되어 서울시에서 집값이 낮은 편에 속한다.

동별 특징

- **상봉동** : 7호선 상봉역과 경춘선 망우역 주변으로, 중랑구에서 집값이 가장 높다. 코스트코와 홈플러스가 있다.

- **묵동, 신내동, 면목동, 중화동** : 노후한 주택과 일부 소규모 아파트가 혼

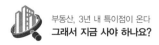

재된 지역이다. 묵동에는 자율형 공립고인 원묵고등학교가 있어 학군 수요가 일부 있고 신내동은 그린벨트 지역이 대부분이다.

- **망우동** : 망우역사문화공원(구 망우리 공동묘지)이 있는 지역이다.

인구와 소득

2010년 43만 명에서 조금씩 감소해 2019년 현재는 40만 5,000명이다. 중랑구에 주소지를 둔 직장인은 14만 명, 연 평균 소득은 약 2,800만 원이다. 서울 평균을 고려하면 낮은 수준이다. 참고로 주소지 기준 연 평균 소득이 3,000만 원을 넘지 않는 자치구는 서울에서 관악구(2,970만 원), 강북구(2,707만 원), 중랑구(2,782만 원), 이렇게 세 곳이다.

원천징수지 기준으로 보면 중랑구의 일자리는 5만 5,000개다. 거주 직장인 14만 명에 일자리는 6만 개 미만이니 절반 이상의 중랑구 직장인이 다른 지역으로 출근하는 셈이다.

아파트 가격

매매가 추이를 보면, 2018년 8월에 평당 1,200만 원에서 1,500만 원 수준으로 상승했음을 알 수 있다. 중랑구 역시 서울시 상승세의 영향을 받았다. 이에 비해 전세가는 큰 폭의 상승 없이 일정한 수준으로 유지되었다. 전세가는 유지되고 매매가는 상승한 모습인데, 이는 중랑구의 주거 가치 상승이 아닌 서울시 전체의 가치가 상승한 것에 영향을 받아 가치가 아닌 가격이 올라간 것으로 이해할 수 있다.

중랑구 아파트 평당 매매가 & 전세가 추이

(단위 : 만 원)

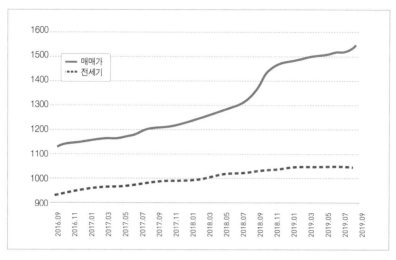

자료 : KB국민은행

호재

중랑구청장이 2018년 말에 발표한 주요 사업 계획을 보자. 중랑구 전체에 걸쳐 삶의 질을 개선하고 첨단산업단지, 복합행정타운 등을 조성하겠다고 한다. 주목할 만한 것은 망우역·상봉역 복합개발과 면목선 경전철 정도가 되겠다.

자료 : 중랑구청

● **망우역·상봉역 복합개발** : 상

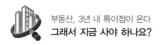

부동산, 3년 내 특이점이 온다
그래서 지금 사야 하나요?

봉터미널을 활용해 1,000여 세대의 아파트와 판매ㆍ업무 시설을 건설한다는 계획이다. 2021년 착공을 목표로 준비 중이다.

- **면목선 경전철** : 청량리역에서 면목역을 지나 신내역을 잇는 노선으로 2022년에 착공하여 2027년 완료 예정이다.

⬆🏢⬇ 상승 요인 vs 하락 요인

⬆ 상승 요인 1. 저평가 인식

서울 아파트가 평균 매매가 8억 원에 중위 가격이 8억 7,000만 원인 상황에서 중랑구의 아파트가 평당 1,500만 원 내외라는 사실은 중랑구는 아직 저평가됐다는 인식을 주기에 충분하다. 서울의 아파트 가격 상승세가 지속된다면 중랑구 역시 거래량 증가와 가격 상승이 동시에 이루어질 가능성이 높다.

⬇ 하락 요인 1. 부정적 지역 이미지

실제로는 그렇지 않더라도 이미지가 '저소득층 거주지역'이라는 것이 중랑구의 최대 약점이다. 이는 상승에도 장애물로 작용할 것으로 보인다.

🏘 향후 집값 전망

- **2020~2025년** : 중랑구의 평균 아파트 가격은 평당 1,500만 원에서

1,700만~1,800만 원 수준까지 20% 안팎의 상승률을 보일 것으로 예상된다. 중랑구 자체의 개발 호재나 수요 증가보다는 서울시의 전체적인 흐름이 영향을 미칠 것이기 때문이다.

- **2026~2030년** : 추가 상승 없이 상봉동은 평당 2,000만 원, 기타 지역은 평균 1,700만 원의 가격 흐름을 보일 것으로 예상한다.

🏅 주목할 만한 단지

중랑구는 기존의 노후 주거지역 이미지가 유지되고 있어 가격 상승에 제한이 많다. 묵동과 상봉동 일대에 신축 아파트가 지속적으로 공급되면, 향후 이미지가 개선될 것으로 보인다.

- **면목동 용마산역 코오롱하늘채 33평형** : 7호선 용마산역에 가까운 역세권 단지이며 매매가 7억 3,000만 원에 전세가 6억 원으로, 1억 3,000만 원으로 갭 투자가 가능하다.
- **묵동 이편한세상화랑대 34평형** : 23평은 평당 2,800만 원 수준인데 비해, 34평은 매매가 8억 원으로 평당 2,350만 원 수준이다. 중랑구의 상승세가 시작된다면 상대적으로 34평의 상승률도 높아질 것으로 예상된다.

신림경전철로
획기적 교통 개선

관악구

봉천동

신림동

남현동

📍 개요

관악구는 신림동 고시촌과 서울대학교로 대표되는 자치구로 서울 남부에 위치한다. 29.57㎢의 면적에 인구는 54만 명이다. 관악구의 특징 중 하나가 행정동의 명칭이 복잡하다는 것인데, 과거 봉천, 신림, 난곡은 저소득층 거주지라는 인식이 있어 명칭 변경을 통해 부정적 이미지를 걷어내고자 한 결과물이기도 하다.

신림동은 봉천동, 신림동, 남현동, 3개의 법정동이 있고 법정동 관할의 신규 행정동이 여럿 있다. 참고로 신림동 관할로 신사동과 삼성동이 있다. 강남구 신사동, 삼성동과 이름이 같아 택시 탈 때 주의해야 한다.

동별 특징

- **봉천동** : 과거 저소득층 주거지였으나 전면 재개발을 통해 아파트가 공급되면서 1990년대부터 중산층 주거지로 변모했다.
- **신림동** : 고시촌이 형성돼 있으며 유흥시설이 밀집돼 있다.
- **남현동** : 사당역(지하철 2 · 4호선) 인근으로 서초구 방배동과 맞닿아 있는 지역이다. 관악구에서 가장 높은 매매가 추이를 보이고 있다.

인구와 소득

2010년 55만 명을 정점으로 2019년에는 52만 명으로 감소, 하락세를 보이고 있다. 관악구를 주소지로 둔 직장인은 20만 5,000명으로 1년에 2,970만 원의 급여를 받는다. 원천징수지 기준으로는 7만 2,000명, 1년 급여는 3,066만 원이다. 약 13만 명은 관악구에서 기타 지역으로 이동하여 근무하는 셈이다. 관악구 역시 노원구와 마찬가지로 베드타운의 역할을 하는 지역임을 알 수 있다.

아파트 가격

그래프를 보면 2018년 8월을 기점으로 3개 동 모두 상승했다. 남현동과 봉천동은 평당 2,000만 원인 데 비해 신림동은 1,500만 원으로 25% 정도 낮은 가격대를 보이고 있다.

봉천동은 남현동에 비해 평당 200만 원이 낮았으나 근접한 수준으로 상승한 점을 주목할 필요가 있다.

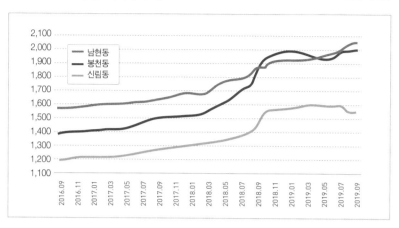

관악구 아파트 평당 매매가 추이 (단위 : 만 원)

자료 : KB국민은행

호재

관악구의 개발 호재는 교통망 개선, 복합개발, 신림뉴타운, 이렇게 3
가지로 압축된다.

- **교통망 개선(신림경전철)** : 신림동에서 여의도까지 경전철로 연결된다. 완
  공 목표는 2022년으로 신림역, 보라매역, 대방역, 샛강역을 잇는다.
- **복합개발(사당역 복합환승센터)** : 4호선 사당역과 이수역 일대를 정비해
  서 2022년까지 상업 · 업무 지구로 탈바꿈시킨다는 계획이다.
- **신림뉴타운** : 신림뉴타운은 총 3개 구역으로 나뉘어 진행되며, 1구역
  은 진행이 가시화된 상황이다. 신림뉴타운에 신축 아파트들이 들어
  서면 인근의 경전철 호재가 더해져 관악구에서 가장 주거 조건이
  좋은 지역의 하나로 자리매김할 것으로 보인다.

🏢⬆️⬇️ 상승 요인 vs 하락 요인

🔺 상승 요인 1. 경전철 및 교통 여건 개선

경전철을 통해 지하철 접근이 불편한 지역이 최소화되는 것은 호재로 작용할 것으로 보인다. 강북구의 경전철은 큰 재미를 보지 못했다. 관악구도 그럴까? 필자는 조금 다른 결과를 예상한다. 강북구 경전철은 강남과 연결되는 게 아니었지만, 관악구는 이미 2호선으로 연결되어 있는 강남과의 접근성이 더 좋아지므로 호재로 작용할 것으로 보인다.

관악구는 2호선을 통해 강남지역과의 지하철 연결은 편리하나 지하철역까지 가는 길이 순탄치 않다. 경전철은 이 같은 불편함에 대해 획기적인 해결책이 되리라 본다.

🔻 하락 요인 1. 투자 수요 정체

관악구는 한 마디로 '잠시 머물렀다 가는 곳'이다. 교육 여건이 뛰어나 자녀 교육을 위한 수요가 있지도 않으며, 신림동 고시촌과 유흥가가 주거지로서의 매력을 떨어뜨리기 때문이다. 그래서 여건이 되면 인근 서초구와 강남구로 이사 가거나 여건이 나빠지면 수도권으로 이주한다.

관악구에는 언제든 옮겨 갈 준비가 돼 있는 거주자들이 많다. 투자 수요 측면에서도 심리적으로 안정된 강남 투자와 가성비 좋은 노원구 갭 투자에 비해 내세울 만한 장점이 부족하다.

🏠 향후 집값 전망

- **2020~2025년** : 평당 2,000만 원에 형성돼 있는 남현동과 봉천동은 경전철 등의 상승 요인이 반영돼 2,200만 원 이상으로 10% 내외의 상승세를 보일 것으로 예상한다. 신림동 역시 평당 1,500만 원에서 1,800만 원 정도까지, 남현동과 일정한 가격 차이를 두고 상승할 것으로 예측된다.

- **2026~2030년** : 신림뉴타운의 분양가와 프리미엄의 폭에 따라 수치는 달라질 수 있겠으나, 남현동과 봉천동은 평당 2,200만 원에서 소폭 상승한 2,400만 원 수준으로 오를 것으로 보인다. 신림동은 평당 2,000만 원까지 시세가 형성될 것이다.

🎖 주목할 만한 단지

- **신림동 신림현대아파트 30평형** : 신림경전철 수혜를 입는 단지다. 현재는 가장 가까운 지하철역인 봉천역으로부터 직선거리 2㎞에 위치해 교통이 좋지 않다. 경전철이 개통되면 실거주 수요와 투자 수요가 소폭 상승하지 않을까 예상된다.

- **봉천동 보라매신림아파트 31평형** : 봉천동 대표 단지 중 하나이며 31평형 단일 평형으로 710세대다. 6억~7억 원까지 다양한 매물이 있으며 전세는 약 4억 원이다. 평당 2,000만 원 이하의 가성비 좋은 단지다.

투자 비추천,
가성비 높아 실거주 추천

구로구

✅ 개요

구로구는 과거 어두운 이미지를 지녔던 구로공단이 구로디지털단지로 새롭게 태어난 지역이다. 동시에 대림동을 중심으로 중국 동포들이 유입되면서 부정적 이미지가 강해진 지역이기도 하다. 장단점이 극명하게 대립되는 지역이라 할 수 있다.

동별 특징

● **구로동** : 7호선 남구로역 인근의 구로 3동과 구로 4동에 아파트 단지들이 있으며 직장인 수요가 있는 편이다.

● **신도림동** : 신도림역과 인근의 현대백화점을 중심으로 몇 개의 아파트가 단지가 있다.

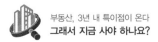

- **고척동, 개봉동, 오류동, 온수동, 향동, 천왕동** : 내가 관심을 가져본 적이 없는 지역이다. 그래서 잘 모른다(나중에 이 책의 개정판이 나오면 그때 내용이 추가되지 않을까 싶다).

- 천왕동과 향동에 국민임대주택과 보금자리주택이 들어서는 것만 참고하면 되겠다. 이어지는 내용들은 구로동과 신도림동 위주의 정보다.

인구와 소득

구로구 인구는 큰 폭의 하락 없이 현재 44만 명이다. 여기에 공식적으로 집계되지 않은 중국 동포들을 더하면 수치는 더 올라갈 것으로 짐작할 수 있다. 참고로 2015년 〈연합뉴스〉는 '국내 조선족 70만'이라는 기획 기사를 내보내기도 했다.

16만 2,000명의 직장인이 거주하며 19만 5,000개의 일자리가 있다. 다른 자치구와 다르게 거주하는 직장인보다 근무하러 오는 직장인이 많은 셈이다. 구로디지털단지에 일자리가 많다는 점을 알 수 있다.

아파트 가격

구로구의 평균 아파트 가격은 2019년 현재 평당 1,800만 원 선이다. 가장 높은 신도림동은 2,400만 원, 가장 낮은 궁동은 1,000만 원 선이다. 교통과 생활 여건이 가장 뛰어난 신도림동이 궁동보다 가격이 2배 이상 높다. 같은 구로구 내에서도 동별로 극단적인 차이가 보인다.

구로구 아파트 평당 매매가 추이

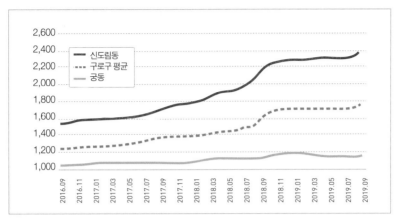

(단위 : 만 원)

범례:
- 신도림동
- 구로구 평균
- 궁동

자료 : KB국민은행

호재

구로구는 교통 여건 개선이 가장 큰 호재로 작용한다. 2022년 말 착공 계획인 GTX B노선이 개통되면 송도-부평-신도림-여의도-용산-서울역-청량리-별내-마석으로 이어지는 코스가 가능해진다. 2호선 신도림역을 통한 강남과의 접근성에 더해 GTX 노선을 통한 여의도 접근성이 좋아지는 것은 호재로 작용할 수 있다.

구로동의 교통 호재도 있다. 2024년 말 완공 예정인 신안산선으로, 한양대(안산캠퍼스)-호수-중앙-목감-광명-석수-시흥사거리-독산-구로디지털단지-대림삼거리-신풍-도림사거리-영등포-여의도를 잇는다. 신안산선을 이용하면 구로동의 여의도 접근성이 크게 좋아진다.

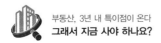

부동산, 3년 내 특이점이 온다
그래서 지금 사야 하나요?

🏢 상승 요인 vs 하락 요인

⬆ 상승 요인 1. 교통 여건 개선

직장인 수요가 많은 구로구의 특성상 여의도와의 접근성이 좋아지는 것은 호재로 작용한다. 교통 여건 개선은 구로구 부동산 시장에 상승 압력을 주는 요인이 되리라 본다.

⬆ 상승 요인 2. 중국 동포 유입

구로구는 중국 동포가 많은 지역이다. 이들은 처음에는 낮은 임대료의 빌라 밀집지역에서 거주하다가 점차 기반을 쌓으면서 아파트로 옮겨간다. 주요 근거지가 구로구인 만큼 주택도 구로구 내에서 매입한다. 구로구에 아파트 단지가 형성된 곳이 별로 없으니 수요는 많아지고 공급은 제한적인 상황이다.

⬇ 하락 요인 1. 중국 동포 유입

중국 동포의 유입은 상승 요인도 되고 하락 요인도 된다. 중국 동포의 소득이 늘어나 아파트 매입을 원하는 수요가 증가하는 것은 상승 요인이지만, 치안에 대한 불안감은 하락 요인으로 작용한다.

사실 여부를 떠나 구로구는 '치안이 불안하다'라는 이미지가 깊이 박혀 있어 수요를 감소시키는 원인으로 작용한다. 특히 자녀를 키우는 입장에서는 더욱 불안할 수밖에 없다.

● 하락 요인 2. 수요 감소와 공급 증가

구로디지털단지는 대기업이 아닌 중견기업과 소규모의 기업이 밀집한 업무단지다. 경제가 활황이라면 이러한 업체들 역시 직원을 늘리고 급여를 인상하겠지만, 현재 우리나라의 경제는 대기업들조차 투자계획을 축소하고 신규 채용을 줄이는 상황이다. 경제 불황의 직격탄이 구로디지털단지에 떨어진다면 구로구의 주택 가격 역시 하락할 수밖에 없다.

🏠 향후 집값 전망

- **2020~2025년** : 2019년 10월 말 현재 남구로역 인근의 삼성래미안과 구로두산아파트는 30평형이 6억 8,000만 원으로 평당 2,300만 원에 형성되어 있다. 서울의 전반적인 상승세에도 불구하고 해당 단지들은 큰 폭의 상승 없이 가격이 유지된 셈이다. 이러한 기조는 향후에도 지속돼 평당 2,500만 원 내외로 보합세를 유지할 것이다. 신도림역 인근의 신도림대우푸르지오 2차는 평당 3,500만 원에 거래되고 있는데 2025년경에는 4,000만 원 선에 거래될 것으로 보인다. 신도림역이 가깝고 현대백화점, 디큐브시티, 테크노마트와 가깝다는 장점이 모두 반영돼 있는 것으로 보면 된다.

- **2025~2030년** : 영등포교도소 이전, 철도차량기지 이전 등 구로구 자체의 몇 가지 호재가 있기는 하지만 집값을 추가적으로 상승시키기에는 효과가 그리 크지 않을 것으로 보인다. 2025년에 형성된 가

격이 당분간 유지된다고 보면 된다. 남구로역 인근은 최대 2,800만 원, 신도림역 인근은 최대 4,500만 원 선으로 예상한다.

구로 3동과 4동은 구로디지털단지를 중심으로 직장인 수요가 많고, 신도림동은 2호선을 이용하는 직장인 수요가 많다. 투자보다는 소형 평형 위주의 실거주 수요가 많은 지역이지만 구로구는 거주지로서의 매력은 낮다. 지하철 연결이 비교적 편하다는 점 외에는 학군이나 거주지 선호도 등 내세울 만한 장점이 없다. 투자를 염두에 둔다면 추천하고 싶은 지역은 아니지만, 실거주를 고려한 부동산 매입이라면 가성비 측면에서 나쁘지 않은 선택이다.

✅ 주목할 만한 단지

구로구는 수요가 급증하거나 대규모 개발계획으로 수혜를 입기 어려운 상황으로, 역세권 중심으로 봐야 한다.

- **구로동 삼성래미안 30평형** : 구로구 대표 아파트 중 하나로 남구로역 근처에 있다. 30평형 매매가는 7억 원, 전세가는 4억 2,000만 원 수준이라 젊은 부부들의 수요가 꾸준하다.
- **구로동 태영데시앙 32평형** : 신도림역 근처로 백화점과 대형 마트가 가까워 주거 인프라가 좋다.

자양동 · 광장동 중심으로 급등 없이 꾸준한 상승

광진구

중곡동

군자동 능동

화양동 구의동

광장동

자양동

✓ 개요

광진구는 17㎢의 면적에 37만 명이 거주하며, 한강을 마주하고 있어 한강 조망이 가능한 지역이기도 하다. 광장동과 자양동은 높은 집값에 고급 주상복합이 위치해 부촌으로 분류되고, 화양동과 중곡동은 유흥가, 구시가지로 분류된다. 이러한 구분은 집값에도 영향을 미쳐 2배 정도 시세가 차이 난다.

동별 특징

- **능동** : 서울어린이대공원이 대부분이다.
- **화양동** : 건대입구역 주변 유흥지역이며 건국대학교, 건국대학교병원, 스타시티 등이 있다.

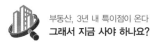

- **자양동** : 자양동은 광장동과 함께 광진구 내 부촌이다. 더샵스타시티, 트라팰리스, 이튼타워리버 등 고급 주상복합이 많이 들어서 있고 우성, 현대 등 중소형 아파트 단지가 있다. 자양동 일부에는 양꼬치거리가 있다.
- **군자동** : 세종대학교가 대부분이며 학교 근처에 원룸촌이 형성돼 있다.
- **구의동** : 강변역 테크노마트 일대 아파트 단지들을 제외하면 대부분 한적한 주택가다.
- **광장동** : 한강에 접한 지역으로 광진구 최고의 부촌이다.
- **중곡동** : 강북 구시가지의 전형적인 모습을 하고 있으며 바로 위의 중랑구 면목동과 비슷한 특색을 보인다.

인구와 소득

인구가 조금씩 서서히 줄어드는 양상이다. 현재는 37만 명으로 거주 직장인은 14만 명, 연 소득은 3,548만 원이다. 서울시 평균보다 10% 정도 소득이 낮다. 일자리는 8만 6,000개, 급여 수준은 2,870만 원으로 역시 서울시 평균보다 낮다. 일자리의 양과 질이 뛰어난 지역은 아니라는 점을 알 수 있다.

아파트 가격

광진구 평균 아파트 가격은 평당 2,700만 원 선이다. 광장동은 3,000만 원 이상, 중곡동은 1,500만 원 수준으로 평당 가격이 2배나 차이가 난다.

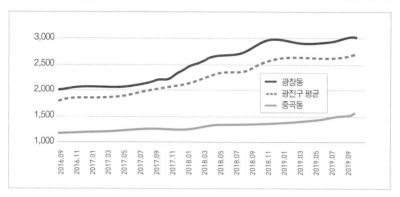

광진구 아파트 평당 매매가 추이　　　　　　　　　(단위 : 만 원)

자료 : KB국민은행

그래프를 통해 볼 수 있는 또 다른 사실이 있다. 서울 다른 자치구들은 2018년 8월을 기점으로 급상승하는 양상이 일반적인데, 광진구는 급상승 없이 소폭 상승을 꾸준히 이어왔다. 이 점에서는 광장동과 중곡동 모두 동일하다.

호재

광진구의 개발 호재는 주택 재개발 사업과 동서울터미널 현대화 사업, 크게 2가지다.

- **구의·자양 재정비촉진지구** : 광진구의 대표적인 주택 재개발 사업으로, 자양 5구역의 경우 2020년에 착공, 2025년 입주를 목표로 사업이 진행되고 있다. 송파구로 이전한 동부지방법원과 동부지방검찰청 자리를 활용해 첨단 업무시설과 MICE시설도 조성할 계획이다.

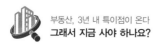

- **동서울터미널 현대화** : 강변역에 위치한 동서울터미널은 교통 혼잡과 노후한 시설 등으로 개선이 필요한 상황이다. 이곳을 현대화해 터미널과 호텔, 업무시설, 관광시설, 문화시설을 결합한 연면적

자료 : 광진구청

29만㎡, 지하 5층~지상 32층 규모의 복합 건물을 건축할 계획이다. 2020년 착공, 2024년 완공이 목표다.

⬆🏢⬇ 상승 요인 vs 하락 요인

➊ 상승 요인 1. 성동구와 연계된 상승

서울시의 전체적인 상승에 더해 인접한 성동구의 가격이 지속적으로 상승하면서 광진구에도 영향을 줄 것으로 보인다. 이러한 상승 흐름은 한강변의 자양동, 광장동을 중심으로 본격화되어 광진구의 나머지 지역까지 옮겨 갈 것으로 보인다.

➊ 상승 요인 2.주택 재개발

구의 · 자양 주택 재개발 사업은 우선 자양동의 가격을 상승시킨 후 주

변 지역으로 상승세가 번져나갈 것으로 예상할 수 있다. 가격 상승 시의 분양 시장은 주변 지역 동반 상승이라는 흐름을 보이는데 광진구도 마찬가지일 것이다. 2019년 말 현재 분양가 상한제의 적용을 받지 않는다는 점도 상승 요인이 될 수 있다.

⊙ 하락 요인 1. 중국 동포 증가

건대입구역 근처의 양꼬치거리가 의미하는 것은 중국인과 중국 동포의 증가다. 외지인의 증가는 주거환경 악화와 연결될 수 있기에 주거 매력도가 떨어질 가능성이 있다. 영등포구 대림동, 구로구 가리봉동처럼 중국 동포가 증가하고 강력 사건이 빈번하게 일어난다면 기존 거주 민들의 이주가 늘어나고 이는 부동산 투자 수요 감소로 이어질 수 있다. 건국대학교 부근에 중국 동포가 많아지는 것은 하락 위험과 연결된다.

🏢 향후 집값 전망

- 2020~2025년 : 광진구 평균 아파트 가격은 평당 2,700만 원에서 3,000만 원까지 10% 상승이 가능하다. 동마다 편차는 있겠으나 서울의 전체적인 상승세와 성동구의 영향으로 광진구가 상승하는 것은 어렵지 않게 예측 가능하다. 부촌인 자양동과 광장동은 현재 3,000만 원에서 향후 3,500만 원까지 상승이 예상된다.
- 2026~2030년 : 10%의 추가 상승이 예상된다. 광진구 평균은 평당

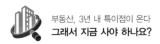

3,000만~3,300만 원이 될 테고, 자양동과 광장동은 3,500만~4,000만 원 이상 거래되는 사례가 나오리라 본다. 광장동은 급등이 없는 반면 지속적으로 상승하는 패턴을 보인다는 점을 고려하면, 지속적으로 상승하리라는 예상은 설득력을 갖는다.

⭐ 주목할 만한 단지

- **자양동 한솔리베르아파트 32평형** : 광진구는 한강변 아파트들을 중심으로 평당 2,500만~3,000만 원에 시세가 형성돼 있다. 이 가운데 한솔리베르는 32평형이 평당 2,500만 원으로 인근 아파트들에 비해 소폭 저평가돼 있다. 매매가는 8억 원, 전세가는 4억 5,000만 원이다.
- **자양동 자양한양아파트 35평형** : 1983년에 입주해서 재건축 연한 조건을 채웠다는 점과 동서울터미널 현대화 사업으로 인한 개발 기대감이 동시에 반영되는 단지다.

  35평형의 매매가는 10억 2,000만 원, 전세가는 3억 5,000만 원으로 이미 투자 수요가 많이 몰린 상황이지만, 추가적인 투자 수요가 발생 가능할 것으로 보인다.

**서울에서 두 번째로
외국인 비율이 높은 지역**

금천구

개요

금천구는 13㎢의 비교적 작은 면적에 인구 역시 25만 명 정도로 적은 편이다. 아파트 가격도 수도권보다 낮아 부동산 투자처로서는 매력이 떨어지는 지역이기도 하다.

금천구는 가산동, 독산동, 시흥동으로 이루어져 있다. 가산동은 가산디지털단지를 중심으로 한 업무지역이고 독산동과 시흥동은 노후주택 밀집지역으로 뚜렷하게 특징이 나뉜다.

동별 요약

- **가산동** : 가산디지털단지, 마리오아웃렛 등이 위치하며 1,500세대의 두산위브아파트를 제외하면 노후한 주택이 대부분이다.

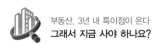

- **독산동** : 독산사거리 중심의 준공업지역이다. 소규모 공장과 1만 5,000세대의 아파트 단지가 혼재해 있다.
- **시흥동** : 금천구청이 있는 지역이다. 참고로 이곳은 서울시 금천구 시흥동으로 경기도 시흥시와 혼동하지 말자.

인구와 소득

인구는 25만~26만 명 사이로 급격한 감소는 없다. 금천구 인구와 관련해 참고할 사항은 '외국인'이다. 〈한겨레신문〉 기사에 의하면 금천구의 외국인은 2만 8,000명으로 주민의 11.6%를 차지한다.

금천구에 주소지를 둔 직장인은 약 9만 1,000명인 데 비해 일자리는 무려 20만 5,000여 개로, 가산디지털단지의 일자리 창출력을 확인할 수 있다. 금천구 거주 직장인의 소득은 2,774만 원으로 서울 평균 4,015만 원에 비해 낮은 편으로 강북구(2,707만 원), 중랑구(2,782만 원)과 비슷하다.

외국인 많은 시군구 10곳

외국인 수(명)		외국인 비율(%)	
경기 안산 단원구	6만 441	경기 안산 단원구	18.3
서울 영등포구	5만 8,927	서울 영등포구	15.3
서울 구로구	4만 5,232	서울 금천구	11.6
경기 시흥시	3만 8,921	서울 구로구	10.6
경기 화성시	3만 6,731	경기 시흥시	9.8
서울 관악구	2만 9,311	충북 음성군	9.5
서울 금천구	2만 8,018	경기 포천시	9.2
경기 평택시	2만 1,658	전남 영암군	8.9
경남 김해시	2만 812	경기 수원 팔달구	8.8
서울 광진구	2만 187	충북 진천군	8.0

자료 : 안전행정부

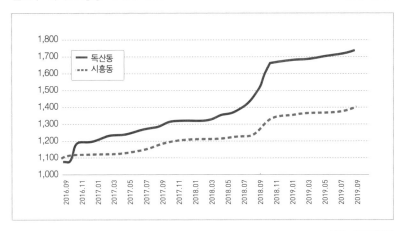

금천구 아파트 평당 매매가 추이　　　　　(단위 : 만 원)

자료 : KB국민은행

아파트 가격

독산동은 2016년 평당 1,100만 원 미만에서 2019년 1,700만 원까지 상승했다. 시흥동은 상대적으로 상승률이 낮아 1,100만 원에서 1,400만 원으로 상승하는 수준에서 안정세를 보이고 있다. 독산동의 가격 상승은 신규 아파트 공급의 영향이 크다. 롯데캐슬 골드파크가 2016년 말에 분양되어 2017년 가을부터 입주하면서 평당 2,000만 원 가깝게 거래되어 영향을 미쳤다.

호재

특별한 개발 호재를 발견하기 힘들다. 재개발 사업을 추진하고자 해도 현재와 같은 낮은 수준의 시세로는 개발 수익을 얻기 힘들기 때문이다. 시세가 급등하지 않는 한 당분간 주택 관련 개발 호재는 없을

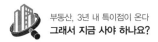

것이다.

유일한 호재는 신안산선이다. 금천구 내에서는 시흥사거리에 역이 생기는데 이 지역을 중심으로 기대감이 높아질 것으로 보인다.

🏢 상승 요인 vs 하락 요인

⬆ 상승 요인 1. 저평가됐다는 인식

금천구가 서울 안에 있음에도 경기도, 수도권보다 가격이 낮다는 사실은 오히려 상승 요인으로 작용할 수 있다. 평당 최대 2,000만 원이라면 거주와 연결되는 실수요가 자극받을 수 있기 때문이다. 동시에 하락 요인이기도 하다. 금천구는 집값이 싼 동네라는 인식이 굳어지면 마이너스로 작용할 수 있다.

⬇ 하락 요인 1. 중국 동포와 외국인 노동자 유입

대한민국 사회는 중국 동포나 외국인 노동자를 차별하지 않고 이웃으로 받아들이기에는 아직 갈 길이 멀다. 2019년 11월 중순, 조희연 서울시 교육감은 '이중언어 특구' 구상을 발표했다. 금천구 · 구로구 · 영등포구 학생들에게 중국어를 배우게 하고 하얼빈이나 연변으로 어학 캠프도 보내자는 취지였는데 주민들의 반대로 전면 백지화됐다. 중국 동포 유입은 마이너스로 작용한다는 사실을 보여주는 단면이다.

🏙️ 향후 집값 전망

- **2020~2025년** : 평당 1,500만 원 내외의 금천구 아파트 가격은 1,700만 원까지 상승할 것으로 예상할 수 있다. 서울시의 전체적인 집값 상승세가 금천구에도 영향을 미칠 수 있기 때문이다. 아직 집값이 싼 지역이라는 인식이 팽배해 있으니 갭 투자도 활발할 수 있고, 수도권보다 서울을 택할 경우 부담이 덜하다는 점도 작용할 것으로 보인다. 신안산선의 영향으로 여의도와의 접근성이 좋아지는 점도 상승에 도움이 되지 않을까 싶다.
- **2026~2030년** : 2025년까지 형성된 가격이 특별한 움직임 없이 지속될 것으로 보인다.

⭐ 주목할 만한 단지

- **시흥동 남서울힐스테이트 24평형** : 신안산선 수혜가 예상되는 단지로 매매가는 6억 원 내외, 전세가는 4억 원 내외다. 투자보다는 거주환경 개선으로 가격 상승의 여지가 보인다.
- **독산동 중앙하이츠빌 33평형** : 독산역 바로 옆 단지이며 33평형 단일 평형으로 구성돼 있다. 매매가 6억 원, 전세가 3억 4,000만 원이다. 역세권이라는 점에서 주목할 만하다.

갭 투자 가능 여부에 따라
동네별로 큰 차이

도봉구

✅ 개요

도봉구는 서울 최북단에 위치한 자치구로서 면적은 20.7㎢에 인구는 34만 명 안팎이다. 흔히 말하는 노도강에서 '도'에 해당하며 비교적 적은 금액으로 갭 투자를 할 수 있는 지역이기도 하다.

동별 특징

- **도봉동** : 1호선 도봉역과 7호선 도봉산역 주변으로, 도봉산이 있고 10개 내외의 소규모 아파트 단지가 있다.
- **방학동** : 절반 정도는 2000년대 초반에 입주한 아파트, 나머지 절반은 노후주택인 지역이다. 재건축을 추진할 수 있는 기본 조건에 해당사항이 없어 개발 기대감을 갖기 힘든 지역이기도 하다.

- **쌍문동** : 덕성여자대학교가 있다. 방학동과 마찬가지로 대부분의 아파트 단지가 1990년대 이후 입주하여 재건축 기대감을 갖기 힘든 지역이다.
- **창동** : 녹천역과 창동역을 중심으로 주공 아파트가 대부분을 차지한다. 주공 1~4단지 및 17~19단지로 구성돼 있다.

인구와 소득

2010년 37만 명에서 2019년 34만 명으로 10년간 약 10%의 인구가 감소했다. 거주 직장인은 11만 6,000명, 소득은 연 평균 3,030만 원이다. 일자리는 4만 4,000개로 급여 수준은 약 2,519만 원이다. 서울시 평균이 각각 4,015만 원과 3,783만 원임을 감안하면 둘 다 낮은 편에 속한다.

도봉구 아파트 평당 매매가 추이　　　　　　　　　　　　　(단위 : 만 원)

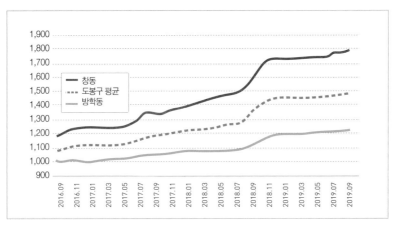

자료 : KB국민은행

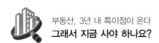

부동산, 3년 내 특이점이 온다
그래서 지금 사야 하나요?

아파트 가격

도봉구의 아파트 가격은 갭 투자 가능 여부에 따라 큰 차이를 보인다. 투자 수요가 집중되는 창동은 지난 3년간 평당 1,200만 원에서 1,800만 원으로 오른 반면 노후한 주거지인 방학동은 1,000만 원에서 1,200만 원으로 상승하는 데 그쳤다. 비율로 보면 창동은 50% 상승, 방학동은 20% 상승이다.

호재

창동역 근처 복합개발을 제외하면 다른 호재는 없다고 봐도 무방할 만큼 미미한 수준이다. 교통 호재로 동부간선로 지하화 계획이 있긴 하지만 기존의 교통망을 일부 보수하는 수준이니 특별하지는 않다. 도봉구는 당분간 창동역 근처 복합개발이 당면 과제인 셈이다.

자료 : 〈시사저널〉 2018. 8. 31.

🏢 상승 요인 vs 하락 요인

⬆ 상승 요인 1. 노도강 투자 수요 증가

서울이 지속적인 상승세를 보이면 아직 낮은 가격으로 거래 가능한 창동주공아파트 위주로 투자 수요가 증가할 것으로 보인다. 2019년 6월 실거래가 사례를 보면 19단지 32평형이 5억 9,550만 원에 거래되었다. 6억 원 선에 시세가 형성돼 있음을 알 수 있다. 그간 몇 차례의 투자 수요 집중으로 가격이 상승했다 해도 추가 상승 여력이 있다는 뜻으로 해석할 수 있다.

⬆ 상승 요인 2. 재건축 기대감

창동주공은 1980년대 말부터 1990년대 초에 걸쳐 입주가 이루어져 재건축을 추진할 수 있는 요건이 충족된다. 그에 따라 부동산중개업소들은 용적률 몇 %를 받아 몇 층까지 올릴 수 있다는 식으로 손님들에게 안내하기도 한다.

결론부터 말씀드리자면 창동 재건축은 매우 멀고 험한 과정을 겪어야 한다. 재건축으로 수익성을 확보하려면 최소한 평당 3,000만 원에 주변 시세가 형성돼야 하는데 아직 2,000만 원 미만이라 당장은 추진이 어렵다. 다만 다른 지역과 마찬가지로 기대감은 가질 수 있기에 상승 요인으로 작용할 수는 있다.

◯ 상승 요인 3. 창동역 일대 복합개발

창동역 일대에 들어설 각종 시설과 문화공간은 인근의 창동주공을 시작으로 도봉구 전체에 상승 요인으로 작용하리라 본다. 다만 교통 여건 개선처럼 생활을 편리하게 해주는 효과는 기대하기 힘들다는 점은 염두에 두어야 한다.

◯ 하락 요인 1. 상승 거부감

서울 강남지역과 달리 강북의 노도강은 어느 정도 상승하고 나면 일정 기간은 '너무 올랐다'는 인식으로 수요가 급감하는 모습을 보인다. 투자자들이 시세를 받아들이고 다시 거래하려면 상승 후 몇 개월이 지나야 한다.

2016년부터 꾸준히 상승해온 도봉구가 추가 상승하려면 시간이 필요하다. 상승에 대한 거부감으로 거래가 감소하고 일시적인 가격 하락의 가능성이 있다는 뜻이다.

◯ 하락 요인 2. 실망 매물

도봉구의 가격 상승은 자체 성장 동력이나 개발 호재가 작용하지 않은 상태에서 서울 전반의 상승이 여파를 미친 것으로 볼 수 있다. 물론 개발 호재도 없지 않고 재건축 기대감도 있지만 본질적인 상승 원인은 '아직 가격이 저렴한 투자처'라는 인식이다.

만일 정부의 각종 부동산 대책이 효과를 발휘해 가격이 진정세로 돌아서면 추가 상승 기대감이 사라진 실망 매물과 급매물이 쌓여 가격 하락 가능성이 있다.

🏘 향후 집값 전망

- 2020~2025년 : 창동은 평당 2,000만 원을 넘기는 것이 어려워 보이지 않는다. 기타 지역은 1,600만 원 정도가 되지 않을까 예상한다.
- 2026~2030년 : 지속적 상승에 대한 저항심리가 일부 작용해 추가 상승 없이 보합세를 보이지 않을까 예상된다. 창동은 평당 2,000만 원 내외, 기타 지역은 1,600만 원 내외로 유지될 것이다.

✅ 주목할 만한 단지

도봉구는 노원구가 상승할 때 동반 상승하는 특징이 있다. 노원구에 매력적인 매물이 부족해지면 수요가 도봉구로 옮겨 간다.

- **창동주공아파트 19단지 23평형** : 매매가는 5억 3,000만 원이며 전세가는 2억 1,000만 원이다. 자체적인 상승 요인은 1988년 입주하여 재건축에 대한 기대감이 있다는 것이다. 외부적인 상승 요인은 노원구 상계주공 5단지와 8단지에 재건축이 진행 중이므로, 다음 재건축은 창동주공 19단지가 되지 않을까 하는 점이다.
- **방학동 신동아아파트 1단지 33평형** : 매매가 3억 5,000만 원에 전세가 2억 2,000만 원으로 평당 1,000만 원 수준이다. 갭 투자를 한다면 1

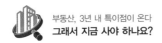

억 3,000만 원으로 가능하다. 1986년에 준공되어 재건축의 기본 조건을 충족하지만, 3,200세대 규모이고 시세가 충분히 뒷받침되지 않아 사업 자체는 부진할 수 있다. 시세가 낮게 형성된 점이 상승 원인으로 작용할 수 있다.

역세권 개발과
주택 재건축으로 전체 상승

동대문구

이문동

회기동

청량리동

휘경동

제기동

전농동

신설동　용두동

답십리동　장안동

✓ 개요

동대문구는 서울의 동부에 위치한 자치구로서 면적은 14.2㎢에 인구는 36만 명이다. 중심에 청량리역을 두고 있으며 경희대, 외대 등 대학교와 각종 재래시장이 밀집해 있다. 주거지역으로는 매력이 약하다. 대학 근처의 유흥지역에 더해 19개의 재래시장으로 인해 교통 정체가 심한 지역이기 때문이다. 그럼에도 불구하고 뉴타운과 청량리역 복합개발 등의 호재로 가격 상승이 가능했던 곳이기도 하다.

동별 특징

● **이문동** : 경희대, 외대가 위치하며 오래된 하숙촌과 노후 아파트 단지가 혼재된 지역이다.

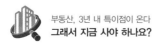

부동산, 3년 내 특이점이 온다
그래서 지금 사야 하나요?

- **휘경동** : 서울시립대학교 후문 주변 지역이며 10년 된 아파트 단지와 신축 아파트 단지가 혼재한다.
- **장안동** : 장한평역 인근으로 과거 불법 성매매가 이뤄지던 지역이었으나 최근 카페거리로 변했다.
- **답십리동** : 낙후지역이었으나 전농·답십리 뉴타운 입주 이후 이미지 개선이 진행 중이다.
- **전농동** : 동대문구 중앙에 위치하며 전농·답십리 뉴타운 아파트가 많다.
- **회기동** : 경희대 주변으로 하숙집과 원룸이 많다.
- **청량리동** : 노후 아파트가 많으며 청량리뉴타운 사업 진행으로 신축 아파트가 공급될 예정이다.
- **제기동** : 성북구 안암동에 위치한 고려대와 생활권을 같이한다. 내부 순환로 고가도로, 정릉천 제방 등이 있어 아파트에 적합한 지역은 아니다.
- **용두동** : 절반 정도가 노후 아파트이며, 왕십리뉴타운과 가까워 재개발에 대한 기대감이 높다.
- **신설동** : 신설동 로터리 주변으로 아파트는 거의 없다.

인구와 소득

2010년 38만 명에서 2019년 36만 명으로 인구가 감소했다. 전농·답십리 뉴타운을 비롯해 재개발 사업이 마무리되면 소폭의 인구 증가를 보이지 않을까 예상된다.

동대문구 거주 직장인은 11만 7,744명, 소득은 3,213만 원이다. 서울 평균인 4,015만 원에 비해 20% 정도 낮은 수치다. 원천징수지 기준 직장인은 10만 1,518명으로 동대문구는 거주 직장인 수와 일자리 수가 크게 차이 나지 않는다.

아파트 가격

동대문구는 동마다 아파트 가격 차이가 크게 난다. 전농동이 가장 높은데 뉴타운 입주로 인해 높게 형성된 것으로 볼 수 있다. 이문동은 가장 낮은 가격에 거래되고 있다. 동대문구 평균은 지난 3년간 평당 1,400만 원에서 2,100만 원으로 50%의 상승률을 보였다.

동대문구 아파트 평당 매매가 추이 (단위 : 만 원)

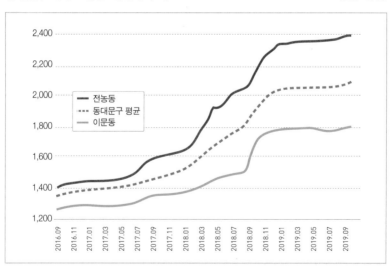

자료 : KB국민은행

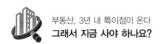
부동산, 3년 내 특이점이 온다
그래서 지금 사야 하나요?

호재

동대문구의 개발 호재는 이 그림 한 장으로 모두 설명 가능하다. 청량리역과 제기역 일대 정비로, 포인트는 기존의 혐오시설 정리다. 일반적인 재개발은 노후주택 정비지만 동대문구는 유흥가, 집창촌을 없애는 것이기 때문에 의미가 있다.

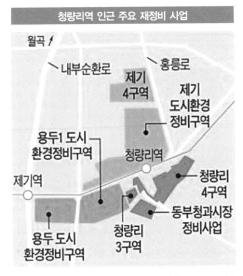

청량리역 인근 주요 재정비 사업

자료 : 〈한국경제신문〉 2017. 12. 26.

상승 요인 vs 하락 요인

○ 상승 요인 1. 청량리역 · 제기역 일대 정비 및 재개발

재개발 자체도 강력한 호재로 작용하지만 방금 언급했듯이 집창촌이라는 마이너스 요인이 사라지는 효과가 크다. 이 점이 동대문구 전체의 가격 상승을 이끌 것으로 보인다.

○ 하락 요인 1. 부족한 교육 여건

동대문구는 서울 중심부에 위치하고 신규 아파트도 많이 공급된다는 장점이 있지만 교육 여건 부족은 치명적 단점이 될 수 있다. 중산층이 신축 아파트에 입주할 때 고려하는 것이 '교육'임을 고려하면 이는 가격 상승을 더디게 하는 요인이 될 것이다.

🏙 향후 집값 전망

- 2020~2025년 : 평당 2,100만 원인 현재 가격이 2,500만 원까지 상승할 것으로 예상할 수 있다. 청량리뉴타운 입주 물량에 추가 프리미엄이 붙어 거래될 테고, 기존 아파트들 역시 모두 상승하리라 예상된다.
- 2026~2030년 : 2,500만 원에서 10~20% 상승할 것으로 본다. 마이너스 요인들이 사라져 주거환경이 개선되면 추가 상승이 가능하다.

✅ 주목할 만한 단지

- **용두동 래미안허브리츠 45평형** : 동북선 경전철의 수혜를 입을 수 있는 단지다. 45평형은 10억 6,000만 원으로 평당 2,400만 원이 약간 안 된다. 33평형이 9억 원으로 평당 2,700만 원을 상회한다는 점을 고려하면 저평가돼 있음을 알 수 있다.
- **이문동 이문이편한세상 50평형** : 50평형 매매가가 8억 원, 전세가가 4억 3,000만 원으로 평당 1,600만 원이니 가치에 비해 가격이 낮게 형성돼 있다. 44평형이 7억 1,000만 원임을 고려하면 더욱 그러하다. 대형 평형의 상승 수혜를 많이 받을 것으로 보인다.

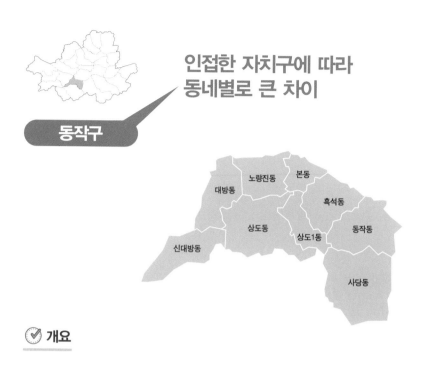

인접한 자치구에 따라
동네별로 큰 차이

동작구

개요

서울 중남부에 위치한 자치구로서 면적은 16.4㎢에 인구는 약 40만 명이다. 영등포구, 용산구, 서초구, 관악구와 면해 있어서 동마다 생활권이 달라진다는 특징이 있다. 대방동과 신대방동은 영등포 생활권이며, 노량진동은 학원가 및 뉴타운 지역이고, 흑석동·동작동·사당동은 강남 못지않은 집값이 형성되어 있다.

동별 특징

- **대방동, 신대방동** : 길 하나를 두고 면해 있는 영등포구와 같은 생활권이라 할 수 있다. 대규모 단지인 성원아파트와 대림아파트를 제외하면 다세대주택 위주로 구성돼 있다.

- **노량진동, 본동** : 노량진 학원가이면서 뉴타운 사업이 진행 중이다.
- **상도동** : 7호선 장승배기역 주변으로 숭실대학교가 있다. 언덕 지형이라 역 주변에 아파트가 몰려 있다.
- **흑석동, 동작동** : 한강을 접하고 있으며 서초구 반포동과 면해 있다. 현충원이 있는 지역이다.
- **사당동** : 사당역, 이수역, 동작역이 있으며 방배동과 면해 있다. 소속은 동작구지만 생활권은 서초구인 특성을 보인다.

인구와 소득

동작구 인구는 40만 명 선에서 소폭 증감을 반복한다. 대부분의 다른 자치구들이 고점 대비 10%의 감소율을 보이는 것과 대조된다. 노량진 뉴타운과 흑석뉴타운 입주가 반영된 결과로 보인다.

거주 직장인 15만 4,339명에 소득은 3,833만 원으로 서울 평균에 약간 못 미친다. 원천징수지 기준 8만 4,597개의 일자리가 있으며 급여는 3,257만 원으로 역시 서울 평균에 약간 못 미친다. 일자리 수에 비해 거주자가 많아 직주 근접 측면에서 큰 매력은 없다.

아파트 가격

동작구는 앞서 언급한 바와 같이 어느 지역에 인접해 있느냐에 따라 가격이 매우 달라진다. 평균 가격은 2016년에서 2019년까지 3년간 평당 1,600만 원에서 2,600만 원 수준으로 상승했다. 가격이 가장 낮은 신대방동은 같은 기간 1,500만 원에서 2,000만 원으로 약 30% 상

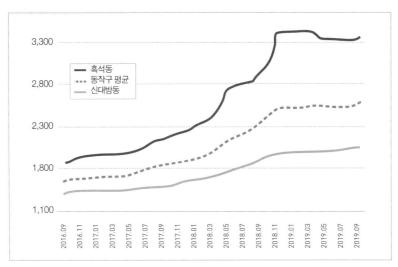

동작구 아파트 평당 매매가 추이　　　　　　　　(단위 : 만 원)

- **흑석동**
- **동작구 평균**
- **신대방동**

승한 데 비해 흑석동은 2,000만 원에서 3,300만 원으로 50% 이상 상
승했다.

호재

노량진뉴타운은 동작구의 중앙과 서쪽 지역에 가격 상승 요인으로 작
용한다. 흑석뉴타운은 동쪽 지역에 가격 상승 요인으로 작용한다. 동
작구는 이들 뉴타운으로 인해 가격 상승이 지속될 것으로 예상할 수
있다.

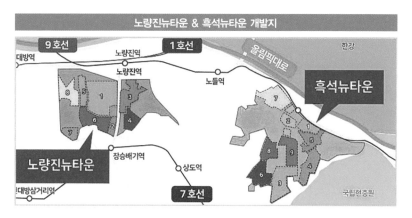

🏢 상승 요인 vs 하락 요인

⬆ 상승 요인 1. 뉴타운 사업

뉴타운 사업으로 신축 아파트가 공급되고 프리미엄이 붙는 과정에서
그 상승세는 동작구 전체에 영향을 미칠 것으로 보인다.

⬆ 상승 요인 2. 신길뉴타운

신대방동과 길 하나를 사이에 둔 영등포구 신길동에 신길뉴타운이 들
어서는데 32평형이 12억 원에 거래되고 있다. 여의도와 가까운 데다
신안산선으로 접근성이 더욱 좋아진다는 장점이 반영된 가격으로 보
인다. 신길 뉴타운의 가격은 인접한 대방동과 신대방동의 가격에도 영
향을 미칠 것으로 보인다.

● 하락 요인 1. 정부 부동산 대책

각종 부동산 대책으로 인해 상승세가 멈출 가능성이 있다. 강남지역은 정부 대책과 상관없이 수요가 지속되지만 동작구는 투자 수요가 유동적이기 때문이다. 경제가 더 악화되거나 상승세가 주춤하면 동작구 부동산 시장에 악재로 작용하여 급매물이 쌓이고 가격이 하락할 가능성도 있다.

🏘 향후 집값 전망

- 2020~2025년 : 동작구 평균 매매가는 평당 3,000만 원까지 어렵지 않게 상승할 것으로 예상 가능하다. 특히 흑석뉴타운은 2019년 현재 3,300만 원에서 향후 5,000만 원까지 오를 것으로 보이는데 인근 반포의 영향이 크다.
- 2026~2030년 : 20% 내외의 상승세가 제한적으로 이어질 것이다. 동작구 평균은 3,500만 원 내외, 흑석동은 6,000만 원에서 거래될 것으로 보인다.

🏅 주목할 만한 단지

- **흑석동 명수대현대아파트 32평형** : 9호선 흑석역 역세권에 한강 조망권까지 갖춘 단지다. 1988년에 준공돼 향후 재건축을 기대해볼 수도 있다. 32평형은 11억 원 내외다. 인근 신축 아파트인 아크로리버하

임 34평형 시세가 18억 원임을 고려하면 추가 상승의 가능성이 보인다.

● **대방동 대림아파트 59평형** : 59평형의 매매가는 11억 원으로 평당 2,000만 원 미만이다. 참고로 같은 단지 33평형은 10억 원까지 시세가 형성돼 있다. 추가적인 개발 호재도 없고 1993년 준공으로 재건축 기대감도 갖기 힘들다. 심지어 언덕에 있어서 도보 이동이 불편하기까지 하다. 그럼에도 불구하고 대형 평형의 수요가 증가하는 경우 주목할 만한 상승세를 보일 것이다.

서울에서 가장 유망한
북아현뉴타운

서대문구

지도 내 지명:
홍은1동, 홍제3동, 홍제2동, 홍은2동, 홍제1동, 북가좌2동, 남가좌2동, 북가좌1동, 남가좌1동, 연희동, 천연동, 신촌동, 충현동, 북아현동

개요

면적 17.6㎢, 인구 32만 명의 서대문구는 중앙의 높은 지형인 안산(무
악산) 주변에 연세대, 이화여대 등 대학교가 위치하고, 서쪽의 남가좌
동과 북가좌동은 평지로서 가재울뉴타운이 있다. 동쪽의 홍은동과 홍
제동은 산기슭에 마을이 형성된 모습이다.

동별 특징

- **연희동, 신촌동, 북아현동** : 대학가 위주로 하숙집과 원룸이 많다.

- **남가좌동, 북가좌동** : 아파트와 다세대주택 위주의 주거지역이다. 디지
  털미디어시티역 인근에 가재울뉴타운이 자리하고 있다.

- **홍은동, 홍제동** : 3호선 홍제역, 무악재역, 독립문역을 중심으로 하는

노후 주거지이며 안산과 인왕산 사이에 위치한다. 홍은동엔 힐튼 호텔이 있다.

- **충현동, 천연동** : 충정로역 인근으로 행정동으로는 현저동, 영천동, 옥천동, 냉천동, 미근동, 합동이 있다. 미근동에는 40년 넘은 주상복합, 서소문아파트가 있다.

인구와 소득

인구의 급격한 증가나 감소 없이 32만 명 안팎을 유지한다. 거주 직장인은 약 11만 2,000명, 소득은 3,751만 원으로 서울 평균보다 낮다. 일자리는 약 8만 5,000개, 급여 수준은 서울 평균보다 높은 3,976만 원으로 양질의 일자리가 많음을 알 수 있다.

서대문구 아파트 평당 매매가 추이 (단위 : 만 원)

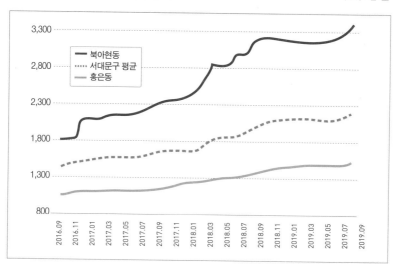

자료 : KB국민은행

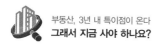

부동산, 3년 내 특이점이 온다
그래서 지금 사야 하나요?

아파트 가격

서대문구는 동별로 가격 편차가 심한 특성을 보인다. 평균 가격은 평당 2,200만 원이지만 가장 높은 북아현동은 3,400만 원에 달하고 가장 낮은 홍은동은 1,500만 원 수준이다. 북아현동이 이처럼 높은 까닭은 뉴타운 조성으로 인해 신축 아파트가 거래된 영향이 크다.

호재

서대문구는 낙후된 주거지역을 정비하는 사업이 많이 진행되고 있다. 대표적으로 북아현뉴타운이 있고 홍제역을 중심으로 한 균형발전촉진지구도 유망한 개발 호재로 꼽힌다. 이외에 다른 호재는 특별히 없다. 노후 주거지 개발이 호재의 중심이라 보면 된다. 서대문구의 대부분이 대학교 부지이며 산악 지형이기 때문이다.

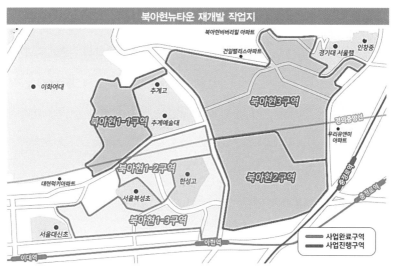

자료 : 〈시사저널〉

- **북아현뉴타운** : 2호선 아현역을 중심으로 1만 세대 규모의 아파트가 공급된다. 여의도, 광화문 등 도심 접근성이 좋아 가격 상승 여력이 충분하다.

홍제역 균형발전촉진지구 위치도

홍은1구역 / 홍제1구역 / 연희로 / 홍제2구역 / 홍제역 / 홍제3구역 / 의주로 / 홍제5구역

자료 : 〈서울경제〉 2012. 4. 17.

- **홍제역 균형발전촉진지구** : 홍제역을 중심으로 주택 재개발·재건축 사업이 진행된다.

🏢 상승 요인 vs 하락 요인

⬆ 상승 요인 1. 북아현뉴타운 파급 효과

북아현뉴타운은 가장 유망한 뉴타운 사업 가운데 하나다. 광화문과 바로 연결되는 위치라 직주 근접 수요를 충족시킬 수 있기 때문이다. 북아현뉴타운은 인근의 가격까지 상승시키는 강력한 효과를 발휘하리라 예상된다.

⬆ 상승 요인 2. 홍제역 인근 개발

서대문구 전체의 가격 상승과는 연결고리가 약하지만 가장 시세가 낮은 지역의 아파트 평균 가격을 상승시키는 효과를 예상할 수 있다. 홍

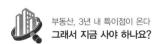

부동산, 3년 내 특이점이 온다
그래서 지금 사야 하나요?

은동과 홍제동은 얼마 전까지 꽉 막힌 노후 주거지역, 달동네 같은 부정적 이미지가 강했다. 홍제역 인근 개발이 완료되면 서대문구는 전체적으로 뒤처지는 지역이 없는 상황을 맞이할 것으로 보인다.

하락 요인 1. 경제 불황에 의한 수요 감소

북아현뉴타운은 직장 수요가 뒷받침되어 가격 상승이 이뤄지는 상황이다. 만일 경제가 계속 불황을 겪게 되면 가장 먼저 수요가 감소할 수 있다. 비단 서대문구에 한정된 이야기는 아니지만, 경제 상황에 민감하게 반응하는 수요층의 특성상 불황으로 인한 하락 가능성이 존재한다.

향후 집값 전망

- **2020~2025년** : 서대문구 평균은 평당 2,500만 원 이상으로 상승할 것으로 보인다. 특히 북아현뉴타운은 5,000만 원 선으로 인근의 용산구나 흑석 뉴타운과 비슷한 시세를 보일 것이다.
- **2026~2030년** : 북아현뉴타운은 꾸준히 상승해 6,000만~6,500만 원에 시세가 형성되고, 서대문구 평균은 3,000만 원까지 상승할 것으로 보인다. 특히 2019년에 1,500만 원 선이던 홍은동은 신축 아파트를 중심으로 3,000만 원까지 오르리라 예상할 수 있다.

⭐ 주목할 만한 단지

- **홍은동 현대아이파크 31평형** : 3호선 홍제역 인근에 위치하며 매매가는 6억 원으로 평당 2,000만 원 미만이다. 비슷한 조건의 다른 단지들은 신축 2,800만 원, 구축이 2,300만 원 수준이다. 홍은동과 홍제동 일대에 지속적인 재개발이 이루어지면서 가격 상승을 예상할 수 있는 상황이기에 주목할 만하다.

- **북아현동 두산아파트 24평형** : 2호선 이대역 인근에 있다. 매매가 6억 5,000만 원으로 인접한 신축 아파트들의 가격이 매우 높게 형성되어 있어 상대적으로 저렴하다. 인접한 이편한세상 24평은 11억 원, 신촌푸르지오 24평형은 10억 원에 거래되고 있다.

실거주 비중이 높아 급락하지 않는 지역

중구

황학동
신당동
광희동
울지로동
소공동
명동
신당5동
동화동
중림동
회현동
필동
장충동
청구동
다산동
약수동

✅ 개요

중구는 종로구와 함께 서울의 중심에 위치한다. 면적은 10㎢, 인구는 13만 5,000명으로 자치구 중에 최소 면적, 최소 인구다. 대부분의 지역에 대기업 본사, 백화점, 호텔 등이 들어서 있어 아파트는 약수동과 신당동에 몰려 있다.

동별 특징

중구는 오랜 역사만큼 법정동이 많고 복잡하다. 법정동만 74개다. 행정동을 기준으로 아파트가 없거나 있어도 1,000세대 이하인 지역은 다음과 같다.

- **소공동, 필동, 장충동, 광희동, 을지로동, 신당동** : 아파트가 없다.
- **회현동** : 아파트가 1,000세대 미만인 지역이다. SK리더스뷰 233세대, 남산롯데캐슬 아이리스 386세대가 있다.
- **명동** : 남산퍼시픽아파트 14세대.
- **광희동** : 남산센트럴자이 273세대.
- **다산동** : 프라임아파트 30세대, 토토타워 아파트 12세대 등.
- **신당 5동** : 신당래미안하이베르 784세대.
- **황학동** : 중구리버빌 39세대, 황학동코아루 112세대.
- **중림동** : 삼성래미안사이버빌리지 712세대.

대단지 아파트가 위치한 지역은 다음과 같다.

- **약수동** : 6호선 약수역과 버티고개역이 있으며 5,000세대 규모의 남산타운 아파트가 위치한다.
- **청구동** : 6호선 약수역과 청구역이 연결되어 있으며 2,300세대 규모의 동아약수하이츠아파트가 있다.
- **동화동** : 6호선 청구역과 신당역이 연결되어 있다. 1,000세대 규모의 아파트 단지가 3개 있어 총 3,000세대가 거주한다.

중구는 각각의 대단지들이 지하철역에 인접해 있다. 다만 지도로 보면 가깝지만 실제로는 단지들이 산 중턱에 서 있어 도보로는 멀게 느껴진다.

인구와 소득

인구는 13만 5,000명 선에서 일정하게 유지되고 있다. 다만 중구는 주택의 비중이 매우 낮다는 점을 참고해야 한다. 거주 직장인은 4만 3,000명인데 일자리는 10배가 넘는 54만 4,000개다. 서울의 중심부답게 일자리의 수가 매우 많고 소득도 4,324만 원으로 서울 평균보다 높다. 중구에 위치한 일자리들의 평균 급여 역시 4,319만 원으로 서울 평균보다 20% 정도 높다. 대기업, 언론사의 고급 인력이 많이 근무한다는 점을 수치로도 확인할 수 있다.

아파트 가격

지난 3년간 평당 1,700만 원에서 2,700만 원으로 상승했다. 정체 후 상승하고 일정 기간 다시 정체하는 패턴을 발견할 수 있다.

중구 아파트 평균 매매가 추이 (단위 : 만 원)

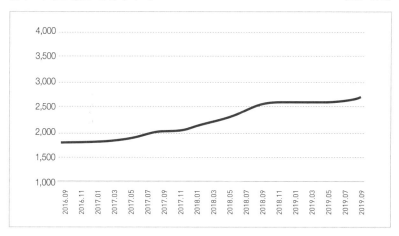

자료 : KB국민은행

호재

세운상가와 서울역 정비 같은 호재가 있을 뿐 주거지역 관련 호재는 거의 없다. 신당동 노후주택을 재개발해 아파트를 신축하는 것과 약수동 남산타운아파트 리모델링 검토가 호재로 인식되는 상황이다.

- **신당동 주택 재개발** : 약수역 인근의 노후주택을 신축 아파트로 바꾸는 재개발이 사업시행인가를 받아 추진되고 있다. 중구라는 입지의 장점과 인근에 대규모 아파트 단지가 위치한다는 장점이 더해져 호재로 작용할 것으로 예상된다.

- **남산타운아파트 리모델링** : 5,150세대의 남산타운아파트가 2018년 '서울형 리모델링 단지'로 선정돼 2019년 5월에 주민설명회를 가졌다. 리모델링 사업의 실제적인 추진을 위해서는 가야 할 길이 멀고 넘어야 할 장애물도 많지만 기대감이 호재로 작용할 수 있다.

자료: 〈해럴드경제〉 2018. 10. 31.

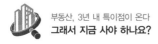

부동산, 3년 내 특이점이 온다
그래서 지금 사야 하나요?

🏙️⬇ 상승 요인 vs 하락 요인

⬆ 상승 요인 1. 각종 주택 재개발

노후주택을 허물고 신축 아파트를 공급하는 경우 인근의 기존 아파트 가격에도 영향을 준다. 부동산 시장 상승 시에는 신축 아파트와 기존 아파트가 경쟁하듯 상승하기 때문에 신당동 재개발 사업은 중구 전체의 가격 상승을 이끌어낼 것으로 보인다.

⬇ 하락 요인 1. 거시경제 요인

중구의 아파트 가격이 떨어질 요인은 별로 없어 보인다. 유일한 요인이라면 이자율 변동이나 국내 경제 상황 악화와 같은 거시경제 요인이 아닐까 싶다.

중구는 소유와 실거주를 동시에 하는 비중이 높기 때문에 투자 수요가 빠져서 급락할 일은 많지 않다.

🏘️ 향후 집값 전망

- 2020~2025년 : 중구의 평균 매매가는 평당 3,000만 원 이상으로 상승할 것으로 예상된다. 서울 집값의 상승세가 계속 이어지고 재개발 사업의 영향이 작용할 것이기 때문이다.
- 2026~2030년 : 뉴타운 입주, 고급 주상복합 공급 등으로 3,500만 원까지 어렵지 않게 오를 것이다.

🏅 주목할 만한 단지

종로구와 비슷하면서 약간 차이가 있다. 중구와 종로구는 서울 중심부에 위치한다는 공통점이 있지만, 종로구는 대규모 아파트 단지가 없는데 비해 중구는 일부 지역에 대규모 단지가 있고 크고 작은 단지들이 모인 주거지역이기도 하다.

● 순화동 롯데캐슬아파트 33평형 : 매매가 15억 원에 전세가 9억 원이다. 시청과 덕수궁에 인접해 입지 면에서 장점이 있으며, 평당 4,200만 원 수준으로 향후 가격이 지속적으로 오를 것으로 보인다.

● 신당동 남산타워아파트 32평형 : 6호선 버티고개역에 인접해 있는 5,000세대 규모의 대단지다. 32평형 매매가는 10억 원으로 추가 상승의 여지가 많다.

길음뉴타운과 장위뉴타운

성북구

개요

성북구는 24.6㎢의 면적에 45만 명이 거주하는 서울 북동부의 자치구다. 전통적인 부촌인 성북동이 있고 고려대, 한성대, 성신여대 등의 대학교가 있다. 북쪽으로는 강북구, 노원구와 접하고 남쪽으로는 종로구, 동대문구와 접한다. 성북구 각 지역은 어떤 자치구에 접해 있느냐에 따라 거주환경이 각각 다르고 아파트 가격 역시 다르게 형성돼 있다. 같은 성북구라도 어느 동이냐에 따라 성격이 매우 다르다.

동별 특징

- **성북동** : 종로구에 접한 고급 주거지다. 외국 공관과 재벌가 주택이 많은 점, 버스와 지하철 등 대중교통 이용이 매우 불편한 점까지 한

남동과 비슷하다.

- **정릉동** : 상당한 고지대로 산을 깎아 아파트를 지었다. 인접한 강북구 미아동과 생활권을 같이한다.
- **길음동** : 길음역을 중심으로 하는 지역이다. 길음뉴타운 일부와 현대백화점 미아점, 이마트 미아점이 있다.
- **돈암동** : 미아리고개 인근으로, 고지대에 아파트가 다수 있다.
- **동선동** : 성신여대입구역 주변으로, 성북구에서 가장 번화한 지역이다.
- **삼선동** : 한성대학교가 위치한 지역이다.
- **안암동** : 6호선 안암역과 고려대학교가 있다.
- **종암동** : 6호선 고려대역과 월곡역에 걸쳐 있다.
- **월곡동** : 동덕여자대학교가 있다. 유흥가 뒤편에 원룸촌이 형성돼 있고 노후한 빌라가 많다.
- **장위동** : 북서울 꿈의 숲 인근으로, 장위뉴타운 사업이 진행 중이다.
- **석관동** : 노원구 월계동과 닿아 있으며 행정구역은 성북구지만 노원구 생활권이다.

인구와 소득

성북구의 인구는 정점인 50만 명 이후 10%가 감소한 45만 명 수준이다. 서울시의 전체적인 흐름과 큰 차이가 없다. 거주 직장인 약 14만 4,000명, 소득은 3,751만 원이며 일자리는 7만 7,000여 개, 급여는 3,116만 원 수준이다. 모두 서울 평균에 못 미친다.

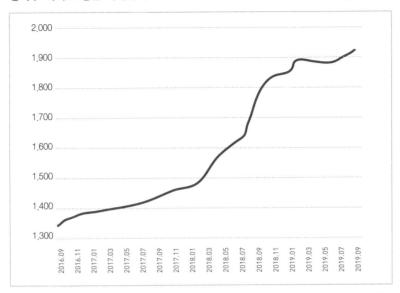

성북구 아파트 평균 매매가 추이 (단위 : 만 원)

자료 : KB국민은행

아파트 가격

성북구 평균은 지난 3년간 1,300만 원에서 1,900만 원으로 약 50% 상승했다. 2018년 2월과 그 6개월 후인 8월에 상승 폭이 컸다.

호재

- **장위뉴타운** : 상월곡역에서 돌곶이역, 석계역까지 이어지는 장위동 15개 구역에 걸쳐 재개발 사업이 이뤄진다. 일부 구역은 주민들이 재개발을 포기했다가 집값 상승세가 이어지면서 다시 사업을 추진하는 등 활발한 움직임을 보이고 있다.
- **동북선 경전철** : 동북선 경전철은 왕십리부터 제기동-고려대-숭례초

교-중앙경찰서-이마사거리-
창문여고-북서울꿈의숲-롯데
캐슬APT-월계-하계-대진고
교-은행사거리를 지나 상계까
지 이어지는 노선이다. 2024년
에 개통되면 미아사거리역과 월
계역 사이의 극심한 교통 정체
가 상당히 해소될 것이다.

자료 : 〈매일경제〉 2019. 5. 13.

🏢 상승 요인 vs 하락 요인

⬆ 상승 요인 1. 장위뉴타운

길음뉴타운에 이어 장위뉴타운 역시 성북구의 가격을 상승시키는 요
인이 될 것이다. 6호선 연장선과 맞닿아 있으면서 녹지인 북서울 꿈의
숲과 가까워 생활환경도 좋기 때문이다. 주변 시세보다 높게 분양되고
그 분양가는 다시 인근의 아파트 가격을 자극하는 순환이 예상된다.

⬇ 하락 요인 1. 장위뉴타운 사업 부진 가능성

장위 뉴타운은 집값이 크게 떨어지던 2008년 금융위기 시절, 집값 상
승의 불확실성을 염려한 주민들이 재개발을 반대하고 구역 취소를 신
청하기도 했다. 집값 상승이 주춤하거나 하락세로 돌아서게 되면 같은
일이 반복될 가능성이 있다.

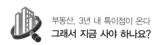

부동산, 3년 내 특이점이 온다
그래서 지금 사야 하나요?

구역 취소란 사업의 중단뿐 아니라 현지 소유주들조차 집값 상승 가능성에 부정적이라는 뜻이기 때문에 집값 하락에 영향을 미치게 된다.

향후 집값 전망

- 2020~2025년 : 성북구 평균은 평당 2,500만 원까지 상승이 예상된다. 서울 중심부라는 입지를 고려하면 2,500만 원도 가격이 낮은 편이기 때문이다. 신규 아파트들 위주로 평당 4,000만 원을 기록하는 곳도 많이 나올 것이다.
- 2026~2030년 : 뉴타운 분양과 동북선 경전철 개통이라는 호재가 반영되어 3,000만 원 이상으로 거래될 것이다. 특히 삼선동과 보문동은 4,500만 원까지 예상된다.

주목할 만한 단지

성북구는 전세가율이 높아 갭 투자가 가능한 단지를 주목할 만한 단지로 꼽아봤다.

- 길음동 길음뉴타운 3단지 푸르지오아파트 33평형 : 매매가 6억 원에 전세가 4억 2,000만 원으로 2억 원 이내의 금액으로 갭 투자가 가능하다. 33평형은 인근 유사 단지에 비해 평당 가격이 낮은 편이라 향후 가격이 오를 가능성이 있다.

- **보문동 이편한세상보문 23평형** : 매매가 5억 8,000만 원에 전세가 4억 원으로 갭 투자가 가능한 단지이자 평형대다. 평당 가격도 유사 평형 대비 10% 정도 낮게 시세가 형성되어 있다.

신규 공급이 거의 없는 지역

종로구

개요

종로구는 23.9㎢의 면적에 15만 명이 거주하며 각종 공공기관과 언론사가 있다. 대한민국 지도자가 거주하는 청와대와 쪽방촌이 함께 있는 극과 극의 자치구라 할 수 있다. 종로구는 중구와 마찬가지로 그 깊은 역사만큼이나 많은 동네 이름이 있다. 법정동만 해도 87개에 달한다.

동별 특징

아파트가 없거나 있더라도 1,000세대 미만인 지역은 설명을 생략하도록 한다. 설명이 있는 지역은 적어도 아파트가 1,000세대 이상은 있다는 뜻이다. 무악동과 교남동만 해당사항이 있다.

- **무악동** : 3호선 독립문역 인근 지역이다. 인왕산 현대아이파크 1차와 2차를 합쳐 1,000세대 정도 된다. 길 건너에 한성과학고등학교가 있고, 지하철로 한 정거장 더 가면 무악재역인데 이곳은 서대문구 홍제동이다.
- **교남동** : 경희궁으로부터 직선거리 200m 이내의 지역이다. 경희궁 자이가 있다.

인구와 소득

종로구 인구는 18만 명을 정점으로 10% 정도 감소해 2019년 현재 16만 명 정도다. 서울의 중심답게 거주하는 직장인 수가 5만 505명인데 일자리 수는 38만 1,162개다. 거주 직장인 1인 평균 소득은 연 4,659만 원, 일자리들의 급여 수준은 4,807만 원으로 둘 다 서울 평균을 훌쩍 넘는다. 종로구는 양질의 일자리도 많고 거주하는 직장인들의 소득

종로구 아파트 평당 매매가 추이　　　　　　　　(단위 : 만 원)

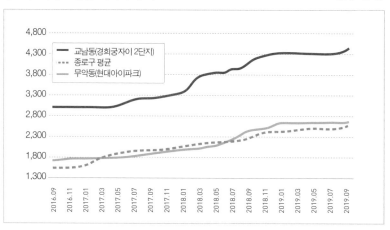

자료 : KB국민은행

부동산, 3년 내 특이점이 온다
그래서 지금 사야 하나요?

도 높다는 것을 확인할 수 있다.

아파트 가격

종로구 평균은 평당 1,800만 원에서 2,600만 원까지 3년간 약 45% 상승했다. 교남동 경희궁자이 2단지는 3,000만 원에서 4,500만 원 수준으로 상승했다. 무악동 현대아이파크는 종로구 평균 가격과 유사한 흐름을 보이고 있다.

호재

특별한 호재는 없다. 주거지 기능을 강화할 필요가 별로 없기 때문이다. 동묘앞역을 중심으로 창신·숭의 뉴타운이 지정되기도 했으나 주민 의견에 따라 구역 지정을 해제하고 도시재생사업만 일부 진행했다.

🏢 상승 요인 vs 하락 요인

⬆ 상승 요인 1. 서울 중심부라는 입지

서울 중심부라는 입지 자체가 상승 요인이다. 어디를 가든 지하철이 가깝고 대학로에서 여가생활을 즐길 수 있으며 인왕산과 북악산을 산책할 수 있다. 아파트 매물 자체가 많지 않기에 항상 매도자 우위의 거래가 가능한 점도 상승 요인이 될 수 있다.

⊙ 하락 요인 1. 초대형 악재가 아닌 이상 없다

IMF 사태나 금융위기 정도의 초대형 악재가 아닌 이상 가격이 하락할 만한 요인이 없다. 매일 광화문과 시청에서 집회와 거리행진이 열린다면 주거 매력도가 떨어질 수는 있다. 시위대에 의해 차가 막히는 일은 누구도 좋아하지 않을 테니까.

🏠 향후 집값 전망

- **2020~2025년** : 평당 3,000만~3,200만 원까지 상승하리라 본다. 경희궁자이는 2025년 이내에 5,500만 원 이상으로 거래될 것으로 예상한다.
- **2026~2030년** : 종로구 평균은 평당 3,500까지 상승할 것이다. 경희궁 자이는 6,000만 원 넘게 거래되어 뉴스로 다뤄지다가 7,000만 원 이상으로 거래되는 일도 있지 않을까 예상한다. 종로구 자체가 신규 아파트 공급이 거의 없기에 수요가 조금만 움직여도 가격이 상승할 가능성이 높다.

⭐ 주목할 만한 단지

종로구는 서울 중심부라는 입지의 장점으로 개발 호재와 상관없이 가격이 높게 형성되어 있다. 향후 추가 상승이 예상되는 단지들은 다음과 같다.

- **내수동 경희궁의아침 42평형** : 주상복합 단지임에도 광화문과 경복궁에 인접해 있다는 입지의 장점으로 가격이 오르고 있다. 42평형의 매매가는 14억 원에 전세가 8억 원으로, 평당 3,200만 원 정도다. 매매가는 추가 상승을 기대할 수 있다.

- **명륜동 아남아파트 72평형** : 혜화동로터리 인근에 위치한 단지다. 대학로와 아주 가까운 아파트이기도 하며, 입지에 비해 가격이 저평가되어 있다. 72평형 매매가가 11억 5,000만 원에 전세가는 10억 원으로, 2억 원 내외의 투자금으로도 갭 투자가 가능하다.

여의도는 평당
8,000만 원까지 가능

영등포구

양평2동
당산2동
여의동
양평2동
당산1동
영등포동
문래동
영등포본동
도림동
신길1동
신길3동
신길4동
신길7동
대림3동
신길5동
신길6동
대림1동
대림2동

✅ **개요**

영등포구는 서울시 남서부에 위치한 자치구로서 24.5㎢의 면적에 인구는 40만 명 정도다. 여의도를 제외하면 주거지와 상업지가 분리되지 않은 곳이 많다. 아파트 옆에 공장이 있고 구청 옆에 유통상가가 있는 식이다. 향후 체계적인 도시계획을 통해 변해가겠지만 현재는 주거지역과 상업지역, 공업지역이 한 곳에 섞여 있는 상황이다.

동별 특징

● **여의도동** : 금융사, KBS, 국회의사당이 위치해 정치·경제의 중심지로 손색이 없다. 여의도동은 영등포구에 속해 있기는 하지만 행정구역으로만 편입된 것이라 보면 된다. 영등포와 여의도는 별개로

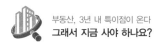

보는 것이 맞다.

- **신길동** : 영등포구에서도 가장 낙후한 지역이었으나 신길뉴타운으로 새롭게 변신 중이다.
- **대림동** : 단순한 낙후지역이었으나 중국 동포의 유입이 많아졌다.
- **당산동** : 영등포구청역과 당산역 인근 지역이다.
- **영등포동, 영등포본동** : 영등포역과 신길역 인근이다. 영등포시장, 신세계 영등포점이 있다. 영등포역 하면 떠오르는 모습이 영등포동과 영등포본동이다.
- **양평동** : 단독주택과 아파트가 섞인 조용한 주택가에서 '한강변 개발'로 이슈가 됐던 지역이다.
- **문래동** : 지하철 2호선 문래역 인근으로, 과거 소규모 주물공장들이 모여 있었다.
- **도림동** : 신길동과 함께 영등포구에서 가장 낙후된 지역이다. 중국 동포가 많이 거주한다.

인구와 소득

영등포구의 인구는 45만 명을 정점으로 40만 명 선으로 감소했다. 영등포구에 거주하는 직장인은 약 15만 6,000명인 데 비해 영등포 일자리는 52만 8,000개이다. 여의도에 위치한 각종 금융회사가 엄청난 일자리를 창출했음을 알 수 있다. 소득은 서울 평균에 근접한 3,996만 원이고, 회사 주소가 영등포구인 경우 연 평균 급여는 4,739만 원으로 서울 평균 3,783만 원보다 1,000만 원 이상 많다.

영등포구 아파트 평당 매매가 추이 (단위 : 만 원)

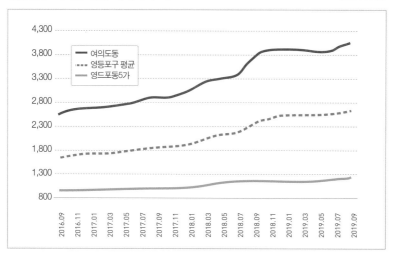

자료 : KB국민은행

아파트 가격

여의도는 평당 4,000만 원, 영등포동 5가는 1,300만 원으로 시세가 3배 넘게 차이 난다. 영등포구 평균은 2,620만 원으로 지난 3년 동안 1,000만 원쯤 상승했다.

호재

● **신길뉴타운** : 약 1만 세대의 아파트가 새로 공급되는 미니 신도시급 사업이다. 여의도와 신안산선으로 연결되는 호재까지 반영돼 32평형이 10억 원 넘게

자료 : 〈서울신문〉 2017. 5. 8.

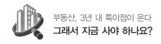

부동산, 3년 내 특이점이 온다
그래서 지금 사야 하나요?

거래되고 있다.

- **영등포역 복합개발** : 소규모 공장들과 집창촌이 섞여 있던 영등포역 뒷
  골목 일대를 정비해서 문화공간과 창업공간으로 재탄생시키겠다는
  구상이다. 마이너스 요소들을 제거함으로써 영등포구의 개발 호재
  로 작용할 것으로 보인다.

🏢 상승 요인 vs 하락 요인

🔼 상승 요인 1. 개발 호재 반영

영등포구의 최대 마이너스 요인이었던 영등포역 뒷골목 일대를 정비
함으로써 부정적 이미지가 해소되고 뉴타운을 통해 고급 주거지로 인
식된다면 영등포구 전체가 상승할 수 있다.

🔼 상승 요인 2. 여의도 주택 재건축

여의도는 1971년부터 아파트가 공급되어 재건축 안전 진단을 신청할
수 있는 기본 요건을 모두 갖춘 상태다. 다만 지나치리만큼 튼튼하게
아파트를 지어 통과 여부는 미지수다. 여의도는 한강변이라는 입지에
서울 중심업무지구 인근이라는 장점이 더해져 현재 및 미래에도 최고
의 주거지로 위상이 높을 것이다.

　여의도는 재건축 가능성이 조금이라도 보이는 순간마다 가격이 급
등했던 사례가 있다. 앞으로도 개발 가능성이 약간이라도 높아지면 가
격이 상승할 것이다.

⊙ 하락 요인 1. 이중언어 특구 이슈

2019년 11월, 서울시 교육감과 교육부는 구로구와 금천구를 비롯해 영등포구를 이중언어 특구로 지정하겠다는 구상을 밝혔다. 이는 학부모들의 즉각적인 반발을 불러일으켰다. 이 구상이 실행된다면 가격 하락의 가능성이 있다.

🏠 향후 집값 전망

- 2020~2025년 : 여의도는 평당 6,000만 원까지 추가 상승할 것으로 보인다. 변치 않는 입지에 강남지역이 평당 1억 원이라는 점을 고려하면 무리한 예측은 아니다. 영등포구 기타 지역은 서울의 전체적인 상승세와 신길뉴타운의 가격이 반영되어 3,500만 원까지 상승할 것으로 보인다.
- 2026~2030년 : 여의도는 재건축 사업 진행이 가시화되면서 평당 6,000만 원까지 오른 가격이 추가 상승해 8,000만 원에 거래될 것으로 보인다. 영등포구 평균은 4,000만 원까지 가능하다. 영등포역 일대의 정비가 진행될수록 추가 상승도 기대할 수 있다.

⭐ 주목할 만한 단지

영등포구는 중심업무지구인 여의도의 아파트 단지와 기타 지역의 기존 아파트 단지로 구분된다. 여의도에서 1개 단지, 기타 지역에서 1개

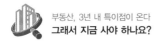

부동산, 3년 내 특이점이 온다
그래서 지금 사야 하나요?

단지를 선정해봤다

- **여의도동 미성아파트 33평형** : 매매가 15억 원에 전세가 4억 7,000만 원이다. 전세가의 3배 이상으로 매매가가 형성되어 있어 투자 수요가 이미 많이 몰려 있음을 알 수 있다. 현재 평당 5,000만 원 수준의 시세는 향후 여의도 개발계획이 발표될 때마다 추가적인 상승을 기대해볼 수 있다.
- **신길동 신길우성1차아파트 31평형** : 준공이 1986년이라 재건축에 대한 기대감이 있다. 인근 신길뉴타운 32평형이 13억 원 내외로 거래되고 있음을 고려하면, 해당 단지의 31평형 가격이 7억 2,000만 원이라는 점은 주목할 만하다.

뉴타운으로 인구 증가

은평구

✅ **개요**

은평구는 서울의 북서부에 있으며 면적은 29.7㎢, 인구는 49만 명이다. 북쪽과 서쪽으로는 경기도 고양시와 경계가 닿고 동쪽과 남쪽으로는 종로구, 서대문구, 마포구와 닿아 있다. 과거 은평구는 서울의 변두리라는 이미지와 저소득층 주거지역이라는 이미지가 강했지만 은평뉴타운과 주택 재개발 등으로 이미지가 향상되고 있다.

동별 특징

은평구에는 2곳의 뉴타운이 있다. 북쪽으로는 진관동의 은평뉴타운, 남쪽으로는 수색동과 증산동의 수색·증산 뉴타운이다.

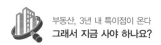

- **진관동** : 은평뉴타운 지역이며 과거 구파발, 기자촌으로 불렸다.

- **수색동, 증산동** : 수색 · 증산 뉴타운 지역이다. 6호선 디지털미디어시티역 길 건너는 가재울뉴타운 구역이다.

- **불광동** : 구기터널 일대로, 노후한 빌라와 단독주택 위주이며 경사가 심한 지역이 많다.

- **갈현동** : 노후주택이 밀집된 지역이다. 연신내역과 가깝다.

- **대조동** : 불광역과 연신내역 사이에 위치해 있다. 소규모 아파트 단지와 노후한 빌라가 많다.

- **녹번동** : 은평구청이 위치한다. 녹번역 주변으로 아파트 단지 4개에 6,000세대가 있다.

- **역촌동** : 역촌역 일대로, 400세대의 센트레빌아파트 외엔 100세대 미만의 소규모 단지 몇 개가 있다.

- **신사동** : 응암역, 새절역 주변으로서 몇 개 단지를 빼면 노후주택 밀집지역이다.

인구와 소득

은평구의 인구는 뉴타운 입주의 영향으로 2010년 47만 명에서 2019년 49만 명으로 증가했다. 서울이 전체적으로 감소하는 것과는 대조적이다.

거주 직장인은 17만 2,919명인 데 비해 일자리 수는 5만 6,139개로, 일자리 창출이 어려운 베드타운이라고 해석할 수 있다. 은평구 거주 직장인의 소득은 연 3,153만 원으로 서울 평균보다 25% 낮고, 은평구에 있는 일자리들의 급여 수준 역시 2,619만 원으로 서울 평균 3,783만 원에 비해 1,000만 원 이상 낮다.

아파트 가격

녹번동이 대단지 신축 아파트의 영향으로 가격이 가장 높게 형성되어 있고 신사동이 가장 낮다. 녹번동은 2,500만 원, 신사동은 1,300만 원이다. 은평구 평균은 1,900만 원이다.

참고로 은평뉴타운이 위치한 진관동은 2016년 1,500만 원에서 2019년 2,000만 원까지 올랐다.

은평구 아파트 평당 매매가 추이   (단위 : 만 원)

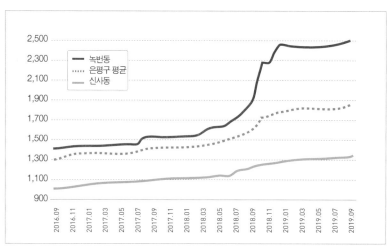

자료 : KB국민은행

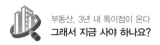

자료 : 〈조선일보〉 2019. 6. 13.

호재

- **수색·증산 뉴타운** : 인접한 가재울뉴타운과 동반 상승할 것으로 보인다. 여기에 더해서 길 건너 디지털미시어시티역을 중심으로 각 방송사와 지원시설에 5만 개가 넘는 일자리가 있다. 은평구 일자리의 대다수가 몰려 있는 셈이라 수요가 계속 증가할 것으로 예상된다.

- **GTX A노선** : 삼성역에서 서울역을 거쳐 연신내와 이어지기 때문에 은평구의 직주 근접 환경이 매우 좋아질 것으로 기대된다.

상승 요인 vs 하락 요인

○ 상승 요인 1. 수색·증산 뉴타운과 GTX A노선

녹번동에 신규 아파트가 공급되면서 가격이 상승한 사례를 보면, 수색·증산 뉴타운 역시 가격 상승 요인이 될 것이다. 여기에 GTX A노선 개통이라는 교통 호재가 더해져 은평구는 전체적인 상승세가 지속될 수 있다.

◐ 하락 요인 1. 부정적 지역 이미지

은평뉴타운 입주로 기존의 부정적 이미지를 어느 정도 극복했으나 완전한 극복에는 시간이 걸릴 것으로 보인다. 저소득층이 많고 베트남 등지에서 온 외국인 노동자가 많이 거주한다는 부정적 이미지를 어떻게 극복하느냐가 관건이다. 은평뉴타운이 평당 2,000만 원이라는 비교적 저렴한 시세를 보이는 이유도 이러한 요인이 작용하는 것으로 보인다.

🏠📊 향후 집값 전망

- 2020~2025년 : 은평구 평균은 평당 2,200만 원까지 추가 상승할 것으로 보인다. 서울 전체의 상승세를 고려할 때 충분히 가능할 것이다. 신규 아파트들은 2,500만~2,800만 원에 거래되리라 예상한다.
- 2026~2030년 : 부동산 투자 수요가 정체됨에 따라 10% 이내로 상승한 이후 급등이나 급락 없이 가격을 유지할 것으로 예상한다. 수색·증산 뉴타운과 GTX A노선 호재 이후 투자 수요를 유인할 수 있는 요소가 아직은 미지수이기 때문이다.

✪ 주목할 만한 단지

은평구는 1기 뉴타운 지역으로 입주가 마무리되어 추가적인 대형 호재는 기대하기 힘들다. 저평가되어 있는 단지와 평형을 정리해보았다.

- **불광동 북한산힐스테이트 7차 33평형** : 불광역과 연신내역 역세권에 속해 있으며 인근에서 가장 대표적인 단지다. 33평형 매매가는 8억 5,000만 원에 전세가는 4억 6,000만 원이다. 서울의 상승세가 지속된다면 가장 먼저 가격이 상승할 가능성이 높다.
- **진관동 은평뉴타운 마고정 11단지(동부센트레빌) 65평형** : 매매가 10억 원이며 전세가는 5억 7,000만 원이다. 평당 매매가가 1,540만 원으로 낮은 편이다. 대형 평형 아파트의 상승세가 시작될 때 수혜를 입을 것으로 예상된다.

수도권
과천 · 분당 · 일산

과천_분양가 상한제 제외로 상승세 가속

✅ 개요

과천은 1980년대에 정부종합청사가 들어서면서 고위 공무원들이 입주해 고급 주거지로 인식된 지역이다. 서울 서초구, 강남구에 이어 평당 아파트 가격이 가장 높은 지역이기도 하다.

아파트 가격

과천은 강남과 비슷한 수준의 가격을 보이는 지역이다. 2016년부터 3년간의 매매가 흐름을 보면 평당 3,200만 원에서 3,900만 원까지 등락을 반복하며 상승했다. 주목할 점은 두 번의 하락기가 있었으나 기간

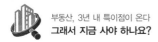

과천시 아파트 평당 매매가 추이   (단위 : 만 원)

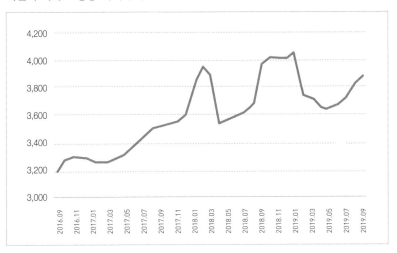

자료 : KB국민은행

이 매우 짧았다는 점이다. 정부의 부동산 대책이나 재건축 관련 이슈가 있을 때 잠깐 하락을 해도 다시 회복한다는 의미로 해석할 수 있다.

상승 요인 vs 하락 요인

⬆ 상승 요인 1. 재건축

과천역과 정부과천청사역 인근에서 진행되는 재건축 사업은 과천의 강력한 상승 요인이다. 단지별로 묶어 3기에 걸쳐 진행되는데 이 점도 가격 상승을 지속시키는 요인으로 작용할 것으로 보인다.

⬆ 상승 요인 2. 분양가 상한제 지역 제외

2019년 11월 정부가 발표한 분양가 상한제 1차 적용 지역에 과천은 포함되지 않았다. 가격 측면에서도 강남 못지않고, 가격상승률도 가파른 상승이 지속되는 상황이었음에도 그러했다. 분양가 상한제 지역에서 제외되었다는 점은 호재로 작용, 재건축으로 촉발된

자료 : 〈시사저널〉

가격 상승세를 더욱 가속화할 것으로 보인다.

○ 상승 요인 3. 과천지식정보타운

4호선 과천역과 정부과천청사역 인근에는 재건축 사업이 진행 중이다. 여기에 더해 정부과천청사역과 인덕원역과의 중간 지점에 지하철역이 새로 들어서고 지식정보타운(일명 지정타)이 건설된다. 판교 테크노밸리 사업을 참고해서 일자리 창출과 주택 공급을 동시에 진행하는 사업이다.

과천구청에 따르면 지식정보타운 사업은 4만 6,000개의 신규 일자리를 창출한다. 인근에 이미 고급 주거지가 존재하는 상황에서 일자리가 창출되는 지식정보타운이 들어선다는 점은 강력한 상승 요인이 될 것이다.

⊙ 하락 요인 1. 정부의 부동산 시장 규제

과천은 최근 3년간 두 번의 하락기를 경험했다. 정부의 부동산 규제 대책에 과천은 민감하게 반응한다는 뜻이다. 그렇다면 향후에도 정부가 강력한 규제 대책을 준비하면 하락할 가능성이 있다.

⊙ 하락 요인 2. 부족한 인프라

우수한 교육 여건을 자랑하는 과천이지만 과천 중심부에는 백화점, 대형 마트, 영화관 등이 없다. 주거 인프라 측면에서 상업시설 역시 고려되어야 하는데, 과천은 이러한 인프라가 부족하다. 이 점은 과천의 가격 급등세에 묻혀 이슈가 되지 못하는 상황이다. 하지만 재건축 사업이 완료되고 과천지식정보타운이 완성된 이후에도 계속 인프라가 부족하다면 가격 하락 요인으로 작용할 수 있다.

🏠 향후 집값 전망

- 2020~2025년 : 과천 평균인 평당 3,900만 원에서 급등해 평당 5,000만 원이 될 것으로 예상한다. 재건축 단지의 경우는 별양동 2단지가 평당 8,000만 원에 가까운 가격에서 추가 상승하여 1억 원 내외로 가격이 형성될 것이다. 정부의 규제 외에는 특별한 하락 요인이 없고, 개발 호재가 직접 영향을 미치는 상황을 고려하면 무리한 예상은 아니다.

- 2026~2030년 : 상승세는 계속 이어져 과천 평균은 평당 6,000만

~7000만 원, 신규 아파트들은 1억 2,000만 원 정도의 시세를 형성할 것으로 보인다.

🏅 주목할 만한 단지

2019년에 가격이 폭등 수준으로 올랐다. 매우 강력한 대책이 나오지 않는다면 상승세는 계속 이어질 것으로 보인다.

- **별양동 래미안센트럴스위트** : 모든 평형이 평당 5,000만 원 수준에서 매매가가 형성돼 있다. 전형적인 매도자 우위 시장으로, 매도 희망자들이 호가를 올려도 추격 매수가 따라잡아 거래가 이뤄지고 있다. 인접 아파트들이 모두 재건축 진행 중이라 앞으로도 가격 상승세가 지속될 것으로 보인다.

분당_강남과 판교 상승으로 더불어 상승

✅ 개요

분당은 1기 신도시로 행정구역은 경기도 성남시 분당구다. 2006년 부동산 가격 상승기에는 버블 세븐 지역으로 불리기도 했다. 참고로 버블 세븐은 서울 4개 지역(강남구, 서초구, 송파구, 양천구)에 경기도 3개 지

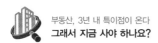

역(분당, 용인, 평촌)이었다. 분당은 강남과의 접근성이 좋다는 입지 조건에 더해 계획도시다운 편리한 주거 조건이라는 장점이 있지만, 1991년부터 입주를 시작해 전체적으로 노후했다는 단점도 있다.

아파트 가격

지난 3년 동안 이매동은 평당 1,600만 원에서 2,600만 원, 야탑동은 1,500만 원에서 2,200만 원으로 상승했다. 두 가지 이유를 유추해볼 수 있다. 첫째는 투자 수요가 서울에 집중되어 상대적으로 분당의 수요가 줄었다는 점이다. 둘째는 50% 이상 상승한 가격에 대한 저항으로 일시적인 관망세로 전환되었다는 점을 들 수 있다.

야탑동 · 이매동 아파트 평당 매매가 추이　　　　　(단위 : 만 원)

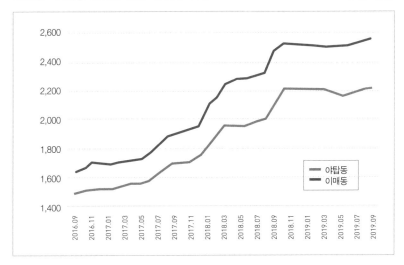

자료 : KB국민은행

🏢 상승 요인 vs 하락 요인

⬆ 상승 요인 1. 강남 상승세

강남의 상승세는 분당의 가장 큰 상승 요인이다. 대중교통을 이용하든 자동차를 운전해 가든 분당은 강남에 접근하는 데 전혀 불편함이 없다. 강남과 상하 위치에 있어 심리적 거리 역시 가깝다. 게다가 강남의 상승세가 지속된다면 일부 수요가 분당으로 옮겨 갈 가능성이 큰데, 이는 분당의 가격 상승 요인으로 작용할 것이다.

⬆ 상승 요인 2. 판교 상승

판교는 행정구역상 분당구에 속해 있다. 판교가 상승하면 분당 역시 가격이 상승할 것으로 보인다. 판교 제3테크노밸리가 2023년에 완성되면 판교를 비롯해 분당까지 수요가 더욱 몰릴 것으로 예상할 수 있다. 분당은 위로는 강남에서, 옆으로는 판교에서 상승 동력을 얻는 상황이다.

⬇ 하락 요인 1. 아파트 노후화

분당은 일산과 마찬가지로 30년이 경과하고 있는 낡은 신도시다. 생활 인프라를 비롯한 주거환경은 뛰어나지만 아파트 자체의 노후는 하락 요인이 될 수밖에 없다. 노후한 아파트는 재건축이나 리모델링을 통해 변신할 수 있지만 재건축은 건축 연한 문제로, 리모델링은 수익성 문제로 아직 본격적인 움직임은 보이지 않고 있다.

🏠 향후 집값 전망

- 2020~2025년 : 전체적으로 10% 이상 상승할 것으로 본다. 이매동은 2025년 이전에 평당 3,000만 원, 야탑동은 2,500만 원 이상이 될 것이다. 노후화라는 마이너스 요인이 있지만 GTX A 노선 등 교통 호재와 판교 제3테크노밸리 입주, 강남 집값 상승의 영향이 더 강할 것으로 예상한다.

- 2026~2030년 : 준공 40년차에 가까워지면서 재건축 관련 이슈가 언론에 많이 노출될 것이다. 재건축 사업 진행이 시작되면서 기대감이 작용해 10% 이상 상승하지 않을까 싶다. 이매동은 평당 4,000만 원, 야탑동은 3,000만 원의 시세를 형성할 것이다.

🏅 주목할 만한 단지

- **야탑동 동부코오롱아파트** : 야탑사거리에 있는 1,100세대 규모의 대단지 아파트로 야탑역세권에 속한다. 지하철 8호선 연장 호재가 있어 가격 상승을 기대할 수 있다. 매매가는 32평형이 8억 5,000만 원, 37평형이 8억 9,000만 원, 49평형이 9억 9,000만 원이다. 평당 가격 측면에서 37평형이 실거주와 투자 모두에서 가장 효율적이라 판단된다.

일산_노후화와 인근 신도시로 소폭 상승 이후 정체

✅ 개요

일산은 분당과 같은 1기 신도시로서 행정구역상 경기도 고양시 일산 동구와 서구에 위치한다. 서울의 서북부에 위치하며 위로는 파주시가 있고 한강 건너에는 김포시가 있다.

아파트 가격

동구나 서구 모두 2013년을 전후해서 최저점을 지난 후 지속적인 상 승세를 보였다. 그러나 2019년 1월부터 소폭 하락하고 있다. 매매지수

일산 아파트 평당 매매가 추이 (단위 : 만 원)

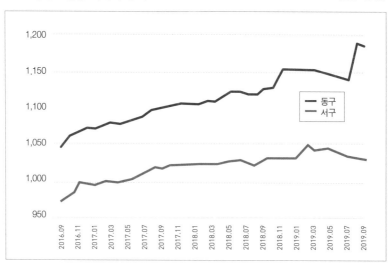

자료 : KB국민은행

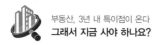
부동산, 3년 내 특이점이 온다
그래서 지금 사야 하나요?

를 기준으로 보면, 2010년의 최고점에 비해 약 5% 하락했다. 최근 3년 간의 평당 매매가 추이를 보면, 동구와 서구는 평당 100만 원 정도 차이를 보이는 가운데 전체적으로 유사한 흐름을 보이고 있다. 2019년 동구는 평당 1,185만 원, 서구는 1,030만 원을 기록했다.

🏢 상승 요인 vs 하락 요인

⬆ 상승 요인 1. 서울 집값 상승

서울 집값의 지나치게 높은 상승세가 지속된다면 가격에 부담을 느낀 일부 수요자들이 수도권으로 옮겨 갈 것이다. 일산은 낮은 가격이 매력이 될 수 있다. 평당 1,000만 원 남짓한 가격은 서울에 비해 낮은 수준이기 때문에 수요를 자극할 가능성이 있다.

GTX 개통은 서울 각 지역의 호재인 동시에 일산의 호재로 작용한다. 일산의 최대 약점이 바로 서울 중심업무지구와의 연결이 불편하다는 것이기 때문이다. 버스를 타고 자유로를 이용해 광화문이나 여의도에 접근하는 것은 용이하나 강남지역으로 이동하는 것은 불편하다. 지하철 역시 환승으로 강남에 접근할 수 있지만 물리적인 거리로 인해 소요 시간이 길다. 이러한 불편함이 GTX A노선 개통으로 해결된다면 상승할 가능성이 충분하다.

⬇ 하락 요인 1. 인근 신도시 공급

일산 인근에는 덕이지구와 식사지구가 있고 인접한 파주시에도 운정

신도시가 있다. 이런 상황에서 서울에 더 가까운 입지의 3만 8,000세대 규모 창릉신도시 계획이 발표됐다. 현재도 공급이 많은 편인데 공급이 더 증가한다는 것은 하락 요인이다.

● 하락 요인 2. 지역 노후화

1992년부터 입주가 시작된 일산신도시의 역사가 30년이 가까워졌다. 인프라 개발과 교통 개선으로 생활환경은 편리해지고 있지만 아파트 자체의 노후화는 가격 하락 요인이다. 재건축 사업이 진행된다면 상승할 여지는 있지만, 현재 일산은 가격 정체 또는 하락세 예상이 지배적이다. 이런 상황에서 재건축은 쉽게 추진되지 못할 것으로 보인다. 인근에 새로 지어질 창릉신도시 아파트들에 비해 노후화된 일산 아파트들은 주거지로서의 매력이 떨어져 수요에 부정적 영향을 미칠 것이다.

🏠 향후 집값 전망

- **2020~2025년** : 평당 1,000~1,200만 원에서 10% 이내로 소폭 상승하리라 예상한다. 서울에서 수요가 옮겨 온다는 상승 요인과 부정적 전망이라는 하락 요인이 동시에 작용해서 소폭 상승한 이후 가격은 큰 변화가 없을 것이다.
- **2026~2030년** : 인근 신도시 입주와 아파트 노후화의 부정적 요인이 강하게 작용해서 상승 없이 유지될 것으로 보인다.

🎖 주목할 만한 단지

- **강선마을 9단지 화성아파트** : 3호선 주엽역세권 단지로, 인접 단지들과 함께 GTX 개통의 수혜를 입을 것으로 예상된다. 32평형 매매가가 4억 원, 전세가는 2억 8,000만 원이며 26평형은 매매가 3억 원, 전세가 2억 원 수준이다. 전체적으로 평당 1,200만 원대이며 갭 투자도 가능하다. 다만 GTX에 의한 상승 요인과 함께 인근 3기 신도시에 의한 하락 요인도 함께 고려해야 한다.

집 없이 사는 방법

인생은 한 번뿐이다. 그래서 욜로(YOLO, You Only Live Once) 족은 미래를 위해 현재를 포기하지 않는다. 다른 사람을 위해 나 자신을 희생하지도 않는다. 그래서 내 집 마련이나 노후 준비보다는 현재의 삶의 질을 높여줄 수 있는 취미생활과 자기계발에 아낌없이 돈을 쓴다. 그러나 단순히 물욕을 채우는 것이 아니라 자신의 이상을 실현하는 과정에 있는 소비라는 점에서 충동구매와 구별된다.

욜로 족, 다른 말로 하면 '내가 진정으로 원하는 것'을 빼면 다른 것에는 관심 없는 사람들을 위한 재테크 설계는 어떠해야 할까?

혹시 오해하실까봐 말씀드린다. 나는 욜로 족의 마인드에 찬성한다. 누구에게나 공평하게 인생은 정말 한 번뿐이니까. 남들과 조금 다르면 모난 돌이 되어 정 맞는 대한민국에서 기성세대의 편견에 맞서 한 번뿐인 자신의 삶을 충만히 살아가겠다는 결심, 응원하지 않을 수 없다.

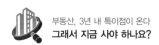

문제는 돈이다. 서울 아파트 가격이 평균 8억 원이다. 서울의 번듯한 아파트에서 남들 못지않게 살기 위해서는 적어도 8억 원은 있어야 한다. 하지만 집을 사지 않고 빌리면 비용 면에서 많은 도움이 된다.

60세 정년까지는 월급 받아 월세를 내고, 은퇴 이후부터는 퇴직연금과 개인연금으로 월세를 내면 된다. 방 2개짜리 오피스텔에 산다면 보통 보증금 1,000만 원에 월 80만 원 정도가 필요하다. 앞으로 30년간 월세로 산다면 2억 8,800만 원(80만 원 × 360개월)이 필요하다. 단순하게 따져보면 8억 원을 3억 미만으로 줄일 수 있으니 약 5억 원의 여유자금을 얻을 수 있다.

그랜저를 사고 싶었다면 제네시스를 사도 되고, 300만 원짜리 핸드백을 갖고 싶었다면 1,000만 원짜리 핸드백도 가능하다. 해외여행도 회당 500만 원으로 계산하면 100번을 갈 수 있다.

그렇다. 집을 포기하면 자금의 여유가 생긴다. 그 여유자금으로 진정으로 원하는 인생을 살 수 있다.

🏢 결혼을 포기하면 더 많은 것을 얻는다

재테크 설계를 할 때 주택 마련 비용을 제외하면 가장 큰 비중을 차지하는 것이 육아 및 자녀교육 비용이다. 즉 결혼을 포기하거나 결혼을 해도 아이를 낳지 않으면 절약할 수 있는 비용이다.

인생의 5대 자금은 결혼·주택 마련·자녀교육·노후·긴급 예비 자금인데, 결혼을 하지 않으면 놀랍게도 이 5가지 가운데 3가지가 해결된다. 욜로 족에게 필요한 것은 노후 자금과 긴급 예비 자금뿐이다.

그런데 노후 자금도 연금이 있다면 해결이 된다. 기본적인 생활비는 국민연금과 퇴직연금으로 충당하고, 혹시 개인연금에 가입했다면 추가로 도움을 받을 수 있다.

집을 포기하고 결혼을 포기하면 살아가는 데 큰돈 들어갈 일이 없다. 월급 받으면 월세 내고 연금 넣고, 남는 돈은 모두 진정으로 원하는 것에 투자하면 된다. 물론 자금 사정이 좋아 모든 것을 다 가질 수 있다면 좋겠지만 그렇지 못하다면 선택과 집중이 필요하다. 집과 결혼을 포기할 수만 있다면 더 만족스러운 인생을 살 수 있다.

🏢 노후의 핵심은 현금흐름 확보

만약 집을 마련했다면 주택 가격이 오르면서 자산이 상승한다. 집을 1채 가지고 있는데 5억 원이던 것이 10억 원까지 올랐다고 가정해보자. 5억 원이나 올랐으니 부자가 된 느낌이다. 하지만 집을 팔기 전까지는 미실현 이익이다. 아직 내 주머니에 들어온 돈이 아니다. 게다가 자산 효과 때문에 씀씀이만 커질 수 있다. 보유한 자산의 가치가 상승하면 미래에 그 자산을 현금화했을 때 소비 여력이 커질 것이라 기대하게 되고, 결국 자산을 통해 실질적인 이익을 얻지 않더라도 현재의 소비를 늘리는 현상이 자산 효과다.

노후에는 자산 크기를 키우는 것보다 일정한 현금흐름을 계속 발생시키는 것이 중요하다. 근로소득을 얻기 어렵기 때문에 연금이나 임대

소득을 확보해야 한다.

은퇴가 두렵고 노후가 걱정되는 까닭은 지금처럼 일을 하면서 근로소득이나 사업소득을 얻지 못하기 때문이다. 꾸준히 월급을 받아오다가 어느 순간 퇴직과 함께 소득 자체가 끊어지는 것이다. 매월 갚아오던 주택대출 이자, 카드 할부금을 더 이상 감당할 수 없게 된다. 젊고 건강하면 어디서든 일을 해서 소득을 발생시킬 수 있지만, 지금 60대 이상 노인들을 보면 아파트 경비로 일하거나 공공근로로 단순 작업을 하는 것이 고작이다.

그렇다면 노후에 어떻게 소득을 확보할 것인가. 욜로 족에게 가장 필요한 것이 연금이다. 보험회사들이 장삿속 차리는 꼴이 보기 싫기는 하지만 보험회사의 연금 상품은 현재 상황에서 준비할 수 있는 가장 현실적인 대안이다.

특히 비혼을 통해 1인 가구의 삶을 살아간다면 더욱 그러하다. 배우자도 자녀도 의지할 수 없다면 연금이 배우자이고 자녀다.

이제 선택해야 한다. 노후를 위해 부동산을 구입해서 시세차익과 임대소득을 함께 얻을 것인가, 아니면 충분한 연금에 가입할 것인가.

부동산, 3년 내 특이점이 온다
그래서 지금 사야 하나요?

제1판 1쇄 발행 | 2019년 12월 30일
제1판 3쇄 발행 | 2020년 3월 13일

지은이 | 우용표
펴낸이 | 한경준
펴낸곳 | 한국경제신문 한경BP
책임편집 | 윤효진
저작권 | 백상아
홍보 | 서은실 · 이여진 · 박도현
마케팅 | 배한일 · 김규형
디자인 | 지소영
본문디자인 | 디자인 현

주소 | 서울특별시 중구 청파로 463
기획출판팀 | 02-3604-553~6
영업마케팅팀 | 02-3604-595, 583   FAX | 02-3604-599
H | http://bp.hankyung.com   E | bp@hankyung.com
F | www.facebook.com/hankyungbp
등록 | 제 2-315(1967. 5. 15)

ISBN 978-89-475-4552-5 03320